河西魏晋·〈五胡〉墓出土
図像資料（塼画・壁画）目録

関　尾　史　郎　編

汲　古　書　院

2019年11月

はしがき

甘粛省敦煌市の東郊に位置する仏爺廟（湾）の古墓（44FYM1001）から塼画が見つかったのは，第二次世界大戦中の 1944 年のことであった．発掘調査を担当したのは向達が率いた西北科学考察団歴史考古組で，その一員だった夏鼐や閻文儒らによる報告が残されている（夏「敦煌考古漫記」（一）／閻「河西考古簡報」（上））．当該墓の墓主は伴出した鎮墓瓶の銘文から翟宗盈と判明したが，年代についても銘文の書蹟や内容などから魏晋・六朝時代と推定された（現在では，3 世紀末以前の西晋時代とされている）．

これが河西地域の古墓からの塼画の初出例である．それから四分の三世紀を経た現在までに，この地域では百座前後の古墓から塼画や壁画が出土し（関尾「甘粛出土，魏晋時代画像磚および画像磚墓の基礎的整理」／「画像磚の出土墓をめぐって」），その研究も中国では活況を呈するようになった．また俄軍他主編『甘粛出土魏晋唐墓壁画』全 3 冊のような，塼画・壁画の写真を収録した大型図録本も刊行された．しかし塼画については，それぞれが墓中のどこに配されていたのか，という問題になると，わからないことも少なくない．それどころか，出土墓に関する情報がほとんど提供されていないもの（すなわち出土墓不明塼画）さえ一点や二点にとどまらないのである．塼に描かれた，または刻された画像を美術作品として鑑賞するのであれば，それでもかまわないのかもしれないが，歴史研究に資料として利活用する場合には，これは大きな障壁になってしまう．国内では，塼画・壁画やそれが出土した古墓（群）の研究が停滞している一因もここにあるのではないだろうか．

このような現状を少しでも打開したいという思いもあり，本書では，市県ごとに塼画・壁画が出土した河西地域の古墓（群）について解説篇で概述した上で，目録篇では墓ごとに出土した塼画や壁画を一覧できるようにした*．この地域で墓に塼画・壁画が用いられるようになったのは後漢時代までさかのぼり，以後，このような墓の築造は唐代に至るまで断続的に続けられ，技法にも変化が見られるが，本書が対象としたのは，魏晋・〈五胡十六国〉（以下，表題も含め〈五胡〉）時代に築造された墓とそこから出土した塼画・壁画に限定されている（一部に後漢時代までさかのぼる可能性があるものを含む）．これはひとえに編者の関心の所在と力量に由来しており，それ以外ではない．

*　このうち，嘉峪関の新城，同・牌坊梁，酒泉の高閘溝，同・西溝の各古墓群出土の塼画については，すでに「河西魏晋墓出土磚画一覧」と題して，『西北出土文献研究』第 10 号，2012 年と，同第 11 号，2013 年に一覧を分けて公表した．本書への収録にあたり，データを大幅に補ったので，以後は本書を定本としたい．

【参考文献】

［日本語］

関尾史郎「甘粛出土，魏晋時代画像磚および画像磚墓の基礎的整理」，『西北出土文献研究』第 3 号，2006 年．

＿＿＿＿「画像磚の出土墓をめぐって―「甘粛出土，魏晋時代画像磚および画像磚墓の基礎的整理」補遺―」，『西北出土文献研究』2009 年度特刊，2010 年．

［中国語］（画数順）

俄　軍・鄭炳林・高国祥主編『甘粛出土魏晋唐墓壁画』全 3 冊，蘭州大学出版社，2009 年．

夏　鼐「敦煌考古漫記」（一），『攷古通訊』創刊号，1955 年（「甘粛考古漫記」として，中国社会科学院考古研究所編『夏鼐文集』中冊，社会科学文献出版社・考古学専刊甲種，2000 年，所収．ただし塼画の図版は未収録）．

閻文儒「河西考古簡報」（上），『国学季刊』第 7 巻第 1 号，1950 年．

【附記】

本書は，JSPS 科研費（JP16H05678，JP20242019，JP16652053，JP12571029）を受けて行なった研究による成果の一部である．

凡　例

1．本書は，甘粛省の西部に位置する河西地域（烏鞘嶺以北）の魏晋・〈五胡〉時代の墓から出土した塼画（画像塼）・壁画と，その出土墓に関して収集したデータを整理したものである．ただし築造年代が確定できない墓が多いためもあり，一部に後漢時代までさかのぼる可能性がある墓も対象とした．

2．本書でいう塼画とは，原則として直方体の塼の表面にさまざまな技法によって定着させられた画像をさす．なお塼画は一塼一画を特徴とするが，複数の塼を用いて一つの画像を定着させているものもある．本書では，このような事例も塼画に含めた．また壁面のほぼ全体を用いて画像が描かれている場合は塼画ではなく，壁画の語を用いた．詳細については，後掲の「附　用語について」を参照されたい．

3．本書は，解説篇と目録篇によって構成されている．解説篇では，市県（地級市は区）ごとに域内に立地する塼画墓・壁画墓に関するデータを，関連する報告や図録などとともに提示した．また目録篇では，主要な塼画墓・壁画墓ごとに，墓の基本データとともに，塼画・壁画の写真の所在（出典）を示した．ただ一部については，所蔵先の博物館における展覧状況なども掲げた．

4．解説篇の記述は，国家文物局主編『中国文物地図集 甘粛分冊』下冊の「甘粛省文物単位簡介」のデータを基本に，地方志や報告・図録などにある説明を参考にした．

5．目録篇では，塼画・壁画が出土した墓についても，所在・構造・墓主・年代に関するデータをわかる範囲で掲げた．一部の墓については，その所在に関してグーグル・アースを用いて判明したおおよその経度と緯度も併記した．

6．目録篇には，塼画（画像塼）と併用されることもある，側獣塼・力士塼・斗栱塼（「斗拱塼（磚）」とするものもあるが，本書では「斗栱塼」に統一する）などをはじめとする三次元の形状を有する造型塼についても，わかる範囲で掲載した．鋪地塼についても同じである．ただし塼の表面ではなく，側面（とくに短側面）に装飾紋様を描いただけの装飾塼は対象外とした（2 点の塼の側面を利用して描かれた獣面は可能な限り採録した）．

7．6に掲げた各種の塼以外にも，塼画・壁画と伴出した資料的な価値を有する木版画・刻字塼，さらには築造年代や墓主の特定に資する文字資料なども，塼画・壁画と合わせて表示した．

8．前項と前々項に記したうち，史料的な価値を有すると思われる出土資料については，塼画墓・壁画墓ごとにNo.欄を設け，それぞれの通し番号を附した．

9．塼画・壁画をはじめ，原則として，出典や展示の説明プレートなどに記されたタイトルや出土情報をそのまま掲げた．したがって出典ごとに異なるタイトルもそのまま記載した．

10．明らかに誤りのあるタイトルや出土情報などについては，網掛けで示した．とくに必要な場合は，アスタリスクを附して，欄外に注記した．

11．塼画のなかには，出土後に褪色したために補筆したものや，別の塼を利用して画像を再現したものがあるが，わかる範囲でその旨を備考欄に記した．

12．出土墓が明らかではない塼画については，原則として市県ごとに編者の判断でグルーピングを試みた上で表示した．なお壁画については，このような事例は一部を除いてない．

13．本書で参照・引用した報告・図録については，必要に応じて略号を用いたが，これについては，「文献一覧と略号」を参照願いたい．

附　用語について

本書が対象とする「塼画」について，編者は今まで「磚画」，あるいは「画像磚」という語を用いてきた．この二つの語を，事象を媒体に定着させる方法としての「画」・「画像」と，媒体である「磚」のいずれを中心とするかで使い分けてきたのだが，「磚」の原材料には粘土や泥が含まれており，「磚」よりも「塼」がよりふさわしいのではないかと思い，関尾『三国志の考古学』では「塼画」という表記を試みた．実際に，『新潮　世界美術辞典』や西谷正編『東アジア考古学辞典』などでも，「画像塼（墓）」という項目が立てられており，「塼画」・「画像塼」といった語（文字）を用いるべきであろう．

しかし問題はむしろ，「画像塼」なる語をどう定義するかである．『新潮　世界美術辞典』では，「画像塼」について「塼（煉瓦）の表面に型押しなどにより線刻または浮彫風の画像を表したもの」とし，『東アジア考古学辞典』には，「画像塼墓」について「表面に画像装飾を持つ，長方形ないし方形の焼成レンガである」とある（これは「画像塼墓」ではなく，「画像塼」の説明なので，厳密に言えば誤りである．執筆は黄暁芬）．『新潮　世界美術辞典』よりも『東アジア考古学辞典』の方が幅広いように見えるが，後者ではその制作技法から，①成形したレンガの表面に直接的に陰刻ないし線刻するもの，②文様を彫刻した小さなスタンプを何度も繰り返し押し付けるもの，③文様を彫刻した塼の装飾面に相当する大きさの範を押し付けるものという三種を掲げている．畢竟，「画像塼」についての両書の説明は，ほぼ一致するのである．河西地域で広く制作された，塼の平面（表面）に画像を描いた「塼画」については，わずかに『新潮　世界美術辞典』に「彩画で塼に画像を描いたものは彩画塼と呼ばれる」とあるだけで，『東アジア考古学辞典』はそのような「塼画」にふれるところがない．また河西地域の「塼画」を「彩絵磚（塼）」と呼ぶような実例は，書名に限っても（以下，同じ），張軍武他『嘉峪関魏晋墓彩絵磚画浅識』，楊蘊偉『磚上人間：河西漢魏晋南北朝墓彩絵磚上的世俗生活』，および重慶出版社の「中国古代壁画精華叢書」シリーズなど複数あるが，「彩画塼（磚）」という語の実用例は管見の限りではない．

この問題に関して，江介也「河西地区魏晋墓の墓門上装飾塼壁（照墻）と墳墓観・他界観」の説明は傾聴にあたいする．江は，塼の平面（表面）に画像が描かれた「塼画」を「画像塼（磚）」と呼ぶのは「学史的に見て誤用」（842 頁以下）と断ずるのである．河西地域に限定して言えば，甘粛省文物考古研究所編『敦煌仏爺廟湾西晋画像磚墓』や馬玉華他『河西画像磚芸術』などは，いずれも「誤用」ということになる．もちろん編者の旧稿も同じである．

江によれば，中国考古学の研究史をたどると，当初，「画像塼」は「「型押し」を基本条件」としており（狭義の「画像塼」），やがて彫刻したものも含むようになり，「塼面の凹凸により画像・紋様が表現された塼」（以上，843 頁）を意味するようになったという．広義の「画像塼」である．塼の平面に画像が描かれた「塼画」は，この広義の「画像塼」にさえ含まれないということになるが，これは先の『新潮　世界美術辞典』や『東アジア考古学辞典』と同じである．そして，江は狭義の「画像塼」だけを「画像塼」とする立場から以下のような分類を提唱している．

ⓐ画像塼（型押しによる装飾塼で，型には塼面大のものと小型スタンプあり）
ⓑ雕刻塼（中国では「雕塼」．彫り削りによる装飾塼で，さらに線刻塼・浮彫塼・立体雕刻塼に分類）
ⓒ絵画塼（顔料による装飾塼で，彩絵塼・墨絵塼）※他に単色の「彩色塼」や，複合装飾の「彩絵画像塼」など．

大ざっぱに言えば，江のⓐは『東アジア考古学辞典』の②と③に，ⓑが①にそれぞれ対応し，ⓒは『新潮　世界美術辞典』の「彩画塼」ということになろう．そして江は，ⓐ～ⓒの総称として，「装飾塼」という語を用いるのである．「個別塼単位でさまざまな方法により広義の装飾加工がなされた塼の総称」（843 頁）というのがその説明だが，念頭には，町田章『古代東アジアの装飾墓』があったことを自ら告白している．町田の成果以外にも，菅野恵美『中国漢代墓葬装飾の地域的研究』があるし，日本考古学では「装飾古墳」が学術用語になっているので，江の提唱にもそれなりの背景があることは確かだが，そのことと，「装飾（塼）」なる語の妥当性とは別の問題である．以下，江の分類と「装飾塼」なる総称について検討しながら，本書における用語について説明しておきたい．

江の分類は，中国考古学の研究史に忠実たらんとするところにポイントがあるようだ．しかし一般的に言って，「画像」と，「絵画」（と「雕刻」）は本来的に次元を異にする語ではないだろうか．言うまでもなく，「型押し（塼）」だけを「画像（塼）」と呼ばなければならない必然的な理由はない．「型押し」という技法を用いて画像を媒体である塼に定着させているだけである．同じように言えば，ⓒは平面に絵を描くことによって画像を塼に定着させたものであり，ⓑは「雕刻」という三次元的な方法により画像を塼に定着させたものである（ⓑについて再述する）．すなわちⓐ～ⓒは技法・方法こそ異なるものの，いずれも画像を塼に定着させたものなのであり，このうちⓐだけを「画像塼」と称するのは，研究史に忠実であったにせよ，また専門的な辞典類の説明に従っているにせよ（専門的な辞典類の説明は研究史から大きくは逸脱してないだろうから当然なのだが），正確な理解の妨げになるだけだろう．

またⓑの「彫刻塼」だが，『新潮 世界美術辞典』は，「彫刻」を「三次元的な立体形象を造型する芸術」と説明している．江の「立体雕刻塼」こそがこれに該当するのであろうが，「線刻塼」や「浮彫塼」はあくまでも直方体の塼の表面を加工して画像を表現したものなので，「立体彫刻塼」と同類とするのは問題だろう．この「立体彫刻塼」だけは，ⓐ～ⓒのなかで唯一直方体の塼を前提としておらず，制作プロセスからしても，成形後の形状からしても，他の塼とは大きく異なっており，それこそ「造型塼」ないしは「雕刻塼」として独立させるべき存在である．ⓑのなかでは，「線刻塼」と「浮彫塼」の二種が，工具を用いて塼の表面に凹凸を生じさせることにより画像を媒体に定着させるものであって，それこそ合わせて「刻画塼」とでも呼ぶことができるのではないだろうか．

それに対してⓒは，あくまでも塼の表面の形状には手を加えずに画像を描くわけなので，「描絵塼」という表現が適しているであろう．「彩絵磚（塼）」とか「彩画塼（磚）」とかいった表現だと，多色使いが想起されるが，実際には墨線だけの画像もあるので，両者を包含するためには「描絵塼」がよりふさわしいと思う．

最後はⓐだが，河西地域における型押し塼の出土例は多くはなく，墓内の床面に敷き詰められた鋪地塼が代表的な例だが，「模印磚（塼）」という表現が用いられている（例えば，嘉峪関市文物局編『嘉峪関文物図録』可移動文物巻など）．江の提唱する「画像塼」よりもよほど具体的なイメージを抱くことのできる語である．ただこれでは定着されたのが画像か文字か判別できない嫌いがあるので，「版画塼」とするほうがよりわかりやすいのではないだろうか．これが本書における提案である．

以上をまとめると，下記のようになる．

Ⅰ　**画像塼**（画像を，媒体である直方体の塼の表面に定着させたもの．定着させるための技法により分類．また媒体ではなく，定着させる方法からすれば，「塼画」）

1　版画塼（江のⓐ）

2　刻画塼（江のⓑから「立体彫刻塼」を除く）

①　線刻塼

②　浮彫塼

3　描画塼（江のⓒ）

①　彩画塼

②　墨画塼

Ⅱ　**造型塼**（江の「立体彫刻塼」．最初から三次元的な立体形象の造型を目的としたもの）

江はⅠとⅡを合わせて「装飾塼」としたわけだが，『新潮 世界美術辞典』によると，「装飾」とは

「事物の外面を美しくよそおい飾ること，またその飾りのこと」である．しかしこれらの塼は，そもそも墓を「美しく飾る」ために制作されたのであろうか．鋪地塼はあるいはこのような定義に当てはまるかもしれないが，それ以外の大半の塼については，否と応えざるをえないだろう．江自身が論証しているように，墓門上の門楼（江の「照墻」）や墓室の壁面に嵌め込まれた画像塼や造型塼は，墓主の死後の安寧な生活を祈念して制作されたものであり（しだいに形式化・粗略化していったにせよ），けっして墓を「美しく飾る」ために制作・使用されたものではないはずである．したがって本書では「装飾塼」という語を避けることとする．これに代替しうる語は簡単に思いつかないので，今後の課題としておきたい．それでもあえて「装飾塼」という語に意味があるとすれば，各種画像塼の間に，塼の短側面を並べて各種の紋様を描く場合があり，このような紋様が描かれた塼こそ「装飾塼」と呼ぶにふさわしいのではないかと思う*．

なお江の提唱とは直接関わらないが，塼画（画像塼）を「壁画」と称することも広く行なわれている．俄軍他主編『甘粛出土魏晋唐墓壁画』，張宝璽編『嘉峪関酒泉魏晋十六国墓壁画』といった大型図録本から，林少雄『古冢丹青：河西走廊魏晋墓壁画』，孫彦『河西魏晋十六国壁画墓研究』，および郭永利『河西魏晋十六国壁画墓』などの研究書に至るまで，河西地域を対象としたものに限定しても枚挙にいとまがない．

周知のように，河西地域には酒泉丁家閘五号墓をはじめ，民楽八卦営墓群や高台地埂坡墓群などでも複数の壁画墓の存在が確認されている．いずれも墓室の壁面ほぼ全体にわたって画像が描かれているものである．しかしこれらを除けば，この地域の「壁画墓」は，いわゆる一塼一画を基本とする塼画墓（画像塼墓）なのであって，この点にこそ大きな（おそらくは最大の）特徴があると言っても過言ではない．しかしこれらも含めて「壁画（墓）」という語で一括してしまうと，この特徴を端的に表現することができなくなってしまう．もちろん複数の塼に一つの画像が描かれることもあるが，それはあくまでもバリエーションであり，これらは「壁画」と呼ぶにはあたいしないと思う．本書があえて「塼画」と「壁画」を区別する理由もここにあることを最後に確認しておきたい．

*　「装飾塼」の具体例として，甘粛省文物隊他編『嘉峪関壁画墓発掘報告』，22 頁図一八「建築装飾図案」の 1 ～ 16 の紋様を上げておきたい．また三﨑良章はこのような紋様を「補助紋（文）様」と呼んでいる（同「甘粛画像磚墓に見られる補助紋様」／「高台 2001GLM1 の記号的図像と補助文様について」）．

文献一覧と略号

本項には，本書で言及した報告書（簡報を含む）や写真集などをまとめて掲げ，あわせて目録篇で略号を用いたものについては，略号を末尾にボールドで併記した．なお解説篇では，市県ごとに初出の際に限って文献にその編著者名を併記した．

［日本語］（五十音順）

殷光明

2006　北村永訳「敦煌西晋墓出土の墨書題記画像磚墓をめぐる考察」，『仏教芸術』第 285 号（**「墨書題記画像磚をめぐる考察」**）．

2012　北村永訳「西北科学考察団発掘の敦煌翟宗盈画像磚墓について」，『仏教芸術』第 322 号（**「敦煌翟宗盈画像磚墓について」**）．

菅野恵美

2012　『中国漢代墓葬装飾の地域的研究』，勉誠出版．

北村　永

2006　「敦煌仏爺廟湾西晋画像磚墓および敦煌莫高窟における漢代の伝統的なモチーフについて」，『仏教芸術』第 285 号．

2008　「敦煌仏爺廟湾西晋画像磚墓について」，朝日敦煌研究院派遣制度記念誌編集委員会編『朝日敦煌研究院派遣制度記念誌』，朝日新聞社．

2010　「河西地方における魏晋画像磚墓の研究—その現状と展望—」，『仏教芸術』第 311 号．

2010　「敦煌・嘉峪関魏晋墓に関する新収穫」，『西北出土文献研究』2009 年度特刊．

2011　「甘粛省高台県駱駝城苦水口 1 号墓（2001GLM1）の基礎的整理」，『西北出土文献研究』2010 年度特刊．

2011　「甘粛省高台県地埂坡魏晋 3 号墓（M3）について」，『西北出土文献研究』第 9 号．

江　介也

2015　「河西地区魏晋墓の墓門上装飾塼壁（照墻）と墳墓観・他界観—敦煌仏爺廟湾西晋装飾墓を中心に—」，『森浩一先生に学ぶ—森浩一先生追悼論集—』（同志社大学考古学シリーズ XI），同志社大学考古学シリーズ刊行会．

新世界出版社

1989　編／王天一臨模『地下画廊——嘉峪関の魏・晋墓磚画』，新世界出版社．

関尾史郎

2006　「甘粛出土，魏晋時代画像磚および画像磚墓の基礎的整理」，『西北出土文献研究』第 3 号．

2007　「敦煌の古墓群と出土鎮墓文」（上），『資料学研究』第 4 号．

2008　「敦煌の古墓群と出土鎮墓文」（下），『資料学研究』第 5 号．

2010　「画像磚の出土地をめぐって—「甘粛出土，魏晋時代画像磚および画像磚墓の基礎的考察—」補遺」，『西北出土文献研究』2009 年度特刊．

2012　「河西魏晋墓出土磚画一覧（Ⅰ）—嘉峪関・新城古墓群—」，『西北出土文献研究』第 10 号．

2012　「批評と紹介：俄軍・鄭炳林・高国祥主編『甘粛出土魏晋唐墓壁画』全三冊」，『東洋学報』第 94 巻第 2 号．

2013　「河西魏晋墓出土磚画一覧（Ⅱ）—嘉峪関・牌坊梁，酒泉・高閘溝，同・西溝古墓群—」，『西北出土文献研究』第 11 号.

2018 「高台県古墓群発掘調査簡史—主要出土文物とその研究の紹介をかねて—」,『資料学研究』第 15 号.

2019 『三国志の考古学—出土資料からみた三国志と三国時代—』, 東方書店・東方選書.

西谷 正

2007 編『東アジア考古学辞典』, 東京堂出版.

町田 章

1987 『古代東アジアの装飾墓』, 同朋舎出版.

町田隆吉

2013 「河西出土魏晋・五胡十六国時代漢語文献の基礎的整理」, 渡邉義浩編『第四回日中学者中国古代史論壇論文集 中国新出資料学の展開』, 汲古書院.

三﨑良章

2010 「甘粛画像磚墓に見られる補助紋様—特に「X」紋を中心として—」,『西北出土文献研究』2009 年度特刊.

2011 「高台 2001GLM1 の記号的図像と補助文様について」,『西北出土文献研究』2010 年度特刊.

————

1985 『新潮 世界美術辞典』, 新潮社.

［中国語］（画数順）

八卦営村志編纂委員会

2007 編『八卦営村志』, 甘粛文化出版社・甘粛省民楽県地方志叢書.

王建栄

2016 「瓜州博物館館蔵画像磚内容及特色分析」,『絲綢之路』2016 年第 18 期.

王春梅

2012 「嘉峪関峪泉鎮魏晋墓出土画像磚及其保存状況調査」,『絲綢之路』2012 年第 20 期.

2015 「嘉峪関魏晋墓出土伏羲女媧図像考析」, 中共嘉峪関市委宣伝部・甘粛省歴史学会編『嘉峪関与絲綢之路歴史文化研究』, 甘粛教育出版社.

王 策・呉 荭

2011 「玉門金鶏梁出土的木牘和封検」,『文物』2011 年第 2 期.

孔礼忠・侯晋剛

2016 「記新発現的嘉峪関毛庄子魏晋墓木板画」,『文物』2016 年第 11 期.

包 艶・張騁傑・史亦真

2017 編『中国絲綢之路上的墓室壁画 西部巻』甘粛分巻, 東南大学出版社.

民楽県文物局・民楽県博物館

2016 編『民楽文物』, 敦煌文芸出版社.

民楽県県志編纂委員会

1996 編『民楽県志』, 甘粛人民出版社・中華人民共和国地方志叢書.

玉門市文化体育局・玉門市博物館・玉門市文物管理所

2014 編『玉門文物』, 甘粛人民出版社.

瓜州県志編纂工作委員会

2010 編『瓜州県志（1986-2005）』, 甘粛文化出版社・甘粛地方志叢書.

甘粛省文物考古研究所

1989　編『酒泉十六国墓壁画』，文物出版社.
1994　編／戴春陽・張　瓏主編『敦煌祁家湾——西晋十六国墓葬発掘報告』，文物出版社.
1996　「甘粛酒泉西溝村魏晋墓発掘報告」，『文物』1996 年第 7 期.
1998　編／戴春陽主編『敦煌仏爺廟湾西晋画像磚墓』，文物出版社.
2005　「甘粛省高台県漢晋墓葬発掘簡報」，『考古与文物』2005 年第 5 期.
2011　「甘粛玉門金鶏梁十六国墓葬発掘簡報」，『文物』2011 年第 2 期.
2014　編『民楽八卦営——漢代墓群考古発掘報告』，科学出版社.
2016　「甘粛酒泉侯家溝十六国墓地発掘簡報」，『考古与文物』2016 年第 2 期.
甘粛省文物考古研究所・日本秋田県埋蔵文化財中心・甘粛省博物館
2012　「2003 年甘粛武威磨咀子墓地発掘簡報」，『考古与文物』2012 年第 5 期.
甘粛省文物考古研究所・高台県博物館
2003　「甘粛高台県駱駝城墓葬的発掘」，『考古』2003 年第 6 期.
2008　「甘粛高台地埂坡晋墓発掘簡報」，『文物』2008 年第 9 期.
甘粛省文物局
2011　編『甘粛省第三次全国文物普査重要新発現』，三秦出版社.
2011　編『高台県博物館』，甘粛人民美術出版社・甘粛博物館巡礼.
甘粛省文物隊・甘粛省博物館・嘉峪関市文物管理所
1985　編『嘉峪関壁画墓発掘報告』，文物出版社.
甘粛省文物管理委員会
1959　「酒泉下河清第 1 号墓和第 18 号墓発掘簡報」，『文物』1959 年第 10 期.
1960　「甘粛酒泉県下河清漢墓清理簡報」，『文物』1960 年第 2 期.
甘粛省地図集編纂弁公室
1975　編『甘粛省地図集』，甘粛省地図集編纂弁公室.
甘粛省金昌市地方志編纂委員会
1995　編『金昌市志』，中国城市出版社・中華人民共和国地方志叢書.
甘粛省張掖市志編修委員会
1995　編『張掖市志』，甘粛人民出版社・中華人民共和国地方志叢書.
甘粛省粛南裕固族自治県地方志編纂委員会
1994　編『粛南裕固族自治県志』，甘粛民族出版社・中華人民共和国地方志叢書.
甘粛省博物館
1974　「武威雷台漢墓」，『考古学報』1974 年第 2 期.
1979　「酒泉・嘉峪関晋墓的発掘」，『文物』1979 年第 6 期.
甘粛省博物館・嘉峪関市文物保管所
1974　「嘉峪関魏晋墓室壁画的題材和芸術価値」，『文物』1974 年第 9 期.
甘粛省歴史学会
2015　編『嘉峪関与絲綢之路歴史文化研究』，甘粛教育出版社.
甘博文
1972　「甘粛武威雷台東漢墓清理簡報」，『文物』1972 年第 2 期.
呉　葒
2008　「甘粛高台地埂坡魏晋墓」，国家文物局主編『2007 中国重要考古発現』，文物出版社（「**地埂坡魏晋墓**」）.

呂占光

2000　編『嘉峪関文物集萃』, 甘粛人民美術出版社.

李永寧

2002　「敦煌仏爺廟湾晋・唐墓葬」, 中国考古学会編『中国考古学年鑑 2001』, 文物出版社.

2003　「敦煌仏爺廟湾魏晋至唐代墓群」, 中国考古学会編『中国考古学年鑑 2002』, 文物出版社.

李勇傑

2015　「早期道教羽化成仙思想的生動再現——甘粛省金昌市博物館館蔵晋代彩絵画像磚」, 中共嘉峪関市委宣伝部・甘粛省歴史学会編『嘉峪関与絲綢之路歴史文化研究』, 甘粛教育出版社.

李春元

2006　「安西踏実墓群一号大墓発掘簡報」, 李・李長纓・李長青『瓜州史地研究文集』, 瓜州歴史文化研究叢書.

2008　『瓜州文物考古総録』, 香港天馬出版有限公司・瓜州歴史文化研究叢書.

国家文物局

2011　主編『中国文物地図集 甘粛分冊』全 2 冊, 測絵出版社.

岳邦湖・田　暁・杜思平・張軍武

2004　『岩画及墓葬壁画』, 敦煌文芸出版社・甘粛考古文化叢書.

林少雄

1999　『古冢丹青：河西走廊魏晋墓葬画』, 甘粛教育出版社・隴文化叢書.

武威市市志編纂委員会

1998　編『武威市志』, 蘭州大学出版社・中華人民共和国地方志叢書.

武威地区博物館

1987　「甘粛武威南灘魏晋墓」,『文物』1987 年第 9 期.

范暁東

2014　「小土山墓葬的考古発掘及墓主人身份初探」,『絲綢之路』2014 年第 24 期（王保東主編『粛州歴史文化遺産研究文集』, 甘粛文化出版社, 2016 年, 所収）.

2016　「蒠《ママ》家崖湾墓考古発掘及墓主人身份小議」, 王保東主編, 前掲『粛州歴史文化遺産研究文集』.

2016　「三百戸墓群形成時代考略」, 王保東主編, 前掲『粛州歴史文化遺産研究文集』.

金昌市文化出版局

2011　編『金昌文物』, 甘粛人民出版社.

俄　軍・鄭炳林・高国祥

2009　主編『甘粛出土魏晋唐墓壁画』全 3 冊, 蘭州大学出版社.

侯晋剛・張　斌

2009　「（嘉峪関新城魏晋墓・五号墓）綜述」, 俄軍他主編, 前掲『甘粛出土魏晋唐墓壁画』上冊.

施愛民

2006　「民楽八卦営魏晋壁画墓」, 甘粛省博物館編／俄軍主編『甘粛省博物館学術論文集』, 三秦出版社.

栄恩奇

2011　「敦煌西晋画像磚墓」, 同『敦煌之謎』, 中国戯劇出版社（敦煌市博物館編『紀念敦煌市博物館免費開放十周年敦煌史博物館学術論文集』, 万巻出版公司, 2018 年, 所収）.

胡　之

2000　主編／張宝璽撮影『甘粛嘉峪関魏晋一号墓彩絵磚』, 重慶出版社・中国古代壁画精華叢書（**『魏晋一号墓彩絵磚』**）.

2000　主編／張宝璽撮影『甘粛嘉峪関魏晋三号墓彩絵磚』，重慶出版社・中国古代壁画精華叢書（**『魏晋三号墓彩絵磚』**）.

2000　主編／張宝璽撮影『甘粛嘉峪関魏晋四号墓彩絵磚』，重慶出版社・中国古代壁画精華叢書（**『魏晋四号墓彩絵磚』**）.

2000　主編／張宝璽撮影『甘粛嘉峪関魏晋六号墓彩絵磚』，重慶出版社・中国古代壁画精華叢書（**『魏晋六号墓彩絵磚』**）.

2000　主編／張宝璽撮影『甘粛嘉峪関魏晋七号墓彩絵磚』，重慶出版社・中国古代壁画精華叢書（**『魏晋七号墓彩絵磚』**）.

2000　主編／張宝璽撮影『甘粛嘉峪関魏晋十二・十三号墓彩絵磚』，重慶出版社・中国古代壁画精華叢書（**『魏晋十二 十三号墓彩絵磚』**）.

2002　主編／張宝璽撮影『甘粛嘉峪関魏晋五号墓彩絵磚』，重慶出版社・中国古代壁画精華叢書（**『魏晋五号墓彩絵磚』**）.

韋　正

2011　「試談酒泉丁家閘 5 号壁画墓的年代」，『文物』2011 年第 4 期.

党寿山

1995　「甘粛武威磨嘴子発現一座東漢壁画墓」，『考古』1995 年第 11 期（同『武威文物考述』，内部発行，2001 年，所収）.

夏　鼐

1955　「敦煌考古漫記」（一），『考古通訊』創刊号（「甘粛考古漫記」として，中国社会科学院考古研究所編『夏鼐文集』中冊，社会科学文献出版社・考古学専刊甲種，2000 年，所収．ただし塼画の図版は未収録）.

孫　彦

2011　『河西魏晋十六国壁画墓研究』，文物出版社・考古新視野叢書.

徐光冀

2012　主編『中国出土壁画全集』第 9 巻（甘粛・寧夏・新疆巻），科学出版社.

殷光明

2008　「敦煌西晋墨書題記画像磚墓及相関内容考論」，『考古与文物』2008 年第 2 期.

秦国順

2015　「李暠墓疑云」，『北方作家』2015 年第 1 期.

酒泉市史志弁公室

1998　編『酒泉市志』，蘭州大学出版社・中華人民共和国地方志叢書.

酒泉市粛州区地方志編纂委員会

2009　編／劉吉平主編『酒泉市粛州区志』，甘粛文化出版社.

酒泉市博物館

1998　編／田　暁主編『酒泉文物精萃』，中国青年出版社.

馬玉華・趙呉成

2017　『河西画像磚芸術』，甘粛人民出版社.

馬建華

2000　編・撮影『甘粛酒泉西溝魏晋墓彩絵磚』，重慶出版社・中国古代壁画精華叢書（**『西溝魏晋墓彩絵磚』**）.

2000　編・撮影『甘粛敦煌仏爺廟湾魏晋墓彩絵磚』，重慶出版社・中国古代壁画精華叢書（**『仏爺廟湾魏晋墓彩絵磚』**）.

馬軍強

2016　「酒泉高閘溝磚廠墓出土壁画磚及墓葬時代浅析」,『絲綢之路』2016 年第 16 期.

高台県志編纂委員会

1993　編『高台県志』, 蘭州大学出版社.

寇克紅

2007　「駱駝城画像磚室墓」,『大湖湾』総第 5 期.

2012　「高台許三湾前秦墓葬題銘小考」, 中共高台県委・高台県人民政府・甘粛敦煌学学会・敦煌研究院文献所・河西学院編『高台魏晋墓与河西歴史文化研究』, 甘粛教育出版社.

張宝璽

2001　編『嘉峪関酒泉魏晋十六国墓壁画』, 甘粛人民美術出版社（一部,**『魏晋十六国墓壁画』**).

張朋川

1976　「河西出土的漢晋絵画概述」,『文物』1976 年第 8 期（同『黄土上下：美術考古文萃』, 山東画報出版社, 2006 年, 所収. ただし一部図版を欠く).

2006　「嘉峪関・酒泉魏晋十六国壁画墓発掘追憶」, 同, 前掲『黄土上下』.

張朋川・張宝璽

1985　編『嘉峪関魏晋墓室壁画』, 人民美術出版社・中国古代美術作品介紹.

張俊民

2015　「敦煌市祁家湾晋十六国時期墓葬」, 中国考古学会編『中国考古学年鑒 2014』, 中国社会科学出版社・中国社会科学年鑒, 2015 年.

張軍武・高鳳山

1989　『嘉峪関魏晋墓彩絵磚画浅識』, 甘粛人民出版社.

張掖市文物管理局

2009　編『張掖文物』, 甘粛人民出版社, 2009 年.

張掖地区文物管理弁公室・高台県博物館

1997　「甘粛高台駱駝城画像磚墓調査」,『文物』1997 年第 12 期.

張興盛

2008　『地下画廊——魏晋墓群』, 敦煌文芸出版社.

粛州区博物館

2004　「酒泉小土山墓葬清理簡報」,『隴右文博』2004 年第 2 期.

2016　編『粛州文物図録』全 2 巻, 甘粛文化出版社.

粛南裕固族自治県明花区志編委会

2006　編『粛南裕固族自治県明花区志』, 甘粛人民出版社.

郭平梁

2008　「武威雷台墓墓主・銅奔馬命名釈義及墓葬年代」,『考古与文物』2008 年第 5 期.

郭永利

2012　『河西魏晋十六国壁画墓』, 民族出版社・敦煌学研究文庫.

郭永利・寇克宏《ママ》

2009　「(張掖駱駝城・許三湾・苦水口魏晋墓壁画) 綜述」, 俄軍他主編, 前掲『甘粛出土魏晋唐墓壁画』中冊.

郭永利・楊恵福

2007　「敦煌翟宗盈墓及其年代」,『考古与文物』2007 年第 4 期.

敦煌市志編纂委員会

1994 編『敦煌市志』，新華出版社・中華人民共和国地方志叢書.

敦煌市地方志編纂委員会

2007 編『敦煌志』全 2 冊，中華書局.

敦煌市博物館

2002 編『敦煌文物』，甘粛人民美術出版社.

2017 編『敦煌市博物館館蔵珍貴文物図録』，万巻出版公司（**『館蔵珍貴文物図録』**）.

敦煌県博物館考古組・北京大学考古実習隊

1987 「記敦煌発現的西晋・十六国墓葬」，北京大学中国中古史研究中心編『敦煌吐魯番文献研究論集』第 4 輯，北京大学出版社.

馮明義

2007 「小土山墓墓主考」，『酒泉職業技術学院学報』2007 年第 1 期（王保東主編，前掲『粛州歴史文化遺産研究文集』，所収）.

楊永生

2012 主編『酒泉宝鑒――館蔵文物精選』，甘粛文化出版社.

楊蘊偉

2018 『磚上人間：河西漢魏晋南北朝墓彩絵磚上的世俗生活』，甘粛文化出版社.

嘉峪関市文物局

2014 編『嘉峪関文物図録』全 2 巻，三秦出版社.

嘉峪関市文物清理小組

1972 「嘉峪関漢画像磚墓」，『文物』1972 年第 12 期.

嘉峪関市文物管理所

1982 「嘉峪関新城十二・十三号画像磚墓発掘簡報」，『文物』1982 年第 8 期.

嘉峪関市志弁公室

1990 編『嘉峪関市文物志』，甘粛人民出版社.

嘉峪関市志編纂委員会

1990 編『嘉峪関市志』，甘粛人民出版社.

嘉峪関長城博物館

2003 「嘉峪関新城魏晋磚墓発掘報告」，『隴右文博』2003 年第 1 期.

関尾史郎

2012 「在高台県域内的古墓群与古代郡県制」，中共高台県委他編，前掲『高台魏晋墓与河西歴史文化研究』.

2013 「河西磚画墓・壁画墓的空間与時間――読《甘粛出土魏晋唐墓壁画》一書後」，饒宗頤主編『敦煌吐魯番研究』第 13 巻，上海古籍出版社.

静　安

1999 撮影『甘粛丁家閘十六国墓壁画』，重慶出版社・中国古代壁画精華叢書（**『丁家閘十六国墓壁画』**）.

1999 撮影／施愛民撰文『甘粛高台魏晋墓彩絵磚』，重慶出版社・中国古代壁画精華叢書（**『高台魏晋墓彩絵磚』**）.

潘竟万

2004 主編『中国河西走廊』全 3 冊，中国大百科全書出版社.

閻文儒

1950 「河西考古簡報」（上），『国学季刊』第 7 巻第 1 号.

臨沢県志編纂委員会

2016　編『臨沢県志（1991 ～ 2010）』，甘粛文化出版社．

目　次

河西魏晋·〈五胡〉墓出土
図像資料（塼画・壁画）目録

解　説　篇

1．武威市（涼州区）

武威市（涼州区）域の塼画墓・壁画墓として，『中国文物地図集 甘粛分冊』に言及されているのは，以下の二つの古墓群である（カッコ内は，遺跡番号／所在地／年代／掲載頁．以下，同じ）[(1)]．

① 五壩山墓群（113-B50／古城鎮宏化村西南／漢・魏晋・西夏／下冊，198 頁）

② 趙家磨墓群（116-B53／金羊鎮趙家磨村西南／魏晋／下冊，199 頁）

1984 年に発掘された①では，土洞墓の墓壁に「壁画」が描かれており，とくに前漢時代の七号墓では，「開明獣」と「不死樹」，さらには「墓主宴飲」・「伎楽歌舞」などもあったという．徐光冀主編『中国出土壁画全集』第 9 巻の甘粛部分には，同墓出土の❶「羽人図」（1 頁図 1）と❷「神獣図」（2 頁図 2）が掲げられている．

また 1979 年に清理された②では，塼室墓の二号墓で，黒色と白色の塼を用いて「雲気紋」などの図案が描かれていたという．この②については，発掘簡報，武威地区博物館「甘粛武威南灘魏晋墓」がある．発掘年次を 1976 年，図案が描かれた墓を一号墓（76WNM1）とするなど，異同が認められるが，これによると，同墓は双室構造で，壁面や天井には黒色塼と白色塼がモザイク状に嵌め込まれている（図一～図三）．すなわち河西地域に特有の一画一塼の画像ではなく，またモザイクも「雲気紋」を表現したものとは思えず，簡報は「菱形」・「折帯形」・「条帯形」と称している．これは後述する雷台漢墓と共通する方式で，「魏晋壁画」の「雛形」と評価するが（93 頁），両者の間には大分距離があるようにも思われ，直接的な継承関係を想定することは困難である．そもそもこのような墓を，塼画墓・壁画墓の範疇に含めるべきなのか，検討の余地があるだろう．

なお武威市市志編纂委員会編『武威市志』は，①の「墓葬壁画」が前漢時代の「絵画芸術」を反映しているとしており（680 頁），塼画の年代を前漢と考えているふしがあるが，いかがであろうか．

武威市域の塼画墓・壁画墓に関して，もっとも豊富な情報を提供するのは，包艶他編『中国絲綢之路上的墓室壁画 西部巻』の甘粛分巻である．その第一章「概述」（5 頁）によって該当するものを，重複も含めて掲載順に列挙すると，以下のようになる（カッコ内は，『中国文物地図集 甘粛分冊』のデータ）．

③ 韓佐郷紅花村五壩山西漢七号墓（①五壩山墓群）

④ 雷台漢墓（雷台漢墓／79-B16／金羊鎮新鮮村／漢／下冊，197 頁）

⑤ 磨嘴子東漢壁画墓（磨嘴子墓群／80-B17／新華郷纏山村磨嘴子南／漢代／下冊，197 頁）

⑥ 武威西夏乾祐十六（1185）年墓（西郊西夏墓?／146-B83／市区西／西夏／下冊，200 頁）

⑦ 武威西郊林場劉徳仁二号墓（西郊林場墓群／145-B82／市区西北／西夏／下冊，200 頁）

⑧ 武威西郊林場劉徳仁三号墓（同上）

⑨ 武威磚砌西夏墓（西関什字南西夏墓?／147-B84／市区西関什字西南／西夏／下冊，200 頁）

⑩ 武威西関磚室墓（西関西夏墓／148-B85／市区西関／西夏／下冊，200 頁）

⑪ 管家坡三号墓

⑫ 武威南灘趙家磨 M1（②趙家磨墓群）

⑬ 武威臧家庄魏晋墓 M1（臧家庄墓群／137-B74／金塔郷臧家庄村／魏晋／下冊，200 頁）

⑭ 武威臧家庄魏晋墓 M2（同上）

⑮ 交警支隊綜合楼魏晋墓

⑯ 新青年巷魏晋墓

⑰ 武運司家属楼魏晋墓

⑱　武威師範学校魏晋墓

⑲　辛家河南灘橋採石場墓

⑳　西関河西装潢公司綜合楼魏晋墓（西関魏晋墓?／125-B62／市区西関／魏晋／下冊，199 頁）

㉑　第一粮食倉庫墓

㉒　昌興房地産公司綜合楼魏晋墓

以上の 20 例である[(2)]．なかには⑥～⑩のような西夏墓も含まれているが，この 5 例を除いても，漢代墓が③（①）～⑤の 3 例，魏晋墓が⑫（②）～⑱・⑳・㉒の 8 例，計 11 例にも上る（⑪・⑲・㉑の 3 例は不詳）．しかし所在地が不明なものがあることからもわかるように，『中国文物地図集 甘粛分冊』に掲載されていないものが少なくない．したがって情報が乏しく，ここでは簡報のある④と⑤についてふれておく．

④（69WXM1）については，簡報である甘博文「甘粛武威雷台東漢墓清理簡報」，正式な報告とも言うべき甘粛省博物館「武威雷台漢墓」などにより，おおよそを知ることができる．墓道に続いて長い甬道があり，その先に前・中・後の三つの墓室と側室を擁する大型墓で，まず墓道の側壁に朱紅色の画像が描かれており（「武威雷台漢墓」，89 頁図二），張朋川「河西出土的漢晋絵画概述」は「柱状連枝灯図案」（61 頁）と解する．また墓門上の門楼と墓室の壁面・天井などは，黒色塼と白色塼がモザイク状に嵌め込まれており，門楼には加えて造型塼も用いられているようである（「武威雷台漢墓」，図版壱の 2,3，弐の 1～4）．築造年代について，「武威雷台漢墓」は，後漢の中平 3（186）年から献帝年間（～ 219《ママ》年）としており，最近の郭平梁「武威雷台墓墓主・銅奔馬命名釈義及墓葬年代」もこれを支持している．②の趙家磨二号墓に先行することは確実で，両者の間に影響関係を想定することもできよう．

⑤についても，簡報，党寿山「甘粛武威磨嘴子発現一座東漢壁画墓」がある．これによると，1989 年に発掘された双室の土洞墓で，前室壁面には人物図ほかが，また頂部には「天象図」が，いずれも墨色で描かれている[(3)]．

磨嘴子墓群からは，2003 年にも壁画墓が発掘された．甘粛省文物考古研究所他「2003 年甘粛武威磨咀子墓地発掘簡報」によれば，単室の土洞墓である三号墓の壁面に人物や白虎の墨絵が描かれていた．写真（封三の 1）によるかぎり，稚拙な人物画である．

本書では，以上のうち，⑤の磨嘴子墓群から，1989 年発掘墓と 2003 年発掘三号墓の目録を掲げる．残念ながら，包艶他編『中国絲綢之路上的墓室壁画 西部巻』甘粛分巻が列挙する多くの魏晋墓については省略にしたがわざるをえない[(4)]．

註

（1）このほか，雷台漢墓（後掲④）の一号墓（1969 年発掘）からは蓮花紋様の「藻井方磚」が，また高頭溝墓群（134-B71／双城鎮高頭溝村東北／魏晋／下冊，199 頁）からは「“陰宅”文字磚」が，それぞれ出土している．

（2）『中国絲綢之路上的墓室壁画 西部巻』甘粛分巻の体例から，武威市とは涼州区だけではなく，管下にある民勤県・古浪県・天祝蔵族自治県を含んでいるが，『中国文物地図集 甘粛分冊』によるかぎり，これら 3 県には該当する墓（群）は確認できない．

（3）簡報は，前室壁面のうち南壁は羽人，西壁は雑技，北壁は大象・人と解釈する．雑技に興じる人物像は異形で，羽人とともに検討が俟たれる．

（4）これらの魏晋墓も，あるいは②と同じような塼の用い方がされていたのかもしれないが，もちろんこれはあくまでも推測である．

【参考文献】（掲載順）

国家文物局主編『中国文物地図集 甘粛分冊』全2冊，測絵出版社，2011年.

徐光冀主編『中国出土壁画全集』第9巻（甘粛・寧夏・新疆巻），科学出版社，2012年.

武威地区博物館「甘粛武威南灘魏晋墓」，『文物』1987年第9期.

武威市市志編纂委員会編『武威市志』，蘭州大学出版社・中華人民共和国地方志叢書，1998年.

包 艶・張騁傑・史亦真編『中国絲綢之路上的墓室壁画 西部巻』甘粛分冊，東南大学出版社，2017年.

甘博文「甘粛武威雷台東漢墓清理簡報」，『文物』1972年第2期.

甘粛省博物館「武威雷台漢墓」，『考古学報』1974年第2期.

張朋川「河西出土的漢晋絵画概述」，『文物』1976年第8期（同『黄土上下：美術考古文萃』，山東画報出版社，2006年，所収．ただし一部図版を欠く）.

郭平梁「武威雷台墓墓主・銅奔馬命名釈義及墓葬年代」，『考古与文物』2008年第5期.

党寿山「甘粛武威磨嘴子発現一座東漢壁画墓」，『考古』1995年第11期（同『武威文物考述』，内部発行，2001年，所収）.

甘粛省文物考古研究所・日本秋田県埋蔵文化財中心・甘粛省博物館「2003年甘粛武威磨咀子墓地発掘簡報」，『考古与文物』2012年第5期.

2．金昌市（金川区）

金川区と永昌県からなる金昌市一帯は，後漢・魏晋時代には張掖郡番和県の域内にあったと思われるが，国家文物局主編『中国文物地図集 甘粛分冊』によると，西寨城址（永昌県焦家庄郷南沿溝村南）が番和県治だったようである（下冊，70 頁）．金昌市管下でも金川区は西寨城址から離れているためか，同書には，この区域の塼画墓・壁画墓に関する情報はない．しかし，張朋川「河西出土的漢晋絵画簡述」によれば，早くも 1957 年（当時は市制施行前で，永昌県）に，双湾鎮の東四溝で 2 点の塼画が出土している．

❶「婦女図」（「河西出土的漢晋絵画簡述」，70 頁図二一）

❷「青龍・白虎図」

いずれも縦 39.5 ×横 37.7cm という方形の塼が使われており，塼面を上下 2 段に分けて画像が描かれていた．このうち❶は上段に 5 人，下段にも 5 人の女性が描かれたものである．衣裳の描き方などやや稚拙な感が拭えないが，もういっぽうの❷は上段に青龍を，下段に白虎を描いたもので，その形象は嘉峪関新城六号墓出土の塼画に等しいという．これが魏晋時代のものと判断された根拠のようだが，この 2 点の塼画の出土墓については，甘粛省金昌市地方志編纂委員会編『金昌市志』にも記載されておらず，また塼画自体も，金昌市文化出版局編『金昌文物』に掲載されていないので，現状は不明である(1)．

それに対して『金昌文物』には，金昌市博物館の所蔵にかかる 4 点の塼画の写真が収録されている．大きさは縦 18.6 ～ 19.0 ×横 36.8 ～ 38.7cm と一定ではないが，それぞれ「青龍磚」・「白虎磚」・「朱雀磚」・「力士磚」と名付けられた塼画は同じ画法で，しかも類例を見ないものである．そしてこの 4 点にとどまらず，同博物館に所蔵されているほぼ全ての塼画を紹介したのが，李勇傑「早期道教羽化成仙思想的生動再現」で，これによると，全部で 23 点に上るという．同博物館が金昌市文物工作隊から引き継いだ文物だが，元来は「公安機関」から委託されたものということなので（205 頁），盗掘品だったことは確実で，本来の出土地も市域外だった可能性が高い．

編者は 2018 年 8 月に金昌市博物館でこれらの塼画を実見する機会を得たが，本書では，それによって得られた知見を交えながら，李勇傑の紹介にもとづいて目録を作成した．

註

（1）2 点の塼画が見つかったとされる双湾鎮は，金昌市域でも北部に位置している．『中国文物地図集 甘粛分冊』によると，魏晋時代に創建されたという大廟城址が同鎮の岳家溝村に立地している（下冊，67 頁）．

参考文献（掲載順）

国家文物局主編『中国文物地図集 甘粛分冊』全 2 冊，測絵出版社，2011 年．

張朋川「河西出土的漢晋絵画簡述」，『文物』1978 年第 6 期（同『黄土上下：美術考古文萃』，山東画報出版社，2006 年，所収．ただし図版を欠く）．

甘粛省金昌市地方志編纂委員会編『金昌市志』，中国城市出版社・中華人民共和国地方志叢書，1995 年．

金昌市文化出版局編『金昌文物』，甘粛人民出版社，2011 年．

李勇傑「早期道教羽化成仙思想的生動再現――甘粛省金昌市博物館館蔵晋代彩絵画像磚」，中共嘉峪関市委宣伝部・甘粛省歴史学会編『嘉峪関与絲綢之路歴史文化研究』，甘粛教育出版社，2015 年．

3．張掖市（甘州区）

言うまでもなく現在の張掖市甘州区は，魏晋・〈五胡〉時代に張掖郡治だった觻得県（晋代は永平県）にあたるが，張掖文物管理局編『張掖文物』によると（220 頁），現在の市区の西北方で，黒河の左岸に位置する黒水国故城北城址（明永郷下崖村北）が旧・觻得県治であった．そのことを念頭において，塼画墓・壁画墓に関する，国家文物局主編『中国文物地図集 甘粛分冊』の情報を見ていこう．掲載順に掲げておく．

① 黒水国墓群（19-B1／明永郷下崖村西／漢／下冊，319 頁）

② 兔児壩灘墓群（26-B8／三閘鎮庚名村西北／漢／下冊，319 頁）

③ 葫蘆灘墓群（33-B15／沙井鎮／漢／下冊，320 頁）

④ 燎烟墩墓群（45-B27／明永郷燎烟村南／漢―魏晋／下冊，320 頁）

⑤ 双墩灘墓群（46-B28／沙井鎮東五村北／漢―魏晋／下冊，320 頁）

①では「画像磚」が出土し，②では「画像磚墓」が発見され[1]，③では，1956 年に「四神磚」や「壁画磚」が出土，④では「四神・花卉」などの図案がある「画像磚」を採集，そして⑤では「狩猟画像磚」を採集，この 5 例である．

また，甘粛省張掖市志編修委員会編『張掖市志』は，②と⑤のほかに，

⑥ 沙井上寨漢墓群（沙井郷《ママ》上寨村五社南／710 頁）

で「四神紋画像磚」が出土したとする[2]．

さらに，『張掖文物』は，⑤[3]のほかに，「四霊神獣紋画像磚」が出土した，

⑦ 上游墓群（沙井鎮上游村／247 頁）

を掲げる[4]．

しかしながら，『張掖文物』に収録されている写真はつぎの 1 点だけである．

❶「四霊神獣図画像磚」（東漢／1990 年明永郷漚波村一号漢墓出土／116 頁）

また 2018 年 8 月に，張掖市（甘州区）博物館を参観した結果，かろうじて該当するものを以下の展示品のなかに見い出すことができた．

❷「模印狩猟紋画像磚」（魏晋／1990 年張掖明永郷文化站徴集）

❸「四霊神獣画像磚」（後漢／1990 年甘州区明永郷一号漢墓出土）

❹「行馬画像磚」（漢代／1986 年三閘郷庚明一隊出土）

❺「駆驢急行磚」（漢代／2015 年捐贈）

このうち，❸は❶と一致，また❹は②から出土したものであろう．なお黒水国故城北城址が立地する明永郷域にある古墓群は，觻得県の墓域だったと判断してよいだろう．❶（❸）や❷は，そういった墓域から出土したと考えて大過なかろう．

ただ①～⑦の古墓群のなかに，魏晋・〈五胡〉時代のものが含まれているのか，判然とせず，総じて情報も少ないことから，本書では目録を掲げることは断念せざるをえなかった．

註

（1）『張掖市志』によると，1986 年に「画像磚」が 1 点見つかったという（711 頁）．

（2）『中国文物地図集 甘粛分冊』の記事は以下のとおり．

上寨墓群（23-B5／沙井鎮上寨村南／漢／下冊，319頁）

（3）『張掖文物』は⑤を漢代の墓群とし，「模印狩猟図画像磚」が出土したという（251頁）．

（4）『中国文物地図集 甘粛分冊』は，⑦に関する記事なし．塼画の内容から，あるいは③と同じ事例である可能性も否定できない．

（5）『張掖市志』の「館蔵文物」の項は，「馬」・「四神図」・「柿蔕紋」・「狩猟図」などの「画像磚」を上げており（721頁），博物館に収蔵されている可能性はある．

参考文献（掲載順）

張掖市文物管理局編『張掖文物』，甘粛人民出版社，2009年．

国家文物局主編『中国文物地図集 甘粛分冊』全2冊，測絵出版社，2011年．

甘粛省張掖市志編修委員会編『張掖市志』，甘粛人民出版社・中華人民共和国地方志叢書，1995年．

4．臨沢県

張掖市管下で，甘州区の西隣に位置する臨沢県域には，後漢・魏晋時代，張掖郡管下の昭武県（のち臨沢県）が置かれていた．この地の塼画墓・壁画墓に関する情報も，国家文物局主編『中国文物地図集 甘粛分冊』にある．

① 黄家湾灘墓群（15-B1／沙河鎮共和村南／漢／下冊，333頁）

「四神紋模印画像磚」が出土したという．

臨沢県志編纂委員会編『臨沢県志』は，出土地を明記していないが，縦39×横41cmの正方形に近い「四霊神獣磚」が前漢晩期の墓から出土したことを記しているが，おそらく同じものであろう(1)．残念ながらこれ以上のデータはない．

註

（1）『臨沢県志』は，黄家湾灘墓群の所在地を西寨村とする（788 頁表 23-8「2010 年全県部分文化遺産保護単位一覧表」）．

参考文献（掲載順）

国家文物局主編『中国文物地図集 甘粛分冊』全2冊，測絵出版社，2011年．

臨沢県志編纂委員会編『臨沢県志（1991～2010）』，甘粛文化出版社，2016年．

5．民楽県

張掖市管下で，甘州区の南側に接する民楽県域には，魏晋・〈五胡〉時代，張掖郡管下の氐池県が置かれていた．この地でも複数の壁画墓の存在が確認されているが，国家文物局主編『中国文物地図集 甘粛分冊』の記事は以下のとおりである．

① 乾巴子山墓群（34-B9／永固鎮東湖村／漢／下冊，328 頁）

2 座の「土洞壁画墓」に，「禽獣」・「星雲」・「日月」などの画像が描かれていたという．

民楽県県志編纂委員会編『民楽県志』や，民楽県文物局他編『民楽文物』などには壁画墓への言及が全くないが，八卦営村志編纂委員会編『八卦営村志』には，①とは異なる古墓群に関する記事がある．

② 八卦営墓群（永固鎮八卦営村東・北／漢・魏晋／ 279 頁以下）

1993 年，八卦営村を取り囲むように連なる山陵の中腹に点在する計 3 座，すなわち一～三号墓の壁画墓が見つかった．『八卦営村志』と前後して，簡報とも言うべき施愛民「民楽八卦営魏晋壁画墓」も出ている(1)．これらによれば，3 座とも土洞墓で，壁画に描かれているのは，①と同じように，四神や「星雲」・「日月」などである．どうやら①と②とは同じ壁画墓のことを言っているらしい．しかしながら，『八卦営村志』や簡報が墓群の所在を誤るとは考えがたいので，あるいは『中国文物地図集 甘粛分冊』の誤記ではないだろうか(2)．詳細な記録が残されていないのがこのような錯誤の要因のようにも思われる．なぜならば，編者も 2010 年 8 月に民楽県博物館を訪れたが，②の壁画墓に関する情報は何一つとして得ることができなかったからである(3)．墓自体もすでに埋め戻されているということで，情報はきわめて限られている．河西地域では珍しい壁画墓だけに，なんとも悔やまれる．

本書には，簡報と『八卦営村志』に依拠しながら，一～三号墓の壁画の目録を掲げる(4)．

註

（1）『八卦営村志』・「民楽八卦営魏晋壁画墓」とも，見つかった壁画墓を 5 座としている．残りの 2 座は保存状態が良くなかったという．なおこのほかにも，壁画の写真が 2 葉だけだが，潘竟万主編『中国河西走廊』上冊に収録されている．

（2）『中国文物地図集 甘粛分冊』も，以下のように八卦営墓群を収録することはしている．

八卦営墓群（33-B8／永固鎮八卦営村東南／漢／下冊，328 頁）

塼室墓・土洞墓・瓮棺葬などが混在しているようだが，塼画墓・壁画墓については言及がない．

八卦営村では，2010 年にも発掘調査が行なわれ，その報告書，甘粛省文物考古研究所編『民楽八卦営』も公刊されているが，この時調査の対象となった墓群は八卦営村東北に位置しており（つまり②と同じ一帯），98 座全てが「竪穴土坑」墓だったので（196 頁以下「附表一 八卦営漢墓群及随葬器物登記表」），これとも違うようである．なおこの『民楽八卦営』も，かつて当地の漢墓から「四神壁画」が出土したことを記す（4 頁）．

（3）幸いにして当時の博物館のスタッフの好意により，壁画墓が点在しているという山陵の麓まで案内してもらうことができた．

（4）なお『八卦営村志』には，ほかにも出土墓不詳の壁画の写真が収録されている．以下の 8 点である．

❶「貴婦像（魏晋壁画）」，巻頭カラー頁．

❷「飛豹逐兎（魏晋壁画）」，巻頭カラー頁．

❸「兵器図（魏晋）」，285 頁．

❹「仙人乗龍図」，293 頁.

❺「神鹿図」，293 頁.

❻「独角獣図」，294 頁.

❼「蝙蝠巻雲図」，294 頁.

❽「太陽金烏図」，294 頁.

このうち，❹以下の 5 点については，画風から判断して，一～三号墓のいずれかの壁画である可能性が高いが，❶～❸にはあえて「魏晋（壁画）」とあって，描線がしっかりしており，色調も鮮やかな印象を受ける（とくに❶・❷）．あるいは一～三号墓以外の壁画墓のものだったのだろうか．

参考文献（掲載順）

国家文物局主編『中国文物地図集 甘粛分冊』全 2 冊，測絵出版社，2011 年.

民楽県県志編纂委員会編『民楽県志』，甘粛人民出版社・中華人民共和国地方志叢書，1996 年.

民楽県文物局・民楽県博物館編『民楽文物』，敦煌文芸出版社，2016 年.

八卦営村志編纂委員会編『八卦営村志』，甘粛文化出版社・甘粛省民楽県地方志叢書，2007 年.

施愛民「民楽八卦営魏晋壁画墓」，甘粛省博物館編／俄　軍主編『甘粛省博物館学術論文集』，三秦出版社，2006 年.

潘竟万主編『中国河西走廊』全 3 冊，中国大百科全書出版社，2004 年.

甘粛省文物考古研究所編『民楽八卦営――漢代墓群考古発掘報告』，科学出版社，2014 年.

6．高台県

張掖市管下の高台県は河西地域のなかでも，とりわけ塼画墓・壁画墓が密集している地区の一つである．そのいっぽう，正式な発掘報告書は皆無で，発掘簡報もごく限られているため，全貌を捕捉することは容易ではなく，まことに扱いにくい区域でもある．郭永利他「（張掖駱駝城・許三湾・苦水口魏晋墓壁画）綜述」によると，発掘・整理された「壁画墓」は 13 座に上るとのことだが，国家文物局主編『中国文物地図集 甘粛分冊』は，塼画墓が含まれる墓群として，次の 1 例を上げるにとどまる．

① 駱駝城南墓群（23-B9／駱駝城郷壩口村東南／漢・唐／下冊，341 頁）

これによれば，1995 年に 1 座の「画像磚墓」を整理したという．刊行が早かったため，高台県志編纂委員会編『高台県志』に至っては，全く言及がない．さすがに張掖市文物管理局編『張掖文物』は，以下のような 2 例をそれぞれ「古遺址」と「古墓葬」の項に掲げる．

② 駱駝城遺址及墓群（高台県城西 22km／漢～唐／ 222 頁以下）

③ 地埂坡魏晋墓群（羅城郷河西村南／魏晋／ 256 頁以下）

②では，①を含めて，駱駝城址周辺の古墓群と塼画墓について概述している．しかし②と③を合わせても，存在の確認できる塼画墓・壁画墓は 7 座にすぎない．

編者は先に，雑誌などで得られた情報を整理して高台県内の古墓群について概観し（関尾「在高台県域内的古墓群与古代郡県制」），さらに高台県博物館で参観した各種文物を出土した墓ごとにまとめたことがある（関尾「高台県古墓群発掘調査簡史」）．これらの旧稿と一部重複することになるが，以下では，高台県内の塼画墓・壁画墓に関する基本的な情報を整理しておく．

高台県内で最初に発見された塼画墓は，盗掘をきっかけとして 1994 年に調査が入った駱駝城南墓群の魏晋墓である．年次にズレがあるが，『中国文物地図集 甘粛分冊』が記載しているのもこれで，その簡報が，張掖地区文物管理弁公室他「甘粛高台駱駝城画像磚墓調査」である．盗掘を免れた塼画もあったが，大半が回収されたものだったため，墓内の位置は不明である．また回収品のなかには，明らかにべつの墓から盗掘されたものも含まれていた．主だった塼画は簡報の他にも，静安撮影『甘粛高台魏晋墓彩絵磚』，俄軍他主編『甘粛出土魏晋唐墓壁画』をはじめ，甘粛省文物局編『高台県博物館』や『張掖文物』など多くの図録本に採録されており，高台県内ではもっともよく知られた塼画墓と言えよう．

駱駝城址周辺では，城址の西南に位置する土墩墓群（駱駝城郷西灘村）の二号墓でも，2001 年に塼画が見つかっている．簡報の甘粛省文物考古研究所他「甘粛高台県駱駝城墓葬的発掘」には，各塼画の墓内位置まで明記されているが，その写真は現在に至るまで 1 点たりとも公表されていない(1)．

2001 年には，駱駝城址から大分離れた苦水口墓群（駱駝城郷だが，村名未詳）でも調査が行なわれ，少なくとも 2 座の塼画墓の存在が確認された．一号墓（01GLM1）と二号墓（01GLM2）である．このうち前者は駱駝城址近くの駱駝城文管所附近に復原されて複製の塼画が嵌め込まれているが，寇克紅「駱駝城画像磚室墓」以外に簡報はなく，復原墓や旧・高台県博物館の参観結果を踏まえた北村永「甘粛省高台県駱駝城苦水口 1 号墓の基礎的整理」が有益である．元来の塼画も『甘粛出土魏晋唐墓壁画』中冊以下の図録本に収録されており，後者出土の塼画も前者出土のそれと合わせて現・高台県博物館に展示中である．

高台県域では，新壩郷の許三湾城址周辺にも複数の古墓群が立地しているが，1999 年には，このうち許三湾東墓群（四壩村）で塼画墓が見つかった．現・博物館に「許三湾東墓群（出土）」として展示され，『甘粛出土魏晋唐墓壁画』中冊に，1999 年，「許三湾古城遺址墓葬」出土と紹介されているのがその塼画で，四辺が墨線で囲まれていることと太い描線を特徴とするものである[2]．

同じ墓群からは2002年にも塼画墓が見つかっているようで，現・博物館に「許三湾東墓群（出土）」として展示され（1999年出土塼と全く同じ），『甘粛出土魏晋唐墓壁画』中冊に，2002年9月，「許三湾古城遺址東南墓」出土として紹介されているのがその塼画で，丸顔と頬紅に代表される独特な人物描写を特徴としている．

いっぽう，許三湾城址の西南方に位置する五道梁墓群（村名不詳）でも，1999年に相次いで塼画墓が見つかった．1座は同年4月発掘の「許三湾古城遺址西南墓」で，簡報とも言うべき寇克紅「高台許三湾前秦墓葬題銘小考」によると，前秦建元十四（378）年の紀年を有する塼が伴出しており，絶対年代がわかる貴重な例である．この簡報に写真が掲載されているほか，現・博物館にも「許三湾五道梁墓群」出土として展示されている．4世紀後半というひじょうに遅い時期のものだが，稚拙な画法が特徴の墨画塼である．

もう1座は『甘粛出土魏晋唐墓壁画』中冊によると，同年10月に見つかった「許三湾古城（遺址）西南墓」で，出土塼は同書に写真が採録されているほか，博物館にも「許三湾五道梁墓群」出土品として展示中である．こちらは題記が入っていることで区別することができる．

高台県域ではさらに2007年，黒河に面した羅城郷河西村でも壁画墓が発見された．③にある地埂坡墓群の一，三，四号墓の3座である．これについては，簡報，甘粛省文物考古研究所他「甘粛高台地埂坡晋墓発掘簡報」に先んじて呉紅「甘粛高台地埂坡魏晋墓」が発見直後に出ており，当初より注目度が高かった．一号墓の壁画写真は簡報に，四号墓の壁画写真は「甘粛高台地埂坡魏晋墓」にそれぞれ掲載されており，また三号墓の壁画についても，学会のエクスカーションのために特別に掘り起こされた機会に実見した北村永が「甘粛省高台県地埂坡魏晋3号墓について」で写真をまじえて詳細に論じている．

以上，情報を捕捉できたのは塼画墓8座，壁画墓3座の計11座にすぎないが[3]，本書ではこの11座について目録を掲出しておく．また簡報「甘粛省高台県漢晋墓葬発掘簡報」によると，南華一号墓（03GNM1）も，墓室内に塼画は確認できなかったものの，6層からなる門楼には多くの造型塼が嵌め込まれていたので，あわせてその目録を掲げた[4]．これに加えて最後に，回収された盗掘品に含まれていたり，図録本や博物館などのデータに誤脱があったりして出土墓が不明な塼画をまとめて作表した[5]．

註

（1）該当する画像塼は，現・高台県博物館にも展示されていない．なお「甘粛高台県駱駝城墓葬的発掘」によると，同年に発掘した駱駝城南墓群の一号墓の門楼にも，斗栱塼をはじめ雕塼が嵌め込まれていたようだが（45頁図二，46頁），詳細は不明である．

（2）ただし，四辺全てではなく，一部だけに墨線を施した塼もある．

（3）包艶他編『中国絲綢之路上的墓室壁画 西部巻』甘粛分巻は，高台県域の塼画墓・壁画墓を10座ほど上げているが（5頁），そのうちの地埂坡二，六号墓の2座については，壁画墓（ないしは塼画墓）という報告がないので，真偽は不明である．ここには，駱駝城南墓群の塼画墓についてはふれられておらず（ただし出土した塼画は紹介されている），また許三湾城址周辺の墓群所属の塼画墓についても，「許三湾墓群3号墓」（許三湾東墓群の1999年発現墓のようである）と「前秦建元十四年墓」の2座を上げるにとどまる．

（4）簡報によると，南華墓群ではこのほか，一〇号墓（03GNM10）の門楼にも造型塼が認められるが（19頁図四），3層いずれも斗栱塼のようなので，一覧は省略した．

（5）ただし，図録本や博物館などのデータに誤脱があっても，正しい出土墓が判明する場合は，当該の出土墓の塼画（壁画）一覧に記載した.

参考文献（掲載順）

郭永利・寇克宏《ママ》「（張掖駱駝城・許三湾・苦水口魏晋墓壁画）綜述」，俄軍他主編，後掲『甘粛出土魏晋唐墓壁画』中冊.

国家文物局主編『中国文物地図集 甘粛分冊』全 2 冊，測絵出版社，2011 年.

高台県志編纂委員会編『高台県志』，蘭州大学出版社，1993 年.

張掖市文物管理局編『張掖文物』，甘粛人民出版社，2009 年.

関尾史郎「在高台県域内的古墓群与古代郡県制」，中共高台県委・高台県人民政府・甘粛敦煌学学会・敦煌研究院文献所・河西学院編『高台魏晋墓与河西歴史文化研究』，甘粛教育出版社，2012 年.

————「高台県古墓群発掘調査簡史—主要出土文物とその研究の紹介をかねて—」，『資料学研究』第 15 号，2018 年.

張掖地区文物管理弁公室・高台県博物館「甘粛高台駱駝城画像磚墓調査」，『文物』1997 年第 12 期.

静安撮影／施愛民撰文『甘粛高台魏晋墓彩絵磚』，重慶出版社・中国古代壁画精華叢書，1999 年.

俄　軍・鄭炳林・高国祥主編『甘粛出土魏晋唐墓壁画』全 3 冊，蘭州大学出版社，2009 年.

甘粛省文物局編『高台県博物館』，甘粛人民美術出版社・甘粛博物館巡礼，2011 年.

甘粛省文物考古研究所・高台県博物館「甘粛高台県駱駝城墓葬的発掘」，『考古』2003 年第 6 期.

寇克紅「駱駝城画像磚室墓」，『大湖湾』総第 5 期，2007 年.

北村　永「甘粛省高台県駱駝城苦水口 1 号墓（2001GLM1）の基礎的整理」，『西北出土文献研究』2010 年度特刊.

寇克紅「高台許三湾前秦墓葬題銘小考」，中共高台県委他編，前掲『高台魏晋墓与河西歴史文化研究』.

甘粛省文物考古研究所・高台県博物館「甘粛高台地埂坡晋墓発掘簡報」，『文物』2008 年第 9 期.

呉　葒「甘粛高台地埂坡魏晋墓」，国家文物局主編『2007 中国重要考古発現』，文物出版社，2008 年.

北村　永「甘粛省高台県地埂坡魏晋 3 号墓（M3）について」，『西北出土文献研究』第 9 号，2011 年.

甘粛省文物考古研究所「甘粛省高台県漢晋墓葬発掘簡報」，『考古与文物』2005 年第 5 期.

包　艶・張騁傑・史亦真編『中国絲綢之路上的墓室壁画 西部巻』甘粛分巻，東南大学出版社，2017 年.

7．肅南裕固族自治県

張掖市管下の肅南裕固族自治県では，飛び地になっている明花郷域（周囲を高台県と酒泉市粛州区に囲まれている）で，塼画墓の存在が確認されている．国家文物局主編『中国文物地図集 甘粛分冊』によると，

① 上井墓群（24-B3／明花郷上井村南／漢／下冊，362 頁）

② 上深溝堡墓群（25-B4／明花郷南溝村西／漢／下冊，362 頁）

の 2 例である．①では地表に「画像磚」の残片が散乱，②では同じく「画像磚」の残片が地表に散乱，ということである．ともに漢代の墓群というが，塼画墓の存在はまちがいないだろう．いっぽう，張掖市文物管理局編『張掖文物』は，

③ 西五個疙瘩墓群（明花郷／漢／247 頁）

で，1987 年に「模印画像磚」の残片を採集，という情報を伝える(1)．また甘粛省粛南裕固族自治県地方志編纂委員会編『粛南裕固族自治県志』は，

④ 明海林場漢墓群（漢／383 頁「1987 年文物普査表列」）

で「模印」の「画像磚」が見つかったという．

ところで，粛南裕固族自治県明花区志編委会編『粛南裕固族自治県明花区志』（以下，『明花区志』）によると，同郷の古墓群は，ⓐ草溝城漢墓群（旧・明海郷南溝村西），ⓑ上深溝漢墓群（同・南溝村西南），およびⓒ開発区漢墓群（明花農業総合開発区内の明海林場附近）の三つに大別できる（139 頁）．いずれも漢墓とされているが，この分類によると，②はⓑ，③はⓐ，そして④はⓒとなるが，①だけは単独の墓群のようである．なお『明花区志』によると，草溝城周辺の漢墓からは少数の「画像磚」が見つかっていて，そこには「鳥類等図案」などがあり，また明海郷と蓮華郷との境界付近のゴビ灘にも「画像磚」が散乱しているともいう（138 頁）．『明花区志』以降，行政区画の改編が行なわれたが(2)，塼画塼の出土・発見場所は，現・明花郷の東部に集中しているようである．いずれも漢墓とされているが，塼画の写真が 1 点も公表されていないので，確かなことはわからない．

なお①が位置する上井村には，2.4km^2 の広さを有する明海城址があり，『張掖文物』はこれを酒泉郡楽涫県治に比定する（226-227 頁）(3)．これには異論があり(4)，検討の余地があるが，少なくとも塼画が出土した上の古墓群はいずれもこの城址と関連づけることはできよう．

註

（1）『張掖文物』は，②の上深溝堡墓群の年代を後漢とし，「模印画像磚」が地表に遺っていたとする（254 頁）．

（2）『明花区志』の時点では，現在の明花郷域に明海，蓮花，および前灘の 3 郷が設けられていたが（この 3 郷からなる飛び地全体が「明花区」と呼ばれていた），現在では，かつての明海郷の地に明花郷が設けられている．

（3）これは，『明花区志』も同じである（136 頁）．

（4）例えば，酒泉市粛州区地方志編纂委員会編『酒泉市粛州区志』は，酒泉市粛州区の下河清郷にある皇城城址を楽涫県治とする（534 頁）．こちらは，9.89km^2 で，明海城址の 4 倍強の面積を誇る．

参考文献（掲載順）

国家文物局主編『中国文物地図集 甘粛分冊』全 2 冊，測絵出版社，2011 年．

張掖市文物管理局編『張掖文物』，甘粛人民出版社，2009 年.

甘粛省粛南裕固族自治県地方志編纂委員会編『粛南裕固族自治県志』，甘粛民族出版社・中華人民共和国地方志叢書，1994 年.

粛南裕固族自治県明花区志編委会編『粛南裕固族自治県明花区志』，甘粛人民出版社，2006 年.

酒泉市粛州区地方志編纂委員会編『酒泉市粛州区志』，甘粛文化出版社，2009 年.

8．嘉峪関市

国家文物局主編『中国文物地図集 甘粛分冊』は，嘉峪関市域の塼画墓・壁画墓について，次の3例をあげる．

① 牌坊梁墓群（15-B3／峪泉鎮嘉峪関村南／漢／下冊，63頁）

② 新城墓群（20-B8／新城鎮観蒲村西／魏晋／下冊，63頁）

③ 長城東晋墓（21-B9／新城鎮長城村南／東晋／下冊，63頁）

①では，一号墓（1972年整理）に12点の「画像磚」があったという．また②は嘉峪関市のみならず，河西地域を代表する古墓群で，市境を越えて接する酒泉市粛州区の果園郷の果園墓群とともに，「果園—新城墓群」として全国重点文物保護単位に指定されている．後漢・魏晋時代は酒泉郡の首県である禄福県北西に拡がる広大な墓域だったと思われる．同書によると，観蒲村と中溝村の西南に広がる40km^{2}ほどのゴビ灘に，1000余の魏晋墓が立地しており，1972年から79年にかけてこのうち18座の「磚室墓」が発掘され，さらにそのうちの9座に「画像磚」があったとする．

塼画墓であることが明らかなのは，新城一・三～七・十二・十三号墓の8座だが，これに加え，黒白二色の塼をモザイク状に嵌め込んだ墓壁を有する九号墓を含めての数字なのだろう(1)．本書ではこのような墓を塼画墓や画像塼墓といった範疇に含める立場をとらないが，そのかわり，墓室内に塼画の存在が確認されている二・八号墓，ならびに一部だが門楼を構成する塼の内容が明らかになっている十号墓の3座のデータも採録した(2)．

甘粛省文物隊他編『嘉峪関壁画墓発掘報告』は，この18座のうち，1973年までに発掘された一～七号墓に関する報告書である(3)．また上の8座については，主要な塼画の墓内位置が張宝璽編『嘉峪関酒泉魏晋十六国墓壁画』に示されているほか，一部の塼画については，重慶出版社の中国古代壁画精華叢書で鮮明なカラー写真を見ることができる(4)．さらに五～七号墓の3座については，大型図録本である俄軍他主編『甘粛出土魏晋唐墓壁画』の上・中冊に，出土塼画の写真が収録されている(5)．同書の侯晋剛他「(嘉峪関新城魏晋墓・五号墓）綜述」や『中国文物地図集 甘粛分冊』によると，1979年までに十二・十三号墓だけではなく，十八号墓までの調査が完了しているとのことだが，十四号墓以降の詳細は不明である(6)．

その後，2002年に行なわれた調査では，観蒲村に隣接する毛庄子村の魏晋墓が対象となった(7)．同墓からは，造型塼のほかに，多数の木板画が出土しており，孔礼忠他「記新発現的嘉峪関毛庄子魏晋墓木板画」がこれを丁寧に紹介している．当該の墓も，新城墓群に包含されるべきものであろう．

前後してしまったが，①は面積が2km^{2}と②にはるかに劣り，封土が確認されるのも20座余りである．一号墓出土の塼画については，早くに張朋川「河西出土的漢晋絵画簡述」が1点ずつ簡単に紹介しているほか，嘉峪関市志編纂委員会編『嘉峪関市志』も，「嘉峪関牌坊梁漢墓壁画内容」なる一覧表を載せる（419頁．なお嘉峪関市志弁公室編『嘉峪関市文物志』が「嘉峪関東漢墓葬」として載せる「嘉峪関牌坊梁漢墓壁画内容」なる一覧表（63頁）はこれと同じものである）．ただ嘉峪関市文物局編『嘉峪関文物図録』不可移動文物巻には，この墓群についてふれるところがない(8)．

また③については，前室の左右側壁に10点の「菱形花紋磚」が嵌め込まれていたという．

このほか，『嘉峪関文物図録』可移動文物巻には，以下の墓（群）から出土した塼画（造型塼・鋪地塼を含む）の写真が採録されている．掲載順に上げておく．

④ 文殊郷石橋村漢墓（漢／84頁）

⑤　新城野麻湾二号墓（魏晋／135頁）

⑥　嘉峪関村三組墓群（魏晋／136頁以下）

このうち，④については，2点の「漢四神獣紋模印方磚」の写真が掲げられている（84頁）[9]．また⑥については，簡報にあたる王春梅「嘉峪関峪泉鎮魏晋墓出土画像磚及其保存状況調査」がある．これによると，2004年に峪泉鎮で行なわれた調査で塼画が出土した．同・不可移動文物巻にもこの墓群への言及があるが（57頁），こちらには，塼画出土の記事は見あたらない[10]．

①と⑥が立地している峪泉鎮は市街地の西側に位置しており，新城鎮とは直線距離にして20km以上離れている．したがって新城墓群と同じように，酒泉郡禄福県の墓域であったと断言するのは躊躇される．

また⑤が属する野麻湾村墓群については，同・不可移動文物巻に記載があるが（60頁），こちらも塼画についてはふれるところがない．野麻湾村は新城鎮でもほぼ最北に位置しており，その位置から考えて，新城墓群の外縁の一角だったのであろう．

本書では，②については新城一～八，十，十二・十三号墓，毛庄子魏晋墓の12座，これに⑤・①・⑥の3座を加えた計15座について，出土塼画（造型塼・鋪地塼を含む）の目録を掲げる[11]．またこのほか，『嘉峪関文物図録』可移動文物巻には，「嘉峪関新城魏晋墓出土」とだけあって，出土墓が確定できない塼画の写真がある．そこで，これらの目録もあわせて作成して末尾に掲げた[12]．

註

（1）包艶他編『中国絲綢之路上的墓室壁画 西部巻』甘粛分巻は，観蒲九号墓も「画像磚墓」とする（第1章「概述」，5頁）．観蒲九号墓（77HKM9）とは新城九号墓のことだが，その発掘簡報である甘粛省博物館「酒泉・嘉峪関晋墓的発掘」によると，同墓は前室・後室とも，黒色と白色の二色の塼をモザイク状に積み上げて墓壁を築いている（2頁図二）．

（2）このうち，八号墓については，張朋川「嘉峪関・酒泉魏晋十六国壁画墓発掘追憶」を参照．なお九号墓と十一号墓についても，孫彦『河西魏晋十六国壁画墓研究』が「酒泉・嘉峪関晋墓的発掘」に基づいて「有各種磚雕」とするが（311頁「附表 河西魏晋十六国壁画墓統計表」），残念ながら詳細は不明である．

（3）嘉峪関市文物清理小組「嘉峪関漢画像磚墓」が，1972年の年内に調査が完了した一～四号墓の発掘簡報，「酒泉・嘉峪関晋墓的発掘」が，1977年に調査が行なわれた九～十一号墓の発掘簡報，そして嘉峪関市文物管理所「嘉峪関新城十二・十三号画像磚墓発掘簡報」は，1979年に調査が行なわれた十二・十三号墓の発掘簡報である．また1973年の年内に調査が完了した五～八号墓については，甘粛省博物館他「嘉峪関魏晋墓室壁画的題材和芸術価値」に言及されている．

（4）詳細については，各項を参照されたい．なお比較的早い時期の写真集として，白黒写真だが，張朋川他編『嘉峪関魏晋墓室壁画』もある．このほか，馬玉華他『河西画像磚芸術』が主として模写図を，新世界出版社編／王天一臨模『地下画廊』も模写図をそれぞれ収録し，また甘粛省文物局編『甘粛文物菁華』も，少数だが鮮明な写真を載せる．

（5）このほか，塼画をはじめとする新城墓群からの出土文物に関しては，古くは呂占光編『嘉峪関文物集萃』がある．また岳邦湖他『岩画及墓葬壁画』も，四として「嘉峪関新城魏晋彩絵磚及壁画墓」を設け，8座から出土した塼画の一覧表を附している．加えて，『嘉峪関市志』や『嘉峪関市文物志』なども併照する必要があろう．

（6）張興盛『地下画廊』によると，1997年，1998年，および2002年にも1座ずつ整理したが，番号を附さなかったという（14頁以下）．いずれも塼画は出土しなかったようだが，2002年に整理が行なわれたのは，本文で後述する「毛庄子魏晋墓」のことであろう．なお王春梅「嘉峪関魏晋墓出土伏羲女媧図像考析」によると，1998 年に調査された1座（「新城南墓区」とする）からも，棺板画が出土している．

（7）嘉峪関長城博物館「嘉峪関新城魏晋磚墓発掘報告」がその簡報である．

（8）牌坊梁墓群は，公式には漢代墓とされているが，新城墓群も 1972 年の発掘当初には「漢墓」とされていたことは，註（3）に掲げた簡報の表題からも明らかである．塼画墓である牌坊梁一号墓も同じ 1972 年の発掘にかかるが，こちらは新城墓群とは異なり，その後注目を浴びることがなかったため，見直しが行なわれずに現在に至ったということだろう．新城墓群と同じ魏晋時代の造営にかかることは，「河西出土的漢晋絵画簡述」に紹介されている塼画の写真から疑う余地がない．

（9）簡報，景吉元「文殊郷石橋村漢墓清理簡報」によると，1999 年に 2 座が発掘され，そのうち二号墓から鋪地塼が 2 点出土した．

（10）「嘉峪関魏晋墓出土伏羲女媧図像考析」によると，峪泉鎮では 2011 年にも 8 座の発掘調査が行なわれ，二号墓と八号墓から伏羲女媧図が出土している．

（11）これらのうち，現在，新城五号墓は甘粛省博物館の敷地内に移設され，同六号墓が現地で公開されている．

（12）「嘉峪関新城魏晋墓出土」としかない塼画の写真であっても，出土墓が確定できたものは，該当する墓の目録に記入したが，注記は省略した．

なおこのほか，呂占光「嘉峪関城下発現三国時期磚室墓葬」が紹介する，嘉峪関城内の墓にも画像塼が用いられていた可能性があるが，断定できないので，本書では採らない．

【参考文献】（掲載順）

国家文物局主編『中国文物地図集 甘粛分冊』全 2 冊，測絵出版社，2011 年．

甘粛省文物隊・甘粛省博物館・嘉峪関市文物管理所編『嘉峪関壁画墓発掘報告』，文物出版社，1985 年．

張宝璽編『嘉峪関酒泉魏晋十六国墓壁画』，甘粛人民美術出版社，2001 年．

俄　軍・鄭炳林・高国祥主編『甘粛出土魏晋唐墓壁画』全 3 冊，蘭州大学出版社，2009 年．

侯晋剛・張　斌「(嘉峪関新城魏晋墓・五号墓) 綜述」，俄軍他主編，前掲『甘粛出土魏晋唐墓壁画』上冊．

孔礼忠・侯晋剛「記新発現的嘉峪関毛庄子魏晋墓木板画」，『文物』2016 年第 11 期．

張朋川「河西出土的漢晋絵画簡述」，『文物』1978 年第 6 期（同『黄土上下：美術考古文萃』，山東画報出版社，2006 年所収．ただし写真を欠く）．

嘉峪関市志編纂委員会編『嘉峪関市志』，甘粛人民出版社，1990 年．

嘉峪関市志弁公室編『嘉峪関市文物志』，甘粛人民出版社，1990 年．

嘉峪関市文物局編『嘉峪関文物図録』全 2 巻，三秦出版社，2014 年．

王春梅「嘉峪関峪泉鎮魏晋墓出土画像磚及其保存状況調査」，『絲綢之路』2012 年第 20 期．

包　艶・張騁傑・史亦真編『中国絲綢之路上的墓室壁画 西部巻』甘粛分巻，東南大学出版社，2017 年．

甘粛省博物館「酒泉・嘉峪関晋墓的発掘」，『文物』1979 年第 6 期．

張朋川「嘉峪関・酒泉魏晋十六国壁画墓発掘追憶」，同，前掲『黄土上下』．

孫　彦『河西魏晋十六国壁画墓研究』，文物出版社・考古新視野叢書，2011 年．

嘉峪関市文物清理小組「嘉峪関漢画像磚墓」，『文物』1972 年第 12 期．

嘉峪関市文物管理所「嘉峪関新城十二・十三号画像磚墓発掘簡報」，『文物』1982 年第 8 期．

甘粛省博物館・嘉峪関市文物保管所「嘉峪関魏晋墓室壁画的題材和芸術価値」，『文物』1974 年第 9 期．

張朋川・張宝璽編『嘉峪関魏晋墓室壁画』，人民美術出版社・中国古代美術作品介紹，1985 年．

馬玉華・趙呉成『河西画像磚芸術』，甘粛人民出版社，2017 年.
新世界出版社編／王天一臨模『地下画廊——嘉峪関の魏・晋墓磚画』，新世界出版社，1989 年.
甘粛省文物局編『甘粛文物菁華』，文物出版社，2006 年.
呂占光編『嘉峪関文物集萃』，甘粛人民美術出版社，2000 年.
岳邦湖・田　暁・杜思平・張軍武『岩画及墓葬壁画』，敦煌文芸出版社・甘粛考古文化叢書，2004 年.
張興盛『地下画廊——魏晋墓群』，敦煌文芸出版社，2008 年.
王春梅「嘉峪関魏晋墓出土伏羲女媧図像考析」，中共嘉峪関市委宣伝部・甘粛省歴史学会編『嘉峪関与絲綢之路歴史文化研究』，甘粛教育出版社，2015 年.
嘉峪関長城博物館「嘉峪関新城魏晋磚墓発掘報告」，『隴右文博』2003 年第 1 期.
景吉元「文殊郷石橋村漢墓清理簡報」，『隴右文博』1999 年第 2 期.
呂占光「嘉峪関城下発現三国時期磚室墓葬」，『隴右文博』2000 年第 1 期.

9．酒泉市（粛州区）

酒泉市（粛州区）域には，一つの市県としては河西地域で最多の塼画墓・壁画墓が立地しており，その総数は20座を超える．先ずは，国家文物局主編『中国文物地図集 甘粛分冊』から見ていこう．

① 石廟灘墓群（51-B4／下河清郷西／漢代／下冊，237頁）

② 紫金墓群（82-B35／下河清郷紫金村西／漢代／下冊，239頁）

③ 夾灘墓群（90-B43／下河清郷南／漢代／下冊，239頁）

④ 単墩灘墓群（123-B76／清水鎮単墩胡村西北／漢・晋／下冊，240頁）

⑤ 下河清墓群（124-B77／下河清郷西／漢・晋／下冊，240頁）

⑥ 余家壩墓群（131-B84／果園郷余家壩村西／晋／下冊，241頁）

⑦ 七疙瘩墓群（137-B90／果園郷丁家閘村西／晋／下冊，241頁）

⑧ 崔家南湾墓群（149-B102／総寨鎮三奇堡村南／晋／下冊，241頁）

⑨ 鈷洞溝墓群（160-B113／上壩鎮光輝村西南／晋／下冊，242頁）

⑩ 丁家閘壁画墓（175-B128／果園郷丁家閘村西南／十六国／下冊，243頁）

⑪ 悳家崖湾墓群（177-B130／総寨鎮三奇堡村西南／十六国／下冊，243頁）

このように『中国文物地図集 甘粛分冊』も，多くの墓（群）を掲げているが[1]，複数の塼画墓が含まれている西溝墓群（134-B87／果園郷西溝村西／晋／下冊，241頁）については，不思議なことに塼画墓についての言及がない．

さすがに，酒泉市史志弁公室編『酒泉市志』や，酒泉市粛州区地方志編纂委員会編『酒泉市粛州区志』などには，西溝墓群に塼画墓のあることが明記されているが，これらも必ずしも十分な情報を提供してくれるわけではない[2]．この両書よりも，包艶他編『中国絲綢之路上的墓葬壁画 西部巻』甘粛分巻のほうが，以下のように，多くの塼画墓・壁画墓を列挙している（カッコ内は，『中国文物地図集 甘粛分冊』に記された名称など．唐代墓はのぞく）．

⑫ 石廟子灘壁画墓（①石廟灘墓群）

⑬ 崔家湾《ママ》南湾一・二号墓（⑧崔家南湾墓群）

⑭ 西溝村M5号《ママ》魏晋墓

⑮ 西溝村M7号《ママ》魏晋墓

⑯ 丁家閘五号墓（⑩丁家閘壁画墓）

⑰ 下河清第《ママ》一号墓（⑤下河清墓群）

⑱ 西溝村M4号《ママ》魏晋墓

⑲ 小土山墓（小土山墓／176-B129／果園郷丁家閘村西南／十六国／下冊，243頁）

⑳ 果園郷高閘溝村魏晋墓

㉑ 下河清五壩河墓（五壩墓群／88-B41／下河清郷西南／漢／下冊，239頁）

とりあえず順不同で列挙したという感じで，名称の表記もまちまちだが，これらを合わせると，酒泉市域に点在する塼画墓・壁画墓のほぼ全てとなる．

先述したように，酒泉市の塼画墓としては，西隣の嘉峪関市の新城墓群とともに広大な墓域を形成しているこの西溝墓群が著名だが，これと同郷である⑩の丁家閘五号墓も河西地域を代表する壁画墓として早くから注目を浴びてきた．いずれも市街地の西方に立地しており，酒泉郡治だった禄福県西郊の墓域であったと考えられるが，酒泉市の塼画墓・壁画墓は，これにとどまらず，市域全体にわたり広範に分布していることが特徴である．俄軍他主編『甘粛出土魏晋唐墓壁画』は市街地西方の塼画墓と壁画墓だけしか収録していないが，さいわいにこれ以外にも，酒泉市博物館編『酒泉文物精萃』や粛州区博物館編『粛州文物図録』といった図録本が刊行されており，かつ発掘簡報にも比較的恵まれているので，本書ではこれらを参照しながら，郷・鎮ごとに情報を整理していきたい(3)．

［果園郷］

『粛州文物図録』不可移動文物巻は，「古墓葬」の項の冒頭に，「果園—新城墓群（晋代—唐代）」を掲げる（106 頁）．隣接する嘉峪関市新城鎮にもまたがる広大な墓域のうち，酒泉市域に属するのは，東西 7×南北 4km で約 $28km^2$ に及び，そのなかにいくつかの小さな古墓群が包含されるという理解に立っているようである．そのうち塼画墓・壁画墓が確認できるのは，ⓐ果園郷西溝村六組にある魏晋時代の上閘地墓群，ⓑ同・丁家閘村二組にある十六国時代の丁家閘五号墓（⑩・⑯），およびⓒ同・丁家閘村二組にある〈五胡〉時代の小土山墓（⑲）ということになる．ⓑはともかく，ⓐとⓒは聞き慣れない名称だろう．このうちⓐは，この墓群だけで東西 1.3×南北 2km とあること(4)，1992 年に 1 座の「壁画磚墓」，翌 1993 年に「壁画」を有する 2 座が発掘されたとあること（113 頁）などから，一般に西溝墓群と呼ばれている古墓群であることがわかる．この 3 座が西溝四号墓（⑱，92JXM4．酒泉市博物館発掘），同・五号墓（⑭，93JXM5），同・七号墓（⑮，93JXM7．以上，甘粛省文物考古研究所発掘）であり，後二者については発掘簡報，甘粛省文物考古研究所「甘粛酒泉西溝村魏晋墓発掘報告」で詳細がわかる．これによれば，同・二号墓（93JXM2）と同・六号墓（93JXM6）の 2 座も門楼に造型塼が用いられていた．以上のうち，四号墓と五号墓から出土した塼画については，『甘粛出土魏晋唐墓壁画』下冊に写真が採録されているが，全般的に不鮮明で資料的な価値が低いため(5)，『酒泉文物精萃』や馬建華編『甘粛酒泉西溝魏晋墓彩絵磚』など，早い時期に刊行された図録本を併照する必要がある(6)．

1977 年に出土したⓑについては贅言は不要だろう．簡報である甘粛省博物館「酒泉・嘉峪関晋墓的発掘」，そして発掘報告書・図録本である甘粛省博物館編『酒泉十六国墓壁画』が刊行されているだけではなく，その後も各種の図録本に写真が掲載されているからである．また『酒泉市志』によると，丁家閘墓群では，壁画墓として著名なこの五号墓以外にも，二号墓と三号墓の門楼に造型塼が嵌め込まれていたという（1013 頁）．さらに簡報によると，一号墓も門楼にさまざまな形状の塼を用いて「図案」（2 頁）が描かれているというが，詳細は不明である．なおこのうち〈五胡〉時代後期とされている五号墓の年代については，韋正「試談酒泉丁家閘 5 号壁画墓的年代」が見直しを迫っている．

ⓒは，丁家閘村一組で 2001 年に発掘された塼画墓である．簡報，粛州区博物館「酒泉小土山墓葬清理簡報」によると，丁家閘五号墓の西方 1.2km に位置しており，門楼には造型塼だけではなく「壁画磚」も確認されたほか，墓室にも「壁画磚」が嵌め込まれていた．これが，『酒泉市粛州区志』に「西涼王陵」（534 頁）として紹介されている墓である．70m 以上に及ぶ墓道を誇っており，この名称で丁家閘五号墓とともに公開されている(7)．

このほか，『酒泉文物精萃』には，⑦の七疙瘩石灘墓群（丁家閘村三組北）から 1977 年に出土した「複瓣蓮花藻井方磚」（99 頁）の写真が収録されている(8)．なお⑥の余家壩墓群（余家壩村四組西南）についても，『粛州文物図録』不可移動文物巻に項目が立てられているが（107 頁），「余家壩漢墓」とされており，詳細も不明である．

以上は「果園—新城墓群」に含まれている墓（群）だが，果園郷には，これ以外にも取り上げるべき墓（群）がある．⑳の「高閘溝村魏晋墓」（高閘溝村六組）がそれで，1993 年に出土した塼画が，『酒泉文物精萃』以下，複数の図録本に収録されている(9)．官府で事案が処理される状況が描かれたものがあり，一部で注目を浴びている[10]．近年，その全貌がようやく，馬軍強「酒泉高閘溝磚廠墓出土壁画磚及墓葬時代浅析」により明らかになった．これによると，全部で61点の塼画が出土したという[11]．

また『粛州文物図録』不可移動文物巻は，北閘溝村三組の「磚廠墓群（魏晋）」と，同・六組の「北閘溝六組墓群(魏晋)」でも，それぞれ1970年代以降と2009年に「壁画磚」が出土したことを伝えている(253,254頁)．

以上のうち，本書では，西溝墓群の5座，丁家閘五号墓，小土山墓，および1993年発掘の高閘溝墓の計8座の目録を掲げる．

［泉湖郷］

『中国文物地図集 甘粛分冊』にも『粛州文物図録』不可移動文物巻にも記述がないが，市街地の東端に位置する泉湖郷東関村の「東関外墓群（漢代）」で1993年に出土した塼画の写真が❶「炊厨彩絵磚画」と題して『酒泉文物精萃』に収録されている（98頁)．『粛州文物図録』可移動文物巻に「酒泉市種子公司院内出土」として紹介されている「漢 炊厨壁画磚」（195頁）がそれである[12]．ただ色調や丁寧な輪郭から判断して魏晋以降のものであろう．

［西峰郷］

『粛州文物図録』可移動文物巻に，「2007年粛州区西峰郷三百戸墓群出土」として「漢 菱格紋鋪地方磚」が掲載されている（178頁)．いっぽう，范暁東「三百戸墓群形成時代考略」によると，同墓群（同・張良溝村，沙子壩村以南）では，2008年から2010年にかけて発掘調査が行なわれ，七号墓の門楼から「磚雕」や「斗栱磚」が見つかっている．年代については，後漢晩期から魏晋早期という．

また2010年には，侯家溝村でも10座の緊急発掘が行なわれた結果，五号墓の門楼から5点の「人物造像刻画磚」が出土している．簡報である甘粛省文物考古研究所「甘粛酒泉侯家溝十六国墓地発掘簡報」はうち2点の写真を掲載する（30頁図九，一〇)．

［三墩鎮］

『粛州文物図録』不可移動文物巻によると，北大河の下流，市街地と金塔県（金塔鎮）の中間に位置する三墩鎮でも，「西沙坡漢墓」(長城村四組西南）で，1970年代初めに「壁画磚」が出土したというが（281頁)，詳細は不明である．

［総寨鎮］

⑧（⑬）の崔家南湾墓群（三奇堡村九組南・西店村三組西）では1973年に見つかった一号墓と二号墓の2座が塼画墓だった．早くに張朋川「河西出土的漢晋絵画簡述」に紹介があり，それによると一号墓は門楼と墓室の壁面に「壁画磚」があり，二号墓は門楼に「彩色画磚」が認められた[13]．その写真も『酒泉文物精萃』をはじめとする図録本に収録されている[14]．またこれと至近にある恵家崖湾墓群（三奇堡村八組北）でも〈五胡〉時代の塼画墓が見つかっている．⑪である．『粛州文物図録』可移動文物巻に，「1990年酒泉市総寨鎮葸家崖湾墓群出土」として掲げられている❷「漢 独輪車壁画磚」（197頁）がそれであろう．確かに塼は小ぶりだが，漢代のものとは思えない[15]．

このほか，『粛州文物図録』可移動文物巻には，「2013年粛州区総寨鎮南石灘墓群出土」の「魏晋 火焔紋鋪地方磚」（179頁）と，「2013年粛州区総寨鎮沙格楞（村）七組南石灘墓群出土」の「魏晋 神獣紋鋪地方磚」（181頁)・「魏晋 斗栱磚」（194頁）の写真が収録されているが，同じ墓から出土したものであろう．

以上のうち，本書では崔家南湾墓群出土の塼画について，目録を掲げた．

［上壩鎮］

総寨鎮に隣接する上壩鎮でも，複数の塼画墓が確認されている．⑨の「鈷洞溝墓群」（光輝村西南）以外にも，ⓓ『粛州文物図録』可移動文物巻に，「1992 年酒泉市上壩郷小溝墓群出土」として❸「魏晋 牛車壁画磚」（216 頁）の写真が掲載されている小溝墓群（天楽村駐地東南）[16]，そしてⓔ同じく「1974 年酒泉県上壩公社石廟子墓群出土」として，❹「魏晋 耙地壁画磚」（200 頁），❺「魏晋 煮肉壁画磚」（212 頁），および❻「魏晋 牛棚壁画磚」（221 頁）の写真が掲載されている石廟子墓群（営爾村東）である．このうち⑨については，「画像磚」と「文字磚」が出土しているとされるが，詳細は不明である．またⓔについては，説明が必要である．

この墓群から出土した塼画を最初に紹介したのは，「河西出土的漢晋絵画簡述」で，そこでは 1974 年発掘の「酒泉県石廟子灘壁画墓」とされており，所在地については「酒泉県東面的石廟子灘」という曖昧な書き方である．全部で 30 点余とされる塼画のうち，❼「耕耱図」（70 頁図 20）の写真だけが掲げられていた．これは❹と同じものである．また『酒泉文物精萃』は，「1974 年石廟子灘漢墓出土」として，❽「耙耱彩絵磚画」（43 頁）と❾「煮肉彩絵磚画」（44 頁）の 2 葉を掲載する．❽は❹・❼と同じものであり，❾は❺と同じである．ここまでは問題がないのだが，『中国文物地図集 甘粛分冊』だけは，石廟灘墓群の所在地を「下河清郷西 11 公里」とするのである（下冊，237 頁）．たしかにこの墓群の名称は「石廟子灘」・「石廟子」・「石廟灘」とそれこそまちまちだが，同じ墓群であることを疑う余地はない．この墓群が立地する営爾村は上壩鎮の東部で，下河清郷に近い位置を占めている[17]．したがって「下河清郷西」という表記もあながち誤りとも言えないのだが，所在地はあくまでも上壩鎮というふうに考えておきたい．

本書には，この石廟子（灘）墓群の 1974 年発掘墓出土の塼画について目録を作成した．

［東洞郷］

上壩鎮の西南に位置する東洞郷では，孫家石灘墓群（郷西部の石灰窯村西北）で，塼画墓が確認されている．簡報である甘粛省文物考古研究所「甘粛酒泉孫家石灘魏晋墓発掘簡報」によると，2003 年に発掘された二号墓（03JSM2）の門楼に「牙形磚斗栱」や「熊面力士磚雕」などの造型塼が嵌め込まれていた．

［下河清郷］

酒泉郡楽涫県治だったとされる「皇城故址」が域内に立地している下河清郷には，その墓域だったと思われる古墓群が各地に点在している．そのなかで最初に調査が行なわれたのが，⑤（⑰）の下河清墓群（一名は下河清農場墓群．五壩村十組西）で，簡報の甘粛省文物管理委員会「酒泉下河清第 1 号墓和第 18 号墓発掘簡報」によると，1956 年に一号墓から 64 点の「彩絵（画）磚」が発見された[18]．これは新中国成立後，甘粛省における最初の塼画の出土例ということで注目を浴びたが，その当時から『粛州文物図録』不可移動文物巻（124 頁）に至るまで，墓群自体の年代は後漢時代とされている．しかし早くに「河西出土的漢晋絵画簡述」が魏晋時代としており，塼画についてはこちらを是とすべきであろう[19]．

「河西出土的漢晋絵画簡述」は，下河清郷出土の塼画として他にも，1971 年出土の「五壩河画磚」を紹介している．㉑の「下河清五壩河墓」（下河清農場場部東北）がこれで，『酒泉文物精萃』が❿「東漢 仕子彩絵磚画」，⓫「東漢 操射彩絵磚画」として 2 点の写真を掲げる（43 ～ 44 頁）のがこれに該当する[20]．

また「四壩河墓群」(五壩村九組西)からも塼画が出土していることが,『粛州文物図録』可移動文物巻から判明する.同書には,「1999 年酒泉市下河清郷四壩河墓群出土」として,⓬「漢 牛壁画磚」,⓭「漢 鶏壁画磚」,および⓮「漢 牛車壁画磚」の 3 点の写真が収録されている(196 ~ 197 頁).いずれも朱色を多用した特徴ある画像で,魏晋時代のものであろう.同・不可移動文物巻は,同墓群を晋代としており(205 頁),こちらを是とすべきであろう.

下河清郷では,②紫金墓群(紫金村四組)や③夾灘墓群など,塼画墓は五壩村以外でも見つかっている.このうち②は複数の塼室墓が露出し,地表に「模印回紋磚」が散見されたということだが,詳細は不明である.いっぽうの③だが,『中国文物地図集 甘粛分冊』の本文は,「河西出土的漢晋絵画簡述」の「五壩河画磚」に関する説明とほぼ一致する.むしろ『粛州文物図録』不可移動文物巻の,1987 年に「壁画磚墓」1 座が発掘されたという五六壩夾灘墓群(楼庄村東南,漢代)がこれに相当するのであろう[21].

ようするに下河清郷の域内には多くの塼画墓が立地していることは確かなのだが,下河清(農場)墓以外は情報が錯綜しており,残念ながら信頼できる情報がきわめて限られているというのが現状である.そのなかで,本書では下河清墓群の一号墓,五壩河・四壩河両墓群の塼画墓の計 3 座を取り上げて目録に掲げた.

［豊楽郷］

豊楽郷でも,2003 年に三壩湾墓群(三壩村北)で行なわれた発掘調査の結果,一〇号墓(03JFSM10)の門楼に「磚雕力士」,「磚雕龍頭」,および「斗栱磚」などの造型塼が認められた.また鋪地塼には「穿壁四霊紋方磚」が用いられていた.簡報である甘粛省文物考古研究所「甘粛酒泉三壩湾魏晋墓葬発掘簡報」によると,度重なる盗掘を受けたようである.

［屯升郷］

酒泉市域の東端とも言うべき屯升郷とその西隣の清水鎮でも塼画墓の存在が確認されているが,先ずは屯升郷から.

『粛州文物図録』可移動文物巻には,高台県に接する屯升郷の石疙瘩孔墓群で 2001 年に出土した⓯「魏晋 人物壁画磚」(204 頁),⓰「魏晋 門闕壁画磚」,および⓱「魏晋 影壁壁画磚」(以上,223 頁)の写真が掲載されている.この墓群については,同・不可移動文物巻も,所在を馬営村八組,年代を晋代として紹介しているが(210 頁),塼画については述べるところがない.

出土した塼画の総数は不明だが,この石疙瘩孔墓群の塼画墓についても,目録を作成した.

［清水鎮］

屯升郷に隣接する清水鎮の塼画墓としては,④の単墩子墓群があり,⓲「鶏首人身・牛首人身模印磚」が出土したことを記す.その大きな写真も,『酒泉文物精萃』に,「1988 年単墩子灘魏晋墓出土」としてすでに収録されている(146 ~ 147 頁).

これが,酒泉市(粛州区)域の塼画墓・壁画墓についてわかることの全てだが[22],以上に記した目録の対象外となった塼画のうち,『酒泉文物精萃』,楊永生主編『酒泉宝鑒』,および『粛州文物図録』可移動文物巻などに写真が収録されているものについては,一括して目録を作成して最後に掲げた.

註

（1）このうち，⑥の余家壩墓群については，「門楼式高照墻」や鋪地塼の「雲紋方磚」があったということで，また⑦の七疙瘩墓群については，やはり「矮照墻」があったということで，ともに採録したのだが，註記された「酒泉・嘉峪関晋墓的発掘」によると，後者は丁家閘一号墓のことであり，前者も同二号墓もしくは三号墓と思われるが，択一は困難である．

（2）『酒泉市志』は，①丁家閘墓葬（魏晋），②東関墓葬（後漢中晩期），③下河清墓葬（漢代），④単墩子灘墓葬（三国），⑤崔家南湾墓葬（晋代），および⑥西溝墓葬（晋代）の六つの古墓群について述べるが（1013 ～ 1016 頁），このうち塼画墓・壁画墓に関する記述があるのは，①・④・⑤・⑥である．また『酒泉市粛州区志』は，⑦果園新城墓群（⑧～⑪を含む），⑧西涼王陵，⑨丁家閘東晋十六国壁画墓，⑩西溝唐代模印磚墓，⑪西溝魏晋画像磚墓，⑫東関外墓群，⑬鴛鴦池漢墓群，および⑭崔家南湾墓群などを掲げるが（534 ～ 535 頁），うち，⑧～⑪・⑭を塼画墓・壁画墓としており，『酒泉市志』と大きな異同はない．

（3）本書では，県・市については，おおよそ東から西に向けて配列しているが，本項に関しては，郷・鎮を西から東に向けて掲げた．それは西端に位置する果園郷の果園―新城墓群に属する塼画墓・壁画墓が酒泉市（粛州区）のみならず，河西地域全体を代表するものだからである．

（4）東西・南北の数字を乗じると 2.6km^2 となるが，面積については，2.1km^2 という数字が示されている．

（5）この点については，関尾「批評と紹介：俄軍・鄭炳林・高国祥主編『甘粛出土魏晋唐墓壁画』（全三冊）」でふれた．

（6）このほか，『粛州文物図録』可移動文物巻には，果園墓群出土として，1977 年出土の「雲気穿璧紋鋪地方磚」（180 頁）と，1999 年出土の「磚雕彩絵守門卒」・「磚雕守門卒」（ともに 192 頁）の写真が載っている．この両年にも発掘調査が行なわれたようだが，詳細は不明である．

（7）「西涼王陵」という命名は，この塼画墓を西涼王李暠の陵墓とする理解に由来するが，現時点ではあくまでも一つの可能性にすぎない．郭永利『河西魏晋十六国壁画墓』（第七章「酒泉小土山壁画墓与西涼墓葬」），范暁東「小土山墓葬的考古発掘及墓主人身份初探」や馮明義「小土山墓墓主考」などが肯定説を説くいっぽうで，賈小軍『魏晋十六国河西社会生活史』（第十二章「小土山之謎」）は慎重な立場をとり，秦国順「李暠墓疑云」のような否定的な見方もある．

（8）『粛州文物図録』不可移動文物巻によると，「鎮軍梁府君之墓」という題刻を有する墓表が同じ墓から出土している（112 頁）．

（9）ただし，『甘粛酒泉西溝魏晋墓彩絵磚』は高閘溝墓群出土の塼画の写真を，「酒泉西溝魏晋墓」出土として掲げているので，注意を要する．

（10）塼画の画材から，岳邦湖他『岩画及墓葬壁画』はこの塼画墓を「高閘溝磚廠晋代太守墓」と命名しており（57 頁），出土塼画の一覧を掲げている（73 ～ 75 頁）．墓の名称について，『粛州文物図録』不可移動文物巻は「高閘溝路槽墓群」（252 頁．同・可移動文物巻も同じ）とする．

（11）「酒泉高閘溝磚廠墓出土壁画磚及墓葬時代浅析」によると，内訳は「壁画磚」が 42 点，「磚面雕刻」が 19 点となる．このうち，「壁画磚」の内訳を「第一組」が 9 点，「第二組」が 6 点，「第三組」が 13 点，そして「第四組」が 14 点とするが，それぞれの説明文を読む限りでは，「第三組」は 14 点，「第四組」は 15 点となる．また『岩画及墓葬壁画』によると，「彩絵磚」は全部で 48 点（うち 4 点は図像が剥落）ということなので（59 頁），全部合わせると 67 点になる．これらは前室と中室にあったようだが，具体的な位置は不明である．

（12）『粛州文物図録』不移動文物巻の説明によると，「東関外墓群」には，散在するいくつかの墓が含まれており，塼画が出土した「種子公司」墓はそのうちの一つということのようである（123 頁）．

（13）もっとも『岩画及墓葬壁画』は一号墓について，墓室の内部には「壁画」も「磚画」もなかったという（52 頁）．

しかし40点以上もの「壁画磚」が門楼上に集中していたとは思えない.

(14)『酒泉文物精萃』, 67 ～ 69,145 頁（造型塼),『粛州文物図録』可移動文物巻, 198,222 頁.

(15) 范暁東「蒽家崖湾墓考古発掘及墓主人身份小議」は, 後漢晩期から魏晋初期とするが, 前室の壁面には 5 ～ 6 層に「壁画磚」が嵌め込まれていたというので, ここからも後漢時代ではないだろう.

(16)『粛州文物図録』不可移動文物巻は, ⓓ・ⓔの年代を漢代とするが（154,157 頁), 塼画の色使いは魏晋時代のものであり, 同・可移動文物巻のほうが正しいだろう.

(17) 甘粛省地図集編纂弁公室編『甘粛省地図集』(78 頁）による.

(18) このほか, この墓群全体の発掘簡報として, 甘粛省文物管理委員会「甘粛酒泉県下河清漢墓清理簡報」がある.

(19)『中国文物地図集 甘粛分冊』は, 下河清墓群に 2 座の「画像磚墓」が含まれるとするが（下冊, 240 頁), 簡報を読む限りでは, 十八号墓からは塼画は出土しておらず, 本書ではとらない.

(20) ただし,『酒泉文物精萃』は,「1972 年五壩河漢墓出土」として塼画の写真を掲げる.

(21)『中国文物地図集 甘粛分冊』は, ③の夾灘墓群（漢代）の 1 座から 1972 年に「射箭」・「牧羊」・「採桑」などを描いた塼が出土したとする（239 頁). これに対して,『粛州文物図録』不可移動文物巻は, 楼庄村の五六壩夾灘墓群（漢代）で, 1987 年に「壁画磚墓」1 座が発掘されたとする（240 頁). また『粛州文物図録』可移動文物巻は,『酒泉文物精萃』が「東漢 仕子彩絵磚画」とした塼画の写真を「漢 人物壁画磚」として掲げるが（195 頁),「1972 年酒泉県下河清公社四壩河墓群出土」とするのは, 明らかに誤りであろう.

(22) このほかにも,『岩画及墓葬壁画』は, 酒泉市（粛州区）域内の塼画墓として, 1975 年発掘の総寨鎮「崔家南湾晋墓」, 1989 年発掘の同「三奇堡魏晋墓」, および 1993 年発掘の屯升郷「馬営魏晋墓」の 3 座を上げるが（48 頁), 他書には全く言及がないので, 本書では採らない.

参考文献（掲載順）

国家文物局主編『中国文物地図集 甘粛分冊』全 2 冊, 測絵出版社, 2011 年.

酒泉市史志弁公室編『酒泉市志』, 蘭州大学出版社・中華人民共和国地方志叢書, 1998 年.

酒泉市粛州区地方志編纂委員会編／劉吉平主編『酒泉市粛州区志』, 甘粛文化出版社, 2009 年.

包 艶・張騁傑・史亦真編『中国絲綢之路上的墓室壁画 西部巻』甘粛分巻, 東南大学出版社, 2017 年.

俄 軍・鄭炳林・高国祥主編『甘粛出土魏晋唐墓壁画』全 3 冊, 蘭州大学出版社, 2009 年.

酒泉市博物館編『酒泉文物精萃』, 中国青年出版社, 1998 年.

粛州区博物館編『粛州文物図録』全 2 巻, 甘粛文化出版社, 2016 年.

甘粛省文物考古研究所「甘粛酒泉西溝村魏晋墓発掘報告」,『文物』1996 年第 7 期.

馬建華編／撮影『甘粛酒泉西溝魏晋墓彩絵磚』, 重慶出版社・中国古代壁画精華叢書, 2000 年.

甘粛省博物館「酒泉・嘉峪関晋墓的発掘」,『文物』1979 年第 6 期.

甘粛省文物考古研究所編『酒泉十六国墓壁画』, 文物出版社, 1989 年.

韋 正「試談酒泉丁家閘 5 号壁画墓的年代」,『文物』2011 年第 4 期.

粛州区博物館「酒泉小土山墓葬清理簡報」,『隴右文博』2004 年第 2 期.

馬軍強「酒泉高閘溝磚廠墓出土壁画磚及墓葬時代浅析」,『絲綢之路』2016 年第 16 期.

范暁東「三百戸墓群形成時代考略」, 王保東主編『粛州歴史文化遺産研究文集』, 甘粛文化出版社, 2016 年.

甘粛省文物考古研究所「甘粛酒泉侯家溝十六国墓地発掘簡報」,『考古与文物』2016 年第 2 期.

張朋川「河西出土的漢晋絵画概述」,『文物』1978 年第 6 期（同『黄土上下：美術考古文萃』, 山東画報出版社, 2006 年, 所収. ただし図版を欠く).

甘粛省文物考古研究所「甘粛酒泉孫家石灘魏晋墓発掘簡報」,『考古与文物』2005 年第 5 期.

甘粛省文物管理委員会「酒泉下河清第 1 号墓和第 18 号墓発掘簡報」,『文物』1959 年第 10 期.

甘粛省文物考古研究所「甘粛酒泉三壩湾魏晋墓葬発掘簡報」,『考古与文物』2005 年第 5 期.

楊永生主編『酒泉宝鑒――館蔵文物精選』, 甘粛文化出版社, 2012 年.

関尾史郎「批評と紹介:俄軍・鄭炳林・高国祥(主編)『甘粛出土魏晋唐墓壁画』全三冊」,『東洋学報』第 94 巻第 2 号, 2012 年.

郭永利『河西魏晋十六国壁画墓』, 民族出版社・敦煌学研究文庫, 2012 年.

范暁東「小土山墓葬的考古発掘及墓主人身份初探」,『絲綢之路』2014 年第 24 期(王保東主編, 前掲『粛州歴史文化遺産研究文集』, 所収).

馮明義「小土山墓墓主考」,『酒泉職業技術学院学報』2007 年第 1 期(王保東主編, 前掲『粛州歴史文化遺産研究文集』, 所収).

賈小軍『魏晋十六国河西社会生活史』, 甘粛人民出版社・河西歴史与文化研究叢書, 2011 年.

秦国順「李暠墓疑云」,『北方作家』2015 年第 1 期.

岳邦湖・田　暁・杜思平・張軍武『岩画及墓葬壁画』, 敦煌文芸出版社・甘粛考古文化叢書, 2004 年.

范暁東「葸《ママ》家崖湾墓考古発掘及墓主人身份小議」, 王保東主編, 前掲『粛州歴史文化遺産研究文集』.

甘粛省地図集編纂弁公室編『甘粛省地図集』, 甘粛省地図集編纂弁公室, 1975 年.

甘粛省文物管理委員会「甘粛酒泉県下河清漢墓清理簡報」,『文物』1960 年第 2 期.

10. 玉門市

酒泉市管下の玉門市域でも，わずかだが画像塼の出土例が確認されるが，国家文物局主編『中国文物地図集 甘粛分冊』に記載されているのは，次の1例だけである．

① 窯洞地墓群（55-B4／清泉郷白土梁村西南／漢代／下冊，251頁）

この墓群では，かつて「磚室壁画墓」が見つかったという．詳細は不明だが，同地では「墓磚」も採集されたというので，漢代の墓群ではないだろう．また玉門市文化体育局他編『玉門文物』には，清泉郷清泉村の金鶏梁墓群で出土した「彩絵雕刻力士磚」・「彩絵磚」・「凸紋方磚」の写真が掲載されている（147-148頁）[(1)]．同墓群については簡報，甘粛省文物考古研究所「甘粛玉門金鶏梁十六国墓葬発掘簡報」があり，出土した「彩絵刻画磚」の写真が掲載誌の表紙を飾っているが，この簡報によると，塼画や造型塼の出土墓は以下の通りである．

M1：前室に「獣頭」，墓室床面に「穿壁紋」の「方磚」．

M2：墓門上の門楼に「朱紅」で塗り上げた「白色雲気紋」の「残磚」．

M6：前室壁面に一辺42cmの「残欠壁画」（四辺を紅色で囲み，内部は白色だが，図像は不明）．前・後室と甬道の床面には，一辺34cmの正方形の「穿壁紋」塼．

以上の記述と合致する『玉門文物』の写真は残念ながら見あたらない．ただ2018年8月に玉門市博物館を参観した際，❶「彩絵雕刻力士磚」4点，❷「彩絵磚」2点，そして❸「龍頭凹紋彩絵磚」2点が主室（常設展示室）に展示されていた．また別室（「画像磚展」展示室）には，❹「人面雕刻彩絵磚」8点，❺「地獄造型彩絵磚」1点，❻「鴟吻雕刻彩絵磚」1点，❼「鴞形雕刻磚」3点，❽「舗地凸紋方磚」1点，❾「五字磚」1点が展示中であった．❶～❸には「魏晋／清泉郷出土」とあったのに対し，❹以下にはいずれも，出土地を記さずに「十六国・前涼（317-376年）中晩期」とあった．塼の名称や年代から，両室の塼は異なった墓群から出土したものと捉えられるかもしれないが，❶と❹，❷と❺，❸と❻は名称が異なるだけで，それぞれ同じ画材・画法である．このうち，❶・❷・❹・❽には『玉門文物』掲載分を含んでおり，❶～❽全てが，簡報にある金鶏梁墓群から2009年に出土したものと考えるべきであろう[(2)]．❸・❻も，M1の「獣頭」塼と思われる．

❹以下が展示されていた別室は，『玉門文物』にも記載がなく（165頁「玉門市博物館平面示意図」），現地を訪れて初めてその存在を知ることができたのだが，同室の展示の中心は，❹以下の造型塼ではなく，由来不明の塼画であった．出土墓などに関するデータを一切提示せずに，30点の塼画が展示されていたのである．彩色こそされているものの，いずれも画法は稚拙で，内容を読み取れないものが過半だが，墓室内の位置の表示とともに展覧に供されていた．「画像磚的形制」なる説明プレートには，塼の大きさについて，縦15～16×横34～36cmという一般的な説明があり，また「出土画像磚的古墓」なるプレートには，出土墓の写真が掲示されていたが，後室は東西2室に分かれており，それぞれに棺が配されていたらしい．また棺蓋内側には，伏羲女媧や青龍・白虎などが描かれていた．しかし「簡報」による限り，金鶏梁墓群にはこれに該当するような墓は存在しない．あるいは冒頭にふれた窯洞地墓群の「磚室壁画墓」なのかもしれないが，想像の域を出ない[(3)]．

本書には，2009年金鶏梁墓群出土塼と，上述した由来不明の塼画の目録を掲げておく．なお後者については，実見した内田宏美氏の整理を参考にさせていただいた．ただ内容については，編者の責任に帰すことは言うまでもない．

註

（1）『玉門文物』は，これらを「2003 年金鶏梁魏晋墓出土」として紹介するが，同じ写真は，甘粛省文物局編『甘粛省第三次全国文物普査重要新発現』にも掲載されており，そこでは調査の時期を「2009 年 3 月」，墓群の年代も「西涼・北涼」としている（80 頁）．こちらのほうが事実に近い．

（2）出土墓の年代だが，M5，M17，および M21 などから，前涼紀年の簡牘や塼書が出土しているので，別室の「前涼・中晩期」が正しい．なおこれらの出土文物については，王策他「玉門金鶏梁出土的木牘和封検」，町田隆吉「河西出土魏晋・五胡十六国時代漢語文献の基礎的整理」などに詳しい．

（3）博物館のスタッフに聴けば，いくつかの疑問は氷解しただろうが，事情を知るスタッフは在館していなかったようである．

参考文献（掲載順）

国家文物局主編『中国文物地図集 甘粛分冊』全 2 冊，測絵出版社，2011 年．

玉門市文化体育局・玉門市博物館・玉門市文物管理所編『玉門文物』，甘粛人民出版社，2014 年．

甘粛省文物考古研究所「甘粛玉門金鶏梁十六国墓葬発掘簡報」，『文物』2011 年第 2 期．

甘粛省文物局編『甘粛省第三次全国文物普査重要新発現』，三秦出版社，2011 年．

王　策・呉　葒「玉門金鶏梁出土的木牘和封検」，『文物』2011 年第 2 期．

町田隆吉「河西出土魏晋・五胡十六国時代漢語文献の基礎的整理」，渡邉義浩編『第四回日中学者中国古代史論壇論文集 中国新出資料学の展開』，汲古書院，2013 年．

11. 瓜州県

酒泉市管下の瓜州県（旧・安西県）域には，多くの古墓群が立地しており，塼画墓の存在も確認されている．なぜか国家文物局主編『中国文物地図集 甘粛分冊』には全く記載されていないが，瓜州県志編纂工作委員会編『瓜州県志』には，塼画墓について簡単ながら以下のような記事がある[(1)]．

① 踏実墓群二号墓（鎖陽城鎮農豊村／魏晋／599頁）[(2)]

この二号墓は大型の双室構造の塼室墓で，盗掘をきっかけにして1997年に調査が行なわれ，64点の「画像磚」が出土したという．瓜州県域の出土文物については，李春元『瓜州文物考古総録』を参照する必要があるが，そこには，①のほかにもう1座（群）上がっている．

② 十工山墓群（南岔鎮十工村／漢／195頁）

こちらは，2007年に調査が行なわれ，その結果「画像磚」が6点，「雕磚構件」が8点が出土した．また①についても，画像の内容について言及されているが（190-191頁），それによると，墓門上の門楼に61点の塼画が嵌め込まれていたとのことで，酒泉・嘉峪関や敦煌で出土した塼画と画材が共通することが指摘されており，魏晋時代のものと考えてよいだろう．完整品は瓜州県博物館に所蔵されたが，楊永生主編『酒泉宝鑒』には，うち❶「魏晋彩絵兎画像磚」・❷「魏晋彩絵羊画像磚」・❸「魏晋彩絵鴨画像磚」の3点の写真が収録されている（182-184頁）．また王建栄「瓜州県博物館館蔵画像磚内容及特色分析」も，❶（「西晋彩絵兎画像磚」とする）のほか，❹「西晋彩絵人御牛車図画像磚」の写真を紹介する（32頁図2）．しかし61点（もしくは64点）のうちで，内容がわかる塼画はこれらごく一部にすぎない[(3)]．

いっぽうの②であるが，「瓜州県博物館館蔵画像磚内容及特色分析」には，十工山墓群の十二号墓から出土したという❺「魏晋雕刻彩絵菱格紋・銭串紋磚」の写真が掲げられている（32頁図5）[(4)]．

またこのほか，甘粛文物考古研究所「甘粛安西旱湖墩墓地・窯址発掘簡報」によると，2001年に発掘調査が行なわれた布隆吉郷の旱湖墩墓群（双塔村東南）の四号墓でも，前室の壁面に「彩絵門」が認められたという[(5)]．

これらはそれぞれ，冥安県，宜禾県，および淵泉県（いずれも敦煌郡管下だったが，西晋の元康5（284）年，新設の晋昌郡に移管．郡治は冥安県）に関係する墓群だったと考えられる[(6)]．

本書では，踏実墓群二号墓出土の塼画について，目録を掲げた．

註

（1）以下，墓の所在地である郷鎮や村の名称は，『中国文物地図集 甘粛分冊』による．

（2）『中国文物地図集 甘粛分冊』は，「踏実墓群」を「踏実東墓群」と「踏実西墓群」とに区分する（下冊，307頁）．年代はいずれも，漢～魏晋とされているが，甘粛省文物考古研究所・安西県博物館「安西県踏実一号大墓発掘簡報」によると，二号墓は墓群の中央に位置するこの一号墓に隣接しているので，東墓群に属することになる．しかしどうやら塼画墓はこの二号墓ではなく，李春元・李長纓・李長青「安西踏実墓群一号大墓発掘簡報」のいう，一号墓から東に1.5kmの位置にあるとする九号墓のことのようである．なぜならば，そこに示されたデータは『瓜州文物考古総録』の二号墓のそれとほぼ一致するからである．したがって関尾「画像磚の出土墓をめぐって」の解釈を修正しておきたい．

（3）『瓜州文物考古総録』によると，塼画以外に，棺蓋は篆書体の帛書によって覆われていたという（191頁）．柩銘と思われるが，釈読はかなわないという．

（4）「瓜州博物館館蔵画像磚内容及特色分析」は，瓜州県博物館所蔵の塼画の点数を 213 点とするが（31 頁），この数字は，唐代の模印塼なども含んだ総数である．

（5）「甘粛安西旱湖墁墓地・窯址発掘簡報」によると，同墓の前室北壁の塼面には，「赤土恙赤土恙水履美如火」という 4 行 11 字が朱書されていた（5 頁図八）．

（6）「画像磚の出土墓をめぐって」，参照．

参考文献（掲載順）

国家文物局主編『中国文物地図集 甘粛分冊』全 2 冊，測絵出版社，2011 年．

瓜州県志編纂工作委員会編『瓜州県志（1986-2005）』，甘粛文化出版社・甘粛地方志叢書，2010 年．

李春元『瓜州文物考古総録』，香港天馬出版有限公司・瓜州歴史文化研究叢書，2008 年．

楊永生主編『酒泉宝鑒——館蔵文物精選』，甘粛文化出版社，2012 年．

王建栄「瓜州博物館館蔵画像磚内容及特色分析」，『絲綢之路』2016 年第 18 期．

甘粛文物考古研究所「甘粛安西旱湖墁墓地・窯址発掘簡報」，『考古与文物』2004 年第 4 期．

甘粛省文物考古研究所・安西県博物館「安西県踏実一号大墓発掘簡報」，『隴右文博』2005 年第 1 期．

李春元・李長纓・李長青「安西踏実墓群一号大墓発掘簡報」，同『瓜州史地研究文集』，瓜州歴史文化研究叢書，2006 年，所収）．

関尾史郎「画像磚の出土地をめぐって—「甘粛出土，魏晋時代画像磚および画像磚墓の基礎的考察—」補遺」，『西北出土文献研究』2009 年度特刊，2010 年．

12. 敦煌市

甘粛省の西端，酒泉市管下の敦煌市域では，市街東郊の新店台・仏爺廟（湾）両墓群[1]，西郊の祁家湾墓群などの塼画墓が合わせて 10 座以上確認されている．しかし『中国文物地図集 甘粛分冊』に記載があるのは，以下の 3 例である．

① 仏爺廟墓群（101-B13／楊家橋郷鳴山村東／晋・唐／下冊，263 頁）

② 新店台墓群（101-B14／莫高鎮新店台村南／晋・唐／下冊，263 頁）

③ 五墩壁画墓（103-B16／莫高鎮五墩村南／十六国前涼／下冊，263 頁）

一応，祁家湾墓群以外は記載があるのだが，②と③については，調査が行なわれた年次や，出土「画像磚」の内容などについても言及されているものの，①については，「模印花磚」出土の事実しか記述がない．また 1987 年に 63 点の「画像磚」が出土したという③の名称は初見であり，詳細は捕捉できない[2]．唯一，②については，後掲の『敦煌仏爺廟湾西晋画像磚墓』が参考文献として示されており，周知の塼画墓群であることがわかる．また敦煌市志編纂委員会編『敦煌市志』[3]や敦煌市地方志編纂委員会編『敦煌志』[4]といった地方志，さらには包艶他編『中国絲綢之路上的墓室壁画 西部巻』甘粛分冊[5]などにも，よるべき記述は見られない．

もっとも，甘粛省文物考古研究所の編集にかかる『敦煌仏爺廟湾西晋画像磚墓』や『敦煌祁家湾』といった発掘報告書が刊行されており，研究成果にも恵まれているので，文物地図集や地方志などの不備も杞憂という見方もあるだろう．加えて，これらの報告書が取り上げていない塼画墓についても，殷光明や北村永らの紹介によって詳細を知ることができる[6]．

しかしながら，俄軍他主編『甘粛出土魏晋唐墓壁画』中冊をはじめ，敦煌市博物館の編集による『敦煌文物』・『敦煌市博物館館蔵珍貴文物図録』などの図録には，報告書や簡報には記述のない塼画が少なからず収録されており，その出土墓を特定することが求められる[7]．この作業に有力な手がかりを提供してくれるのが，栄恩奇「敦煌西晋画像磚墓」である．以下，これにより，敦煌市域における塼画墓の出土状況について整理してみよう（以下，敦煌空港の建設（予定地）に位置する古墓群の呼称は「新店台墓群」に統一する）[8]．

④ 1982 年発掘，新店台墓群三号墓（浮彫塼）[9]．

⑤ 1987 年発掘，新店台墓群一三三号墓．

⑥ 1991 年発掘，仏爺廟墓群一号墓．

⑦ 1995 年発掘，新店台墓群三七号墓，三九号墓，九一号墓（墨画塼），一一八号墓，一六七号墓（墨画塼）．

⑧ 1999 年発掘，仏爺廟墓群の 1 座（墨画塼）．

⑨ 2000 年発掘，新店台墓群の 1 座（浮彫塼）[10]．

⑩ 2001 年発掘，仏爺廟墓群の 1 座．

全部で 11 座を数えるが，このうち⑤と⑦の調査報告書が『敦煌仏爺廟湾西晋画像磚墓』であり，殷光明と北村永が紹介したのが⑥である．

新店台・仏爺廟両古墓群には，これ以外にも塼画墓として「はしがき」でふれた 44FYM1001 があるし，「敦煌西晋画像磚墓」には全くふれるところがないが，祁家湾墓群には，塼画を埋納した墓が 3 座ほど確認されている．三〇一号墓（85DQM301），三一〇号墓（85DQM310），そして三六九号墓（85DQM369）である（『敦煌祁家湾』，139 頁）．また 1985 年の大規模な調査以前に発掘された三号墓（76DQM3）も，祁家湾墓群では珍しい塼室墓で，その門楼には動物の「磚雕」があったという（敦煌県博物館考古組他「記敦煌発現的西晋・十六国墓葬」，623 頁）．この三号墓は祁家湾墓群では孤例であり，詳細を捕捉できないのが悔やまれるが[11]，塼画を門楼や墓室の壁面に嵌め込むのではなく，墓室に埋納するというのは他に類例がなく，河西地域全体でも祁家湾墓群だけに見られるスタイルである．さらに張俊民「敦煌市祁家湾晋十六国時期墓葬」によると，2013 年にもこのように塼画を埋納した墓が祁家湾墓群で見つかっている．したがって祁家湾墓群の塼画墓は，76DQM3 を含めると全部で 5 座ということになる．ただ 76DQM3 以外は，1 座 1 塼スタイルなので，本書では，新店台・仏爺廟両墓群の塼画墓を中心として目録を作成し，祁家湾墓群に関しては一括して表示することにした[12]．

註

（1）両古墓群については，「新店台―仏爺廟墓群」というように，新店台（莫高鎮新店台村）から仏爺廟（楊家橋郷鳴山村）に至る広大な面積を誇る単一の墓群とされることもあるが（新店台墓群を仏爺廟墓群と呼ぶようなケースも少なからずある．『敦煌仏爺廟湾西晋画像磚墓』という書名はその所産と言えよう），東側の新店台墓群（敦煌空港の敷地を含む）はかつての敦煌郡效穀県の，西側の仏爺廟墓群はかつての敦煌郡敦煌県東郷の墓域だったと考えられるので（関尾「敦煌の古墓群と出土鎮墓文」），本書ではそれぞれ独立した墓群と考えておく（この点の理解については，北村永「敦煌仏爺廟湾西晋画像磚墓について」や，江介也「河西地区魏晋墓の墓門上装飾塼壁（照墻）と墳墓観・他界観」とは大きく異なっている）．したがって，同書で報告されている塼画墓についても，本書では「新店台」を冠して目録を作成した．

（2）『中国文物地図集 甘粛分冊』上冊の地図（194 頁）によると，五墩壁画墓は新店台墓群よりもさらに東側に位置しているようである．年代が「十六国前涼」と絞り込まれているところを見ると，文字資料も出土している可能性が高いが，詳細はわからない．

（3）同書には，「仏爺廟―新店台墓群」や「祁家湾墓群」などの項目が立てられているが（628 頁），塼画墓に関する言及はない．

（4）同書は，唐代の墓群から出土した「花磚」を中心とした記述があるが，古墓群から出土した「画像磚」については，100 点近いことを述べるだけで（上冊，569 頁），その詳細にはふれるところがない．

（5）同書が掲げるのは，『敦煌仏爺廟湾西晋画像磚墓』が取り上げた 6 座，『敦煌祁家湾』の 3 座，そして次註に示した 91DFM1（同書の「敦煌仏爺廟湾 1 号墓」）の計 10 座だけである．

（6）「はしがき」でふれた 44FYM1001 出土の塼画については，殷／北村訳「西北科学考察団発掘の敦煌翟宗盈画像磚墓について」，北村「敦煌・嘉峪関魏晋墓に関する新収穫」が，また 91DFM1 出土の塼画については，殷／北村訳「敦煌西晋墓出土の墨書題記画像磚墓をめぐる考察」，殷「敦煌西晋墨書題記画像磚墓及相関内容考論」が，それぞれ丁寧に紹介している．

（7）かつて，『甘粛出土魏晋唐墓壁画』に採録された塼画を出土墓ごとに整理したことがある（関尾「河西磚画墓・壁画墓的空間与時間」）．

（8）一部，『敦煌文物』の説明文などを参照して補ったところがある．

（9）「記敦煌発現的西晋・十六国墓葬」は，新店台墓群で 1982 年に出土した三号墓（82DXM3）は土洞墓で，二号墓（82DXM2）が門楼を有する土洞墓であったという（637 頁「墓葬一覧表」）．門楼に塼画が嵌め込まれていたのだろうから，あるいは三号墓というのは誤りかもしれない．

（10）⑧～⑩について，「敦煌西晋画像磚墓」は墓群の名称を記していないが，『敦煌文物』・『敦煌市博物館館蔵珍貴文物図録』はいずれも「仏爺廟墓群」とする．しかしこのうち⑨については，李永寧「敦煌仏爺廟湾晋・唐墓」・

同「敦煌仏爺廟湾魏晋至唐代墓群」が，敦煌空港の拡張工事にともなう発掘調査の結果であるとする．したがって本書では新店台墓群にあらためた．⑧と⑩についてもその可能性があるが，とりあえず『敦煌文物』などに従っておく．

(11)「記敦煌発現的西晋・十六国墓葬」の附図（640 頁図 1），門楼には熊面塼や斗栱塼などの造型塼が確認できる．

(12) 註（2）でもふれたが，③については，全く情報を欠いている．前室ではなく，後室に「現実生活図」の塼画が描かれているというが，敦煌市域はおろか，河西地域全体で見ても稀有な事例であり，判断に苦しむ．

参考文献（掲載順）

国家文物局主編『中国文物地図集 甘粛分冊』全 2 冊，測絵出版社，2011 年．

敦煌市志編纂委員会編『敦煌市志』，新華出版社・中華人民共和国地方志叢書，1994 年．

敦煌市地方志編纂委員会編『敦煌志』全 2 冊，中華書局，2007 年．

包　艶・張騁傑・史亦真編『中国絲綢之路上的墓室壁画 西部巻』甘粛分巻，東南大学出版社，2017 年．

甘粛省文物考古研究所編／戴春陽主編『敦煌仏爺廟湾西晋画像磚墓』，文物出版社，1998 年．

＿＿＿＿＿＿＿＿＿＿＿＿編／戴春陽・張　瓏主編『敦煌祁家湾——西晋十六国墓葬発掘報告』，文物出版社，1994 年．

俄　軍・鄭炳林・高国祥主編『甘粛出土魏晋唐墓壁画』全 3 冊，蘭州大学出版社，2009 年．

敦煌市博物館編『敦煌文物』，甘粛人民美術出版社，2002 年．

＿＿＿＿＿＿＿編『敦煌市博物館館蔵珍貴文物図録』，万巻出版公司，2017 年．

栄恩奇「敦煌西晋画像磚墓」，同『敦煌之謎』，中国戯劇出版社，2011 年（敦煌市博物館編『紀念敦煌市博物館免費開放十周年敦煌史博物館学術論文集』，万巻出版公司，2018 年，所収）．

敦煌県博物館考古組・北京大学考古実習隊「記敦煌発現的西晋・十六国墓葬」，北京大学中国中古史研究中心編『敦煌吐魯番文献研究論集』第 4 輯，北京大学出版社，1987 年．

張俊民「敦煌市祁家湾晋十六国時期墓葬」，中国考古学会編『中国考古学年鑒 2014』，中国社会科学出版社・中国社会科学年鑒，2015 年．

関尾史郎「敦煌の古墓群と出土鎮墓文」，『資料学研究』第 4,5 号，2007,2008 年．

殷光明／北村　永訳「西北科学考察団発掘の敦煌翟宗盈画像磚墓について」，『仏教芸術』第 322 号，2012 年．

北村　永「敦煌・嘉峪関魏晋墓に関する新収穫」，『西北出土文献研究』2009 年度特刊，2010 年．

殷光明／北村　永訳「敦煌西晋墓出土の墨書題記画像磚墓をめぐる考察」，『仏教芸術』第 285 号，2006 年．

＿＿＿「敦煌西晋墨書題記画像磚墓及相関内容考論」，『考古与文物』2008 年第 2 期．

関尾史郎「河西磚画墓・壁画墓的空間与時間——読《甘粛出土魏晋唐墓壁画》一書後」，饒宗頤主編『敦煌吐魯番研究』第 13 巻，上海古籍出版社，2013 年．

李永寧「敦煌仏爺廟湾晋・唐墓葬」，中国考古学会編『中国考古学年鑒 2001』，文物出版社，2002 年．

＿＿＿「敦煌仏爺廟湾魏晋至唐代墓群」，中国考古学会編『中国考古学年鑒 2002』，文物出版社，2003 年．

附 河西地域，市県別塼画墓・壁画墓

河西地域，市県別塼画墓・壁画墓

No.	市　県	郷鎮・村など	墓　群	墓	備　考
1	武威市(涼州区)	古城鎮宏化村	五壩山墓群	1984年発掘七号墓	一説に韓佐郷紅花村.
2		金羊鎮新鮮村	雷台墓(群)	1969年発掘一号墓(WXM1)	
3(1)		新華郷纏山村	磨嘴子墓群	1989年発掘墓	
4(2)			磨嘴子墓群	2003年発掘三号墓	
3	金昌市(金川区)	双湾鎮東四溝	東四溝墓群?	1957年発掘墓	[孫8]
4(3)		金昌市博物館所蔵			出土墓不明.
5	張掖市(甘州区)	明永郷漚波村	不明	1990年発掘一号墓	
6		明永郷燎烟村	燎烟墩墓群	不明	5と同じ可能性あり.
7		明永郷下崖村	黒水国墓群	不明	
8		三閘鎮庚名村	兎児壩灘墓群	1986年発掘墓	
9		沙井鎮東五村	双墩灘墓群	不明	
10		沙井鎮上寨村	上寨墓群	不明	
11		沙井鎮上游村	上游墓群	不明	
12		沙井鎮	胡蘆灘墓群	1956年発掘墓	11と同じ可能性あり.
13	臨沢県	沙河鎮共和村	黄家湾灘墓群	不明	一説に西寨村.
14(4)	民楽県	永固鎮八卦営村	八卦営墓群	1993年発掘一号墓	[郭303]
15(5)			八卦営墓群	1993年発掘二号墓	[郭303]
16(6)			八卦営墓群	1993年発掘三号墓	[郭304]
17			八卦営墓群	1993年発掘四号墓	
18			八卦営墓群	1993年発掘五号墓	
19(7)	高台県	駱駝城郷壩口村	駱駝城南墓群	1994年発掘墓	[孫32][郭303]
20			駱駝城南墓群	2001年発掘一号墓	
21(8)		駱駝城郷西灘村	駱駝城土墩墓群	2001年発掘二号墓	[孫38]
22(9)		駱駝城郷	駱駝城苦水口墓群	2001年発掘一号墓(01GLM1)	[郭303]
23(10)			駱駝城苦水口墓群	2001年発掘二号墓(01GLM2)	[郭303]
24(11)		新壩郷許三湾村	許三湾城東墓群	1999年6月発掘墓	
25(12)			許三湾城東墓群	2002年9月発掘墓	
26(13)		新壩郷	許三湾五道梁墓群	1999年4月発掘墓	[郭304]
27(14)			許三湾五道梁墓群	1999年10月発掘墓	
28(15)		南華鎮	南華墓群	2003年発掘一号墓(03GNM1)	[孫45]
29			南華墓群	2003年発掘一〇号墓(03GNM10)	
30(16)		羅城郷河西村	地埂坡墓群	2007年発掘一号墓	
31(17)			地埂坡墓群	2007年発掘三号墓	
32(18)			地埂坡墓群	2007年発掘四号墓	
33	粛南裕固族自治県	明花郷上井村	上井墓群	不明	
34		明花郷南溝村	上深溝堡墓群	不明	
35			西五個疙瘩墓群	1987年採集	一説に草溝城墓群.
36		明花郷農業総合開発区	明海林場墓群	不明	一説に開発区墓群.
37(20)	嘉峪関市	新城鎮観蒲村	新城墓群	1972年発掘一号墓(72JXM1)	[孫9][郭303]
38(21)			新城墓群	1972年発掘二号墓(72JXM2)	
39(22)			新城墓群	1972年発掘三号墓(72JXM3)	[孫10][郭303]
40(23)			新城墓群	1972年発掘四号墓(72JXM4)	[孫11][郭303]
41(24)			新城墓群	1972年発掘五号墓(72JXM5)	[孫12][郭303]
42(25)			新城墓群	1972年発掘六号墓(72JXM6)	[孫13][郭303]
43(26)			新城墓群	1972年発掘七号墓(72JXM7)	[孫14][郭303]
44(27)			新城墓群	1972年発掘八号墓(72JXM8)	
45			新城墓群	1977年発掘九号墓(77HKM9)	[孫19]
46(28)			新城墓群	1977年発掘十号墓(77HKM10)	[孫20]
47			新城墓群	1977年発掘十一号墓(77HKM11)	[孫21]
48(29)			新城墓群	1979年発掘十二号墓(79JXM12)	[孫15][郭303]
49(30)			新城墓群	1979年発掘十三号墓(79JXM13)	[孫16][郭303]
50(31)		新城鎮毛庄子村	新城墓群	2002年発掘墓	[孫42]
51(32)		新城鎮野麻湾村	野麻湾墓群	1993年発掘二号墓	
52		新城鎮長城村	不明	1999年発掘墓	
53		文殊郷石橋村	不明	不明	
54(33)		峪泉鎮嘉峪関村	牌坊梁墓群	1972年発掘一号墓	[孫4]

55(34)			嘉峪関三組墓群	2004年発掘墓	
54(36)	酒泉市(粛州区)	果園郷西溝村	西溝墓群	1992年発掘四号墓(92JXM4)	[郭303]
55(37)			西溝墓群	1993年発掘二号墓(93JXM2)	[孫26]
56(38)			西溝墓群	1993年発掘五号墓(93JXM5)	[孫27][郭303]
57(39)			西溝墓群	1993年発掘六号墓(93JXM6)	[孫28]
58(40)			西溝墓群	1993年発掘七号墓(93JXM7)	[孫29][郭303]
59		果園郷余家壩村	余家壩墓群	1977年発掘墓	丁家閘一号墓のことか.
60(41)		果園郷丁家閘村	丁家閘墓群	1977年発掘五号墓	[孫18][郭304]
61(42)		果園郷丁家閘村	小土山墓	2001年発掘墓	[孫40][郭304]
62(43)		果園郷高閘溝村	高閘溝墓群	1993年発掘墓	[孫30][郭303]
63		果園郷北閘溝村	磚廠墓群	1970年代以降発掘墓	
64			北閘溝六組墓群	2009年発掘墓	
65		泉湖郷東関村	東関外墓群	1993年発掘墓	
66		西峰郷張良溝村	三百戸墓群	2007年発掘墓	
67			三百戸墓群	2008年発掘七号墓	
68		西峰郷侯家溝村	侯家溝墓群	2010年発掘五号墓	
69		三墩鎮長城村	西沙坡墓	1970年代初発掘墓	
70		総寨鎮三奇堡村	崔家南湾墓群	1973年発掘一号墓	[孫5]
71(44)			崔家南湾墓群	1973年発掘二号墓	[孫6]
72			葸家崖湾墓群	1990年発掘墓	
73		総寨鎮沙格楞村	南石灘墓群	2013年発掘墓	
74(45)		上壩鎮営爾村	石廟子墓群	1974年発掘墓	[孫7]
75		上壩鎮光輝村	鈷涧溝墓群	不明	
76		上壩鎮天楽村	小溝墓群	1992年発掘墓	
77		東洞郷石灰窯村	孫家石灘墓群	2003年発掘二号墓(03JSM2)	[孫44]
78(46)		下河清郷五壩村	下河清墓群	1956年発掘一号墓	[孫2][郭303]
79(47)			五壩河墓群	1971年発掘墓	[孫3]
80(48)			四壩河墓群	1993年発掘墓	
81		下河清郷紫金村	紫金墓群	不明	
82		下河清郷楼庄村	夾灘墓群	1987年発掘墓	
83		豊楽郷三壩村	三壩湾墓群	2003年発掘一〇号墓(03JFSM10)	[孫43]
84(49)		屯升郷馬営村	石疙瘩孔墓群	2001年発掘墓	
85		清水郷単墩子村	単墩子灘墓群	1988年発掘墓	[孫23]
86(51)	玉門市	清泉郷清泉村	金鶏梁墓群	2003年発掘墓	
87		清泉郷白土梁村	窯洞地墓群	不明	
88(52)		玉門市博物館所蔵			出土墓不明.
89	瓜州県	布隆吉郷双塔村	旱湖＝墓群	2001年発掘四号墓	[孫41]
90(53)		鎖陽城鎮農豊村	踏実墓群	1997年発掘二号墓	[郭303]?
91		南岔鎮十工村	十工山墓群	2007年発掘墓	
92(54)	敦煌市	莫高鎮新店台村	新店台墓群	1982年発掘二号墓(82DXM2)	
93(55)			新店台墓群	1987年発掘一三三号墓(87DFM133)	[孫25][郭299]
94(56)			新店台墓群	1995年発掘三七号墓(95DFM37)	[孫33][郭300]
95(57)			新店台墓群	1995年発掘三九号墓(95DFM39)	[孫34][郭301]
96(58)			新店台墓群	1995年発掘九一号墓(95DFM91)	[孫36]
97(59)			新店台墓群	1995年発掘一一八号墓(95DFM118)	[孫35][郭299]
98(60)			新店台墓群	1995年発掘一六七号墓(95DFM167)	[孫37]
99(61)			新店台墓群	2000年8月発掘墓	
100		莫高鎮五墩村	五墩墓	1987年発掘墓	
101(62)		楊家橋郷鳴山村	仏爺廟墓群	1944年発掘一〇〇一号墓(44FYM1001)	[孫1][郭300]
102(63)			仏爺廟墓群	1991年発掘一号墓(91DFM1)	[郭300]
103(64)			仏爺廟墓群	1999年5月発掘墓	
104(65)			仏爺廟墓群	2001年5月発掘墓	[孫39]
105(66)		七里鎮新区	祁家湾墓群	1976年発掘三号墓(76DQM3)	
106(66)			祁家湾墓群	1985年発掘三〇一号墓(85DQM301)	[孫22][郭301]
107(66)			祁家湾墓群	1985年発掘三一〇号墓(85DQM310)	[郭301]
108(66)			祁家湾墓群	1985年発掘三六九号墓(85DQM369)	[郭301]
109(66)			祁家湾墓群	2013年発掘墓	

本表は，築造が後漢・魏晋・〈五胡〉時代とされる河西地域の塼画墓・壁画墓の一覧である．ただし造型塼や鋪地塼だけが確認された墓も含まれる．

No.欄には，目録篇の番号をカッコ内に併記した．なお目録篇のうち，以下の3項については，本表には掲載されていない．

19「高台県城出土，出土墓未詳塼画」

35「『嘉峪関文物図録』可移動文物巻所収，嘉峪関市域出土，出土墓未詳塼画」

50「『酒泉文物精萃』・『酒泉宝鑒』・『粛州文物図録』可移動文物巻所収，酒泉市(粛州区)域出土，出土墓未詳塼画」

郷鎮・村などの欄は，原則として解説篇で言及した順番にしたがったが，同一の市県内で一部変更したものもある．

備考欄には，孫彦『河西魏晋十六国壁画墓研究』や郭永利『河西魏晋十六国壁画墓』の一覧に上げられているものを示した．表記は以下の通りである．

孫　彦：カッコ内は，「附表　河西魏晋十六壁画墓統計表」(304頁以下)の「序号」．

上記附表のうち，17「酒泉崔家南湾晋墓」，24「総寨三奇堡魏晋墓」，および31「酒泉屯升馬営魏晋墓」の3件については，本表では対象外とした．解説篇を参照されたい．

郭永利：カッコ内は，附表(299頁以下)の掲載頁．

目　録　篇

1. 武威磨嘴子墓群, 1989年発掘墓

1) 所　在:武威市涼州区新華郷纏山村(東経**102**度**63**分**21**秒, 北緯**37**度**80**分**56**秒)の域内.
2) 構　造:前室(東)と, 二つの後室(西)からなる土洞墓.
平面図は,「甘粛武威磨嘴子発現一座東漢壁画墓」, **1052**頁図一／『武威文物考述』, **148**頁.
3) 墓　主:不詳.
4) 年　代:後漢晩期.

武威磨嘴子墓群, **1989**年発掘墓出土壁画

No.	墓内位置	「甘粛武威磨嘴子発現一座東漢壁画墓」		『武威文物考述』	『中国出土壁画全集』
1	前室天井	天象図(太陽・月亮)	1053図二1,2	図版庚一2,1	
2	前室西壁(後壁)	鳥	1053図二4		
3	同	人物像	1053図二3, 図版陸1,2,4,5	図版庚一3,庚二1～4	3図3「観百戯図」
4	前室南壁	羊・羽人	図版陸3	図版庚一4	4図4「羽人戯羊図」
5	前室北壁	象・仙人	1053図二5	図版庚一5	

墓内位置の欄は,「甘粛武威磨嘴子発現一座東漢壁画墓」の説明文による.
「甘粛武威磨嘴子発現一座東漢壁画墓」の左欄は, 壁画の内容に関する説明文(1052～1053頁)を要約したもの.
「甘粛武威磨嘴子発現一座東漢壁画墓」の右欄は, 写真の掲載頁と図版番号.
『武威文物考述』の欄は, 写真の図版番号.
『中国出土壁画全集』の欄は, 同9巻の写真の掲載頁・図版番号とタイトル.

2. 武威磨嘴子墓群, 2003年発掘三号墓

1) 所　在:武威市涼州区新華郷纏山村(東経**102**度**63**分**21**秒, 北緯**37**度**80**分**56**秒)の域内.
「**2003**年甘粛武威磨咀子墓地発掘簡報」, **28**頁図一.
2) 構　造:単室土洞墓.
平面図は,「**2003**年甘粛武威磨咀子墓地発掘簡報」, **29**頁図二, 三.
断面図は,「**2003**年甘粛武威磨咀子墓地発掘簡報」, **29**頁図二.
3) 墓　主:合葬墓, 不詳.
4) 年　代:前漢晩期.

武威磨咀子墓群, **2003**年発掘三号墓出土壁画

No.	墓内位置	「**2003**年甘粛武威磨咀子墓地発掘簡報」	
1	後壁	人腿(残片)	
2	西北壁	白虎	
3	西南壁	侍者	封三1「壁画上的人物」
4	漆器銘文		図版四4「漆皮」

墓内位置の欄は,「2003年甘粛武威磨咀子墓地発掘簡報」による.
「2003年甘粛武威磨咀子墓地発掘簡報」の左欄は, 壁画の内容に関する説明文(29頁)を要約したもの.
「2003年甘粛武威磨咀子墓地発掘簡報」の右欄は, 写真の掲載頁・図版番号とタイトル.

3. 金昌市博物館所蔵塼画

出土状況は不明.

金昌市博物館所蔵塼画

No.	2018年8月，金昌市博物館展示中	「早期道教羽化成仙思想的生動再現」			『金昌文物』
1	青龍磚／魏晋	青龍	標本5-1	206図一1	122「青龍磚」
2	龍磚／魏晋	同上	標本5-2	206図一2	
3	白虎磚／魏晋	白虎	標本5-3	206図一3	122「白虎磚」
4	虎磚／魏晋	同上	標本5-4	206図一4	
5	朱雀磚／魏晋	朱雀	標本5-5	206図一5	122「朱雀磚」
6	羽人磚／魏晋	羽人	標本2-1	207図二1	
7	力士磚／魏晋	同上	標本2-2	207図二2	
8	日月磚／魏晋	鳥蛙	標本4-1	208図三1	
9	タイトル無	天鹿	標本4-2	208図三2	
10	羽人磚／魏晋	方相	標本4-3	208図三3	122「力士磚」
11	怪獣磚／魏晋	同上	標本4-4	208図三4	
12	東王公磚／魏晋	東王公	標本3-1	208図四1	
13	人物磚／魏晋	人物	標本3-2	208図四2	
14	人物磚／魏晋	同上	標本3-3	208図四3	
15	怪獣磚／魏晋(左8)	托梁獣	(力士7-1)	209図五1	
			(力士7-5)	209図五5	
16	怪獣磚／魏晋(左7)	同上	(力士7-2)	209図五2	
17	怪獣磚／魏晋(左2)	同上	(力士7-3)	209図五3	
18	怪獣磚／魏晋(左1)	同上	(力士7-4)	209図五4	
19	怪獣磚／魏晋(左6)	同上	(力士7-6)	209図五6	
20	怪獣磚／魏晋(左5)	同上	(力士7-7)	209図五7	
21	荷花方磚／魏晋	蓮花藻井	標本2-1	210図六1	
22	花鳥磚／魏晋	花鳥		210図六2	
23	怪獣磚／魏晋(左3)				
24	怪獣磚／魏晋(左4)				

2018年8月，金昌市博物館展示中の欄は，説明プレートに記されたタイトルと年代.
なお怪獣磚のカッコ内は陳列の順番(左端から)を示している.
「早期道教羽化成仙思想的生動再現」の左欄は，文中に示された塼画の名称である.
「早期道教羽化成仙思想的生動再現」の中欄は，整理番号である.
ただし托梁獣については，塼画の写真に附されたタイトルを示した.
また力士7-1と力士7-5は，同じ塼画である.
「早期道教羽化成仙思想的生動再現」の右欄は，写真の掲載頁と図版番号.
『金昌文物』の欄は，写真の掲載頁とタイトル.

4. 民楽八卦営墓群, **1993**年発掘一号墓

1) 所　在:民楽県永固鎮八卦営村(東経**100**度**97**分**27**秒, 北緯**38**度**34**分**27**秒)北**800m**, 後溝坡半山(圏溝口半山)山腹.
2) 構　造:前室・中室・後室の三室, 前室に左右耳室.
平面図・断面図は,「民楽八卦営魏晋壁画墓」, **31**頁図二／『八卦営村志』, **281**頁.
3) 墓　主:不明.
4) 年　代:漢～晋墓.

民楽八卦営墓群, **1993**年発掘一号墓出土壁画

No.	墓内位置・壁画内容		「民楽八卦営魏晋壁画墓」	『八卦営村志』
1	前室東壁上部	青龍・日・瑞気祥雲・山巒	32図三「青龍」	
2	前室東壁下部	兵器図		
3	前室西壁上部	白虎・鷺鷥・瑞気祥雲・山巒	32図四「白虎」	293「白虎図」
4	前室西壁下部	狩猟図		
5	前室南壁	朱雀(他は脱落)		294「朱雀図」
6	前室北壁	玄武・鷺鷥・瑞気祥雲・水波浪花	33図五「玄武」	293「玄武図」
7	前室墓頂	方形藻井・鋸歯紋・方格紋		
8	中室・後室東壁	日		
9	中室・後室西壁	月		
10	中室頂部			285「1号墓中室頂部」

墓内位置・壁画内容の右欄, 壁画内容については,「民楽八卦営魏晋壁画墓」(『八卦営村志』も略同)の内容説明文(32頁以下)を要約したもの.

「民楽八卦営魏晋壁画墓」欄は, 写真の掲載頁・図版番号とタイトル.

『八卦営村志』欄は, 写真の掲載頁とタイトル.

『八卦営村志』は, 282頁に「青龍図」を掲げるが,「民楽八卦営魏晋壁画墓」の写真とは明らかに別物なので, 採らない.

なお『八卦営村志』には, このほかにも巻頭のカラー頁に,「圏溝1号墓後室」の写真を掲載する.

5. 民楽八卦営墓群, 1993年発掘二号墓

1) 所　在:民楽県永固鎮八卦営村(東経**100**度**97**分**27**秒, 北緯**38**度**34**分**27**秒)東**500m**, 直嶺山腹.
2) 構　造:前室・後室の二室.
平面図は,「民楽八卦営魏晋壁画墓」, **33**頁図六／『八卦営村志』, **283**頁.
3) 墓　主:不明.
4) 年　代:漢～晋墓.

民楽八卦営墓群, **1993**年発掘二号墓出土壁画

No.	墓内位置・壁画内容		「民楽八卦営魏晋壁画墓」	『八卦営村志』	『中国河西走廊』上冊
1	前室左右壁	雲気図・青龍	34図七「青龍」	282「青龍図」	
2	同上	人首蛇身三女媧(仙人乗龍)	34図八「仙人乗龍」	巻頭カラー「仙人乗龍(漢代壁画)」	117「漢墓 仙人乗龍」
3	前室券頂	日(金烏)	34図九「金烏」	283「3号墓金烏雲気図」	
4	同上	月(蟾蜍玉兎)	34図十「蟾蜍玉兎」	284「3号墓月宮蟾蜍・玉兎図」	

墓内位置・壁画内容の右欄, 壁画内容については,「民楽八卦営魏晋壁画墓」(『八卦営村志』も略同)の内容説明文(34頁)を要約したもの.

「民楽八卦営魏晋壁画墓」欄は, 写真の掲載頁・図版番号とタイトル.

『八卦営村志』欄は, 写真の掲載頁とタイトル.

なお『八卦営村志』は, 283,284頁の写真を三号墓のものとするが, それぞれ「民楽八卦営魏晋壁画墓」の図九, 十と同じものなので, ここに掲げた.

『中国河西回廊』上冊欄は, 写真の掲載頁とタイトル(一部省略).

6. 民楽八卦営墓群, 1993年発掘三号墓

1) 所　在:民楽県永固鎮八卦営村(東経100度97分27秒, 北緯38度34分27秒)東北100m, 乱疙瘩山山頂.
2) 構　造:前室・後室の二室.
平面図は,「民楽八卦営魏晋壁画墓」, 35頁図十一／『八卦営村志』, 284頁.
3) 墓　主:不明.
4) 年　代:漢～晋墓.

民楽八卦営墓群, 1993年発掘三号墓出土壁画

No.	墓内位置・壁画内容		「民楽八卦営魏晋壁画墓」	『八卦営村志』	『中国河西走廊』上冊
1	前室東壁	雲気・日中金烏	35図十二「金烏雲気図」		
2	前室西壁	雲気・月中蟾蜍玉兎	35図十三「蟾蜍・玉兎・雲気図」		
3	同上	雲気・鳥雀	35図十五「星雲鳥雀図」		
4	前室南壁	雲気・星宿			
5	前室北壁	雲気・北斗七星	35図十四「雲気・北斗七星図」		117「漢墓　星運図」
6	前室墓頂	方形藻井　三角・棱形紋, 水波雲紋	36図十六「方形藻井」	285「3号墓券頂壁画」	
7	前室墓門左側	独角獣	36図十七「独角獣」		
8	後室券頂	雲気・星宿			

墓内位置・壁画内容の右欄, 壁画内容については,「民楽八卦営魏晋壁画墓」(『八卦営村志』も略同)の内容説明文(35頁)を要約したもの.

「民楽八卦営魏晋壁画墓」欄は, 写真の掲載頁・図版番号とタイトル.

『八卦営村志』欄は, 写真の掲載頁とタイトル.

『中国河西回廊』上冊欄は, 写真の掲載頁とタイトル(一部省略).

7. 高台駱駝城南墓群, 1994年発掘墓

1) 所　在:高台県駱駝城郷壩口村(東経**99**度**60**分**62**秒, 北緯**39**度**37**分**39**秒), 駱駝城郷西南**6km**, 駱駝城址南**2.5km**, 国道**312**号線北**4km**.
「甘粛高台駱駝城画像磚墓調査」, **44**頁図一.

2) 構　造:前室(北)・中室・後室(南)の三室墓.
平面図は,「甘粛高台駱駝城画像磚墓調査」, **45**頁図二.

3) 墓　主:不明.

4) 年　代:魏晋時期.「甘粛高台駱駝城画像磚墓調査」, **51**頁.

高台駱駝城南墓群, **1994**年発掘墓出土塼画

No.	「甘粛高台駱駝城画像磚墓調査」	2017年3月, 高台県博物館展示中	『甘粛出土魏晋唐墓壁画』中冊			『高台県博物館』	『張掖文物』	『高台魏晋墓彩絵磚』
1			405	ZG3·001[676]	伏羲図／駱駝城古墓区			
			434	ZG3·030[677]	伏羲図／駱駝城古墓区			
2	封二1「女媧図」	女媧図壁画磚／駱駝城南墓群	406	ZG3·002[678]	女媧図／駱駝城古墓区	22女媧図壁画磚／駱駝城墓群		14·15女媧図
3	48図一三「進食図」	進食図壁画磚／駱駝城南墓群	407	ZG3·003[683]	宴飲図／駱駝城古墓区			1進食図
4		進食図壁画磚3／駱駝城南墓群	408	ZG3·004[685]	宴飲図／駱駝城古墓区			
5	封二3「進食図」	進食図壁画磚2／駱駝城南墓群	409	ZG3·005[686]	宴飲図／駱駝城古墓区			
6			410	ZG3·006[687]	宴飲図／駱駝城古墓区			
7	47図九「馬車図」*	車馬出行図壁画磚2／駱駝城南墓群*	411	ZG3·007[688]	車馬出行図／駱駝城古墓区			
8	封三2「牧鹿図」	牧鹿図壁画磚／駱駝城南墓群	412	ZG3·008[691]	牧鹿図／駱駝城古墓区	25牧鹿図壁画磚／駱駝城墓群		4·5放牧図(1)
9	47図八「放牧図」	牧牛図壁画磚／駱駝城南墓群	413	ZG3·009[692]	牧鹿・牛図／駱駝城古墓区			
10	46図七「牧馬図」	牧馬・駱駝図画像磚／駱駝城南墓群	414	ZG3·010[693]	牧馬・駱駝図／駱駝城古墓区	28牧馬駱駝図壁画磚／駱駝城墓群	121放牧図画像磚／記載無	6·7放牧図(2)
11	封三1「牛耕図」	牛耕図壁画磚／駱駝城南墓群	415	ZG3·011[694]	二牛耕地図／駱駝城古墓区			
12	46図六「牛耕・耱地図」	耕地・耱地図壁画磚／駱駝城南墓群	416	ZG3·012[695]	耕地・耙地図／駱駝城古墓区			
13	46図五「耱地図」	耱地図壁画磚／駱駝城南墓群	417	ZG3·013[696]	耙地図／駱駝城古墓区	38牽牛耱地図壁画磚／駱駝城墓群	119牽牛耱地図画像磚／94駱駝城魏晋墓群	8·9耱地図
14	封三3「牽馬図」	牽馬・猟犬図壁画磚／駱駝城南墓群	418	ZG3·014[697]	牽馬・猟犬図／駱駝城古墓区	29牽馬猟犬図壁画磚／駱駝城墓群		2·3牽馬図
15	49図一六「屠宰図」*	宰牛図壁画磚／駱駝城南墓群*	419	ZG3·015[698]	屠宰図／駱駝城古墓区			
16		(2018年8月, 張掖市博物館展示中／タイトル無)	420	ZG3·016[712]	雲気図／駱駝城古墓区			
17			421	ZG3·017[719]	雲気図／駱駝城古墓区			
18		雲気壁画磚2／駱駝城南墓群	422	ZG3·018[723]	雲気図／駱駝城古墓区			
19			423	ZG3·019[729]	雲気図／駱駝城古墓区			
20	50図一七「山石図」	雲気図壁画磚／駱駝城南墓群	424	ZG3·020[708]	山雲図／駱駝城古墓区			
21	45図四左(タイトル無)		425	ZG3·021[731]	絲束図／駱駝城古墓区			
22		収穫図壁画磚／駱駝城墓群	426	ZG3·022[772]	糧堆図／駱駝城古墓区			
23			427	ZG3·023[710]	樹木図／駱駝城古墓区			
24			428	ZG3·024[715]	樹木図／駱駝城古墓区			
25		樹木図壁画磚／駱駝城南墓群	429	ZG3·025[722]	樹木図／駱駝城古墓区			
26		樹木図画像磚／駱駝城南墓群	430	ZG3·026[725]	山林図／駱駝城古墓区			

27	48図一二「東王公図」	“東王公”図壁画磚／駱駝城南墓群	431	ZG3･027[679]	東王公図／駱駝城古墓		120東王公図画像磚／記載無	
28	封二2「西王母図」	“西王母”図壁画磚／駱駝城南墓群	432	ZG3･028[680]	西王母図／駱駝城古墓		120西王母図画像磚／記載無	11羽人
29		“供”壁画磚／駱駝城南墓群	433	ZG3･029[720]	豆図／駱駝城古墓			
30	45図三左「晾衣架図」							
31	45図三右「晾衣架図」							
32	45図四右(タイトル無)							
33	47図一〇「牛車図」*	車馬出行図壁画磚／駱駝城南墓群*						
34	48図一一「伏羲図」	伏羲図壁画磚／駱駝城南墓群						12･13伏羲
35	49図一四「主僕図」	黄帝問道壁画磚／駱駝城南墓群				23黄帝問道図壁画磚／駱駝城墓群		16人物
36	49図一五「飼猪図」*	喂養家畜図壁画磚／駱駝城墓群*						
37	50図一八「雲気図」	雲気図壁画磚4／駱駝城南墓群(タイトル無)						
38	50図一九「供品」							
39	51図二〇「獣頭磚」							
40		人面蛙身模印磚／駱駝城南墓群				26蛙紋模印磚／駱駝城墓群		
41		神獣図壁画磚／駱駝城南墓群*						10動物*
42		“供”画像磚／駱駝城南墓群						
43		樹木図壁画磚2／駱駝城南墓群						
44		進食図壁画磚4／駱駝城南墓群						
45		雲気図壁画磚3／駱駝城南墓群						
46		雲気図(2018年8月，張掖市博物館展示中／タイトル無)						
47		透雕倣木構件磚／駱駝城南墓群						
48		透雕倣木構件磚2／駱駝城南墓群						
49		狐首力士雕像磚／駱駝城南墓群						
50		模印“熊首力士”雕像磚／駱駝城南墓群						
51		蓮花紋模印磚／駱駝城南墓群						
52		“戸民曹春陽”刻字磚／駱駝城南墓群						
53		“好人唐阿姓・王阿先”刻字磚／駱駝城墓群						
54		“酒泉壽鼎”模印磚／駱駝城南墓群(漢代)						
55		阡陌図壁画磚／駱駝城南墓群**						
56		宰牛図壁画磚2／駱駝城南墓群**						
57		宴飲図壁画磚／駱駝城南苦水口墓群**						

＊ 「甘粛高台駱駝城画像磚墓調査」や『高台魏晋墓彩絵磚』で，駱駝城南墓群の塼画墓出土として紹介されたが，別の塼画墓から盗掘されたと考えられるもの．

＊＊ 高台県博物館に「駱駝城南(苦水口)墓群」出土として展示されているが，明らかに別の塼画墓から出土ないしは盗掘されたと考えられるもの．

「甘粛高台駱駝城画像磚墓調査」の欄は，写真の掲載頁・図版番号とタイトル．

2017年3月，高台県博物館展示中の欄は，説明プレートに記されたタイトルと出土地．なお同じタイトルの塼については，便宜的に番号を附した．

『甘粛出土魏晋唐墓壁画』中冊の左欄は，写真の掲載頁．

『甘粛出土魏晋唐墓壁画』中冊の中欄は，塼画収蔵(管理)単位・塼画次序号．カッコ内は原始編号．ZG3は，高台県博物館のこと．

『甘粛出土魏晋唐墓壁画』中冊の右欄は，タイトルと出土地．

『高台県博物館』の欄は，写真の掲載頁とタイトル，出土地．

『張掖文物』の欄は，写真の掲載頁とタイトル，出土年次・出土地．

『高台魏晋墓彩絵磚』(『甘粛高台魏晋墓彩絵磚』)の欄は，写真の掲載頁とタイトル．太字は，拡大写真が附載されていることを示す．

高台駱駝城南墓群, 1994年発掘墓出土塼画分類

No.	内容分類	点数	写真	備考
1	農耕画像塼	3	封三1／図五／図六	
2	放牧画像塼	3	図七／封三2／図八	
3	車馬画像塼	4	*図九／図一〇*／封三3	
4	伏羲・女媧画像塼	3	図一一／封二1	
5	東王公・西王母画像塼	2	図一二／封二2	
6	家居生活画像塼	6	封二3／図一三／図一四／*図一五／図一六*	
7	山石・樹木画像塼	10	図一七	
8	雲気紋画像塼	8	図一八	
9	供品画像塼	3	図一九	
10	獣頭画像塼(側獣塼)	4	図二〇	
	小計	46		
11	晾衣架図画像塼	2(+1)	図三	後室東壁3点中の2点
12	(絲束図)画像塼	2(+1)	図四	後室西壁3点中の2点
	総計	50(+2)		

「甘粛高台駱駝城画像磚墓調査」による.

内容分類欄の名称は,「甘粛高台駱駝城画像磚墓調査」による. ただし, カッコ内は編者の名称である.

点数欄の総計は52点となり,「甘粛高台駱駝城画像磚墓調査」の58点(44頁)とは一致しない.

写真欄の斜字は, 別の墓からの盗掘品と考えられるもの.

8. 高台駱駝城土墩墓群, 2001年発掘二号墓

1) 所　在:高台県駱駝城郷西灘村(東経99度56分6秒, 北緯39度34分11秒. 駱駝城址西南1km)
「甘粛高台県駱駝城墓葬的発掘」, 44頁図一.
2) 構　造:第一室(東)から第四室(西)の四室.
平面図・断面図(北壁剖面図)は,「甘粛高台県駱駝城墓葬的発掘」, 47頁図三.
3) 墓　主:不明.
4) 年　代:曹魏〜西晋時期.「甘粛高台県駱駝城墓葬的発掘」, 51頁.

高台駱駝城土墩墓群, 2001年発掘二号墓出土塼画

No.	墓内位置(第2室)*	内　容
1	東壁北側	伏羲
2	東壁北側下	塢堡
3	東壁南側	女媧
4	北壁(中部)1号塼	放牧(馬群)
5	同2号塼	放牧(牧羊)
6	同3号塼	放牧(牧駝)
7	同4号塼	放牧(馬群)
8	南壁(中部)1号塼	揚場図
9	同2号塼	三牛拉駢車出行図
10	同3号塼	二牛犂地図
11	同4号塼	二牛犂地図
12	西壁北側	一人双手攏手胸前
13	西壁南側	一人坐姿人物, 双手攏手腹前

* 「甘粛高台駱駝城墓葬的発掘」, 47頁図三によると, 門楼にも塼画があったようだが, 詳細が不明なため, 表示は断念した.

「甘粛高台駱駝城墓葬的発掘」の説明文(47頁以下)による.

9. 高台駱駝城苦水口墓群, 2001年発掘一号墓(01GLM1)

1) 所　在:国道312号線の2833km地点の北500m, 駱駝城西南墓群の南辺縁.「駱駝城画像磚室墓」, 19頁.
2) 構　造:前室(西)・中室・後室(東)の三室. 平面図と断面図は, 高台県博物館.
3) 墓　主:不明.
4) 年　代:魏晋時期.「駱駝城画像磚室墓」, 19頁.

高台駱駝城苦水口墓群, 2001年発掘一号墓出土塼画

No.	2017年3月, 高台県博物館展示中	『甘粛出土魏晋唐墓壁画』中冊			『高台県博物館』	『張掖文物』
1	車馬出行図壁画磚	455	ZG3・051[0002]	出行図***／前室南壁第三層第四塊	52車馬出行図壁画磚／苦水口墓葬	122篷車出行図画像磚／駱駝城南墓群****
2	射猟図壁画磚	456	ZG3・052[0001]	出行図***／前室南壁第三層第五塊	31五馬射猟図壁画磚／苦水口墓葬	124狩猟図／(記載無)
3	宰牛図壁画磚	457	ZG3・053[0020]	宰牛図***／前室北壁第四層第三塊	33宰牛図壁画磚／苦水口墓葬	
4		458	ZG3・054	獣頭図／壁画間側砌磚面上		
5	伏羲図壁画磚／女媧図壁画磚	459	ZG3・055[0012]	伏羲・女媧図***／中室墓頂藻井処		117伏羲・女媧図画像磚／苦水口1号墓中室
6	羽人騎魚図壁画磚	460	ZG3・056[0004]	羽人騎魚図***／中室東壁第一層第一塊	27羽人騎魚図壁画磚／苦水口墓葬	
7	羽人神獣図壁画磚	461	ZG3・057[0003]	羽人戯鹿図***／中室南壁第一層第二塊	26羽人神獣図壁画磚／苦水口墓葬	121羽人神鹿図画像磚／02/06城南苦水口墓葬
8	鷹猟図壁画磚	462	ZG3・058[0016]	鴐鷹図***／中室南壁第三層第一塊	30狩猟図壁画磚／苦水口墓葬	
9	帳居図壁画磚	463	ZG3・059[0017]	墓主人与侍女図***／中室南壁第三層第二塊		118帳居図画像磚／01苦水口魏晋墓
10	兵器図壁画磚	464	ZG3・060[0010]	兵器図***／後室第一層第一塊		
11	仕女開箱図壁画磚	465	ZG3・061[0009]	開箱図***／後室第一層第二塊		
12	兵器図壁画磚2	466	ZG3・062[0011]	兵器図***／後室第一層第三塊	36兵器図壁画磚／苦水口墓葬	
13	奩盒図壁画磚	467	ZG3・063[0008]	漆奩図***／後室第一層第三塊		
14	服装図壁画磚	468	ZG3・062[0005]**	衣服図***／後室第二層中間	40衣物図壁画磚／苦水口墓葬	
15	絲束図壁画磚	469	ZG3・065[0006]	絲束図***／後室第三層第一塊		
16	束帛供品図壁画磚	470	ZG3・066[0007]	絲帛図***／後室第三層第二塊		
17	駅馳図壁画磚	471	ZG3・067[2019]	出行図／苦水口一号墓前室北壁中層		
18	并馳図壁画磚	472	ZG3・068[2020]	出行図／苦水口一号墓前室北壁中層		
19	出行図壁画磚	473	ZG3・069[2021]	出行図／苦水口一号墓前室北壁中層	50出行図壁画磚／苦水口墓葬	
20	牛車出行図壁画磚	474	ZG3・070[2032]	出行図／苦水口一号墓前室西壁中層		
21	厨房人物図壁画磚	475	ZG3・071[2042]	庖厨図／苦水口一号墓前室北壁下層	45庖厨図壁画磚／苦水口墓葬	
22	朱雀玄武図壁画磚	476	ZG3・072[2043]	鳳図／苦水口一号墓中室北壁上部	24朱雀玄武図壁画磚／苦水口墓葬	
23	剪布図壁画磚	477	ZG3・073[2077]	裁剪図／苦水口一号墓中室南壁中層	41剪布図壁画磚／苦水口墓葬	116裁剪図画像磚／02苦水口魏晋墓
24	贈刀図壁画磚	478	ZG3・074[2080]	離別図／苦水口一号墓中室南壁中部	51人物贈刀図壁画磚／苦水口墓葬	
25	宴飲図壁画磚	452	ZG3・048[2101]	宴飲図／位置不詳		
26	塢堡射鳥図壁画磚				32塢堡射鳥図壁画磚／苦水口墓葬	122塢堡射鳥図画像磚／02/06苦水口魏晋墓

27	宰羊図壁画磚				34宰羊図壁画磚／苦水口墓葬	
28	採桑図壁画磚				35採桑図壁画磚／苦水口墓葬	
29	撒種耱地図壁画磚				37播種図壁画磚／苦水口墓葬	
30	切肉図壁画磚				43切肉図壁画磚／苦水口墓葬	
31	宴楽図壁画磚				44歌舞筵宴図壁画磚／苦水口墓葬	
32	六博図壁画磚				46六博図壁画磚／苦水口墓葬	
33	執扇仕女図壁画磚				47団扇図壁画磚／苦水口墓葬	
34	二牛耕地図壁画磚					118耕地図画像磚／94駱駝城墓群****
35	塢堡図壁画磚					
36	宴飲図壁画磚2					
37	宴飲図壁画磚3					
38	宴楽図壁画磚2					
39	奩盒図壁画磚2(タイトル無)					
40	怪獣図壁画磚					
41	牛車出行図壁画磚2					
42	勾欄図壁画磚					
43	宰牛・羊図画像磚					
44	宰猪図壁画磚					
45	宰羊図壁画磚					
46	絲束図壁画磚2					
47	狩猟図壁画磚					
48	狩猟図壁画磚2					
49	出猟図壁画磚					
50	“西王母”図壁画磚					
51	青龍図壁画磚					
52	双人歌舞図壁画磚					
53	窓欞図壁画磚					
54	窓欞図壁画磚2					
55	白虎図壁画磚					
56	白虎図壁画磚2					
57	并馳図壁画磚2					
58	猟兎図壁画磚					
59	濾醸図壁画磚					
60	門吏図壁画磚					
61	門吏図壁画磚2					
62	門吏図壁画磚3					

63	門吏図壁画磚4					
64	門吏図壁画磚5					
65	獣頭彫像磚					
66	力士彫像磚					
67	力士彫像磚2					
68	力士彫像磚3					
69	力士彫像磚4					
70	力士彫像磚5					
71	力士彫像磚6					
72	鶏首人身彫像磚					
73	牛首人身彫像磚					
74	狐首力士彫像磚					
75	狐首力士彫像磚2					
76	狐首力士彫像磚3					
77	狐首力士彫像磚4					
78*	狐首力士彫像磚5					

＊ 「駱駝城画像磚室墓」によると，出土塼画数は前室42点，中室20点，後室9点で，合計71点．このほか獣面人身など造型塼が門楼に13点，前室と中室には側獣塼が四隅にあった．

＊＊ 062が重複しているので，064の誤りであろう．

＊＊＊ 複製の写真が掲げられていることを示す．

＊＊＊＊ 出土地については正確さを欠く．

2017年3月，高台県博物館展示中の欄は，説明プレートに記されたタイトル(出土地は全て駱駝城苦水口一号墓)．なお同じタイトルの塼については，便宜的に番号を付附した．

『甘粛出土魏晋唐墓壁画』中冊の左欄は，写真の掲載頁．

『甘粛出土魏晋唐墓壁画』中冊の中欄は，塼画収蔵(管理)単位・塼画次序号．カッコ内は原始編号．ZG3は，高台県博物館のこと．

『甘粛出土魏晋唐墓壁画』中冊の右欄は，写真のタイトルと出土地・墓内位置．

『高台県博物館』の項は，写真の掲載頁とタイトル，出土地．

『張掖文物』の項は，写真の掲載頁とタイトル，出土年(月)・出

10. 高台駱駝城苦水口墓群，**2001**年発掘二号墓(**01GLM2**)

1) 所　在：高台駱駝城苦水口一号墓(**01GLM1**)より，至近距離.
2) 構　造：不明.
3) 墓　主：不明(一号墓と同族か).
4) 年　代：魏晋(高台県博物館の説明プレート．一号墓と同時代か).

高台駱駝城苦水口墓群，**2001**年発掘二号墓出土塼画

No.	2017年3月，高台県博物館展示中
1	衣物・兵器図壁画磚／駱駝城苦水口2号墓
2	塢堡図画像磚／駱駝城苦水口2号墓
3	塢堡・耕地図壁画磚／駱駝城苦水口2号墓
4	仕女開箱図壁画磚／駱駝城苦水口2号墓
5	執団扇三人図画像磚／駱駝城苦水口2号墓
6	車馬出行図／駱駝城苦水口2号墓
7	人物牽羊壁画磚／駱駝城苦水口2号墓
8	撒種・糖地図壁画磚／駱駝城苦水口2号墓
9	六博図壁画磚／駱駝城苦水口2号墓
10	力士雕像磚／駱駝城苦水口2号墓
11	力士雕像磚2／駱駝城苦水口2号墓
12	牛首人身雕像磚／駱駝城苦水口2号墓
13	鶏首人身雕像磚／駱駝城苦水口2号墓
14	狐首力士雕像磚／駱駝城苦水口2号墓

2017年3月に高台県博物館に展示中だったものを示す．塼のタイトルと出土地は，説明プレートに従った(No.11だけは，同名なので番号を附した).

11. 高台許三湾東墓群, 1999年6月発掘墓

1) 所　在:高台県新壩郷許三湾村. 墓群は許三湾村東南**2km**(高台県博物館, 説明パネル).
2) 構　造:不明.
3) 墓　主:不明.
4) 年　代:不明.

高台許三湾東墓群, **1999**年**6**月発掘墓出土塼画

No.	2017年3月, 高台県博物館展示中	『甘粛出土魏晋唐墓壁画』中冊			備　考
1	車馬図壁画磚／駱駝城南墓群	436	ZG3·032[750]	車馬図／99/06許三湾古城遺址西南墓群前室南壁最下層	四辺黒枠
2	作坊人物図壁画磚／許三湾東墓群	437	ZG3·033[787]	庭院労作図／99/06許三湾古城遺址西南墓群前室南壁下層中央	四辺黒枠
3	三瓷図壁画磚／許三湾東南墓群	443	ZG3·039[741]	酒瓷図／99許三湾古城遺址墓葬	四辺黒枠
4	方相氏図壁画磚／許三湾東墓群	444	ZG3·040[743]	獣頭図／99許三湾古城遺址墓葬	四辺黒枠
5	晾衣人物図壁画磚／許三湾東墓群	445	ZG3·041[744]	二女図／99許三湾古城遺址墓葬	上·右辺墨線
6	三人図壁画磚／許三湾東墓群	446	ZG3·042[745]	三女図／99許三湾古城遺址墓葬	上辺墨線
7		447	ZG3·043[746]	白虎図／99許三湾古城遺址墓葬	
8	晾衣図壁画磚／許三湾東墓群	448	ZG3·044[747]	衣架図／99許三湾古城遺址墓葬	下辺墨線
9	双人観景図壁画磚／許三湾東墓群	449	ZG3·045[748]	祭奠図／99許三湾古城遺址墓葬	
10	女媧図壁画磚／許三湾東墓群	450	ZG3·046[751]	女媧図／99許三湾古城遺址墓葬	
11	請客図壁画磚／許三湾東墓群				四辺黒枠
12	蝸図壁画磚／許三湾東墓群				
13	晾腊肉図壁画磚／許三湾西南墓群				

2017年3月, 高台県博物館展示中の欄は, 説明プレートに記されたタイトルと出土地(No.1とNo.13は誤りを含む).
『甘粛出土魏晋唐墓壁画』中冊の左欄は, 写真の掲載頁.
『甘粛出土魏晋唐墓壁画』中冊の中欄は, 塼画収蔵(管理)単位·塼画次序号. カッコ内は原始編号. ZG3は高台県博物館のこと.
『甘粛出土魏晋唐墓壁画』中冊の右欄は, 写真のタイトル, 出土年(月)·出土地·墓内位置など.
備考欄には, 墨線の状況について記した.

12. 高台許三湾東墓群，2002年9月発掘墓

1）所　在：高台県新壩郷許三湾村．墓群は許三湾村東南2km（高台県博物館，説明パネル）．
2）構　造：不明．
3）墓　主：不明．
4）年　代：不明．

高台許三湾東墓群，2002年9月発掘墓出土塼画

No.	2017年3月，高台県博物館展示中	2018年8月，張掖市博物館展示中	『甘粛出土魏晋唐墓壁画』中冊		
1	群鳥図壁画磚／許三湾東墓群		479	ZG3·075[1839]	彩絵群鳥図／02許三湾古城遺址東南，墓葬前室
2	羽人図壁画磚／許三湾東墓群		480	ZG3·076[1914]	東王公図／02/09許三湾古城遺址東南墓，墓葬前室
3	人物開箱図壁画磚／許三湾東墓群		481	ZG3·077[1919]	彩絵双人図／02/09許三湾古城遺址東南墓，墓葬前室
4	狽鷹図壁画磚／許三湾東墓群		482	ZG3·078[1924]	彩絵鷹狽羊図／02/09許三湾古城遺址東南墓，墓葬前室
5	人物牽羊図壁画磚／許三湾東墓群		483	ZG3·079[1933]	彩絵人物・牽羊図／02/09許三湾古城遺址東南墓，墓葬前室
6	塢堡図壁画磚／許三湾東墓群		484	ZG3·080[1934]	彩絵帳居・人物図／02/09許三湾古城遺址東南墓，墓葬前室
7			485	ZG3·081[1937]	楼院図／02/09許三湾古城遺址東南墓，墓葬前室
8			486	ZG3·082[1962]	雲気図／02/09許三湾古城遺址東南墓
9	羽人神獣図壁画磚／許三湾東墓群				
10	塢堡人物図壁画磚／許三湾東墓群				
11	宴飲図壁画磚／許三湾東墓群				
12	牛車出行図壁画磚／許三湾東墓群				
13	牛車出行図壁画磚2／許三湾東墓群				
14	五人図壁画磚／許三湾東墓群				
15	耕地図壁画磚／許三湾墓群				
16	三女図壁画磚／許三湾東墓群				
17	仕女牽獣壁画磚／許三湾東墓群				
18	二女図壁画磚／許三湾東墓群				
19	執扇侍女図壁画磚／許三湾東墓群				
20	醸造図壁画磚／許三湾東墓群				
21	人物採桑図壁画磚／許三湾東墓群				
22	双人汲水図壁画磚／許三湾東墓群				
23	窓欞図壁画磚／許三湾東墓群*				
24	鳥・獣図壁画磚／許三湾東墓群				
25	斗箱図壁画磚／許三湾東墓群				
26	豆図壁画磚／許三湾東墓群				
27	門闕壁画磚／許三湾東墓群*				
28	狼・羊図壁画磚／許三湾東墓群				
29	雲紋図壁画磚／許三湾東墓群				

30	雲紋図壁画磚2／許三湾東墓群				
31	雲紋図壁画磚3／許三湾東墓群				
32	米字紋壁画磚／許三湾東墓群*				
33	米字紋壁画磚2／許三湾東墓群*				
34	透雕倣木構件磚／許三湾東墓群*				
35	透雕倣木構件磚2／許三湾東墓群*				
36	透雕倣木構件磚3／許三湾東墓群*				
37	透雕倣木構件磚4／許三湾東墓群*				
38	牛首人身壁画磚／許三湾東墓群*				
39	熊首力士雕像磚／許三湾東墓群*				
40	熊首力士雕像磚2／許三湾東墓群*				
41	熊首力士雕像磚3／許三湾東墓群*				
42	赤幘力士雕像磚／許三湾東墓群*				
43	赤幘力士雕像磚2／許三湾東墓群*				
44	獣頭雕像磚／許三湾東墓群*				
45	"都凡六百七十"刻字磚／許三湾東墓群*				
46	"都凡已者"刻字磚／許三湾東墓群*				
47		彩絵羽人図壁画磚／02高台駱駝城			
48		彩絵勧帰図画像磚／02高台駱駝城			
49		彩絵三人図壁画磚／02高台駱駝城			
50		彩絵二女図壁画磚／02高台駱駝城			
51		彩絵東帛盤供画像磚／02高台駱駝城			
52		彩絵庖厨画像磚／02高台駱駝城			
53		彩絵絹絲図画像磚／02高台駱駝城			
54		彩絵熊首力士雕象磚／02高台駱駝城			
55		彩絵熊首力士雕象磚2／02高台駱駝城			

＊ 説明プレートには，1999年6月発掘墓出土塼も，2002年9月発掘墓出土塼も，出土地について等しく「許三湾東墓群」とあるため，1999年6月発掘墓出土の可能性があることを示す．

2017年3月高台県博物館展示中の欄は，説明プレートに記されたタイトルと出土地．ただしNo.37は説明プレートのみで，塼は確認できず．

2018年8月張掖市博物館展示中の欄は，説明プレートに記されたタイトルと出土年・出土地．出土地はいずれも高台駱駝城となっているが，許三湾東墓群であることは明らか．

『甘粛出土魏晋唐墓壁画』中冊の左欄は，写真の掲載頁．

『甘粛出土魏晋唐墓壁画』中冊の中欄は，塼画収蔵(管理)単位・塼画次序号．カッコ内は原始編号．ZG3は高台県博物館のこと．

『甘粛出土魏晋唐墓壁画』中冊の右欄は，写真のタイトル，出土年(月)と出土地・墓内位置など．

13. 高台許三湾五道梁墓群, **1999**年**4**月発掘墓

1) 所　在:高台県新壩郷, 墓群は高台県城西南**2.7km**, 駱駝城址西**5km**(「高台許三湾前秦墓葬題銘小考」, **27**頁).
2) 構　造:壁画塼画墓. 詳細不明.
3) 墓　主:不明.
4) 年　代:前秦建元**14**(**378**)年. 伴出文字塼(「高台許三湾前秦墓葬題銘小考」, **27**頁図**1**)から.

高台許三湾五道梁墓群, **1999**年**4**月発掘墓出土塼画

No.	「高台許三湾前秦墓葬題銘小考」	2017年3月, 高台県博物館展示中	『甘粛出土魏晋唐墓壁画』中冊		
1	31図7「樹下撫琴図」	撫琴図壁画磚／許三湾五道梁墓群・前秦	435	ZG3・031[763]	樹下人物図／99/4許三湾古城遺址西南墓前室南壁上層
2	27図1「建元十四年磚銘(墓室後壁)」	(建元十四年磚銘)／説明プレート無			
3	29図2「執槍牽馬図」				
4	29図3「騎馬出征図」				
5	30図4「扶桑・仙鶴・駱駝図」	扶桑・飛禽・駱駝図壁画磚／許三湾五道梁墓群・378			
6	30図5「双人桑園図」	双人採桑図壁画磚／許三湾五道梁墓群・378			
7	30図6「双人并座図」	双人并座図壁画磚／許三湾五道梁墓群・前秦			
8		動物図壁画磚／許三湾五道梁墓群・378			
9		墨線人物図壁画磚／許三湾五道梁墓群・378			
10		墨線人物図壁画磚2／許三湾五道梁墓群・魏晋			

「高台許三湾前秦墓葬題銘小考」の欄は, 写真の掲載頁・図版番号とタイトル.
2017年3月, 高台県博物館展示中の欄は, 説明プレートに記されたタイトルと出土地・年代. なお同じタイトルの塼については, 便宜的に番号を附した.
『甘粛出土魏晋唐墓壁画』中冊の左欄は, 写真の掲載頁.
『甘粛出土魏晋唐墓壁画』中冊の中欄は, 塼画収蔵(管理)単位・塼画次序号. カッコ内は原始編号. ZG3は, 高台県博物館のこと.
『甘粛出土魏晋唐墓壁画』中冊の右欄は, 写真のタイトル, 出土年月と出土地・墓内位置など.

14. 高台許三湾五道梁墓群, 1999年10月発掘墓

1) 所　在:高台県新壩郷, 墓群は高台県城西南**2.7km**, 駱駝城址西**5km**(「高台許三湾前秦墓葬題銘小考」, **27**頁).
2) 構　造:不明.
3) 墓　主:不明.
4) 年　代:不明.

高台許三湾五道梁墓群, 1999年10月発掘墓出土塼画

No.	2017年3月, 高台県博物館展示中	『甘粛出土魏晋唐墓壁画』中冊			『高台県博物館』	備　考
1	凭机人物図画像磚／許三湾五道梁墓群	438	ZG3・034[787]	東王公図／99/10許三湾古城遺址西南墓		題記なし
2	"亭燈"・"炭爐"図壁画磚／許三湾五道梁墓群	439	ZG3・035[781]	亭燈・炭爐図／99/10許三湾古城遺址西南墓後室第三層	49"亭燈""炭爐"図壁画磚／許三湾墓群	題記あり
3	"彩帛"・"木机"図壁画磚／許三湾五道梁墓群	440	ZG3・036[794]	"彩帛机"図／99/10許三湾古城遺址西南墓後室	42"彩帛""木机"図壁画磚／許三湾墓群	題記あり
4	"鏡蔽"図壁画磚／許三湾五道梁墓群	441	ZG3・037[795]	鏡蔽図／99/10許三湾古城遺址西南墓後室		題記あり
5	"臥具"図壁画磚／許三湾五道梁墓群	442	ZG3・038[796]	臥具図／99/10許三湾古城遺址西南墓後室	48臥具図壁画磚／許三湾墓群	題記あり
6	"相"図壁画磚／許三湾五道梁墓群	451	ZG3・047[786]	"相"図／99/10許三湾古城遺址西南墓葬		題記あり
7	"会續"図壁画磚／許三湾五道梁墓群	453	ZG3・049[788]	"合續"図／99/10許三湾古城遺址西南墓葬		題記あり
8	網紋図壁画磚／許三湾五道梁墓群	454	ZG3・050[791]	箱図／99/10許三灣古城遺址西南墓葬		題記あり
9	牛耕図画像磚／許三湾五道梁墓群					題記なし

2017年3月, 高台県博物館展示中の欄は, 説明プレートに記されたタイトルと出土地.
『甘粛出土魏晋唐墓壁画』中冊の左欄は, 写真の掲載頁.
『甘粛出土魏晋唐墓壁画』中冊の中欄は, 塼画収蔵(管理)単位・塼画次序号. カッコ内は原始編号. ZG3は, 高台県博物館のこと.
『甘粛出土魏晋唐墓壁画』中冊の右欄は, 写真のタイトル, 出土年月と出土地・墓内位置.
『高台県博物館』の欄は, 写真の掲載頁とタイトル, 出土地.
備考欄は, 題記の有無について記した.

15. 高台南華墓群, 2003年発掘一号墓(03GNM1)

1) 所　在:高台県南華鎮南2km, 西庫高速公路北側.
「甘粛省高台県漢晋墓葬発掘簡報」, 16頁図一.
2) 構　造:前室(東側)・中室・後室(西側)の三室構造の塼室墓.
平面図・断面図とも, 「甘粛省高台県漢晋墓葬発掘簡報」, 17頁図二.
3) 墓　主:不明.
4) 年　代:後漢晩期〜西晋早期. 「甘粛省高台県漢晋墓葬発掘簡報」, 28頁.

高台南華墓群, 2003年発掘一号墓出土塼画

No.	墓内位置	タイトル
1	門楼第一層左	牙型磚斗栱
2	門楼第一層中央	熊面力士磚雕
3	門楼第一層右	牙型磚斗栱
4	門楼第二層左	熊面力士磚雕
5	門楼第二層中央	斗栱牙磚
6	門楼第二層右	熊面力士磚雕
7	門楼第三層左	牙型磚斗栱
8	門楼第三層中央	熊面力士磚雕
9	門楼第三層右	牙型磚斗栱
10	門楼第四層左	熊面力士磚雕
11	門楼第四層中央	斗栱牙磚
12	門楼第四層右	熊面力士磚雕
13	門楼第五層左	牙型磚斗栱
14	門楼第五層中央	熊面力士磚雕
15	門楼第五層右	牙型磚斗栱
16	門楼第六層左端	熊面力士磚雕
17	門楼第六層左	牛首人身磚雕
18	門楼第六層中央	双闕
19	門楼第六層右	鶏首人身磚雕
20	門楼第六層右端	熊面力士磚雕

墓内位置欄・タイトル欄とも, 「甘粛省高台県漢晋墓葬発掘簡報」による.
なおタイトル欄の「斗栱牙磚」と「牙型磚斗栱」に基本的な違いはないようである.

16. 高台地埂坡墓群, **2007**年発掘一号墓

1) 所　在:高台県羅城郷河西村西南. 墓群は東経**99**度**39**分**324**秒, 北緯**39**度**41**分**441**秒, 海抜**1,344m**.
「甘粛省高台地埂坡晋墓発掘簡報」, **29**頁図一.
2) 構　造:前室(東側)・後室(西側)の双室土洞墓で, 前室の左右両側に耳室.
平面図・断面図とも,「甘粛省高台地埂坡晋墓発掘簡報」, **30**頁図二.
3) 墓　主:不明.
4) 年　代:魏晋時期.

高台地埂坡墓群, **2007**年発掘一号墓出土壁画

No.	墓内位置	「甘粛省高台地埂坡晋墓発掘報告」		「地埂坡魏晋墓」	『中国出土壁画全集』
1	前室頂部			85	
2	前室結構		33図八～一〇	85	
3	後室墓頂	藻井蓮花			
4	同　南坡	朱雀	33図一一		28図28「朱雀図」
5	同　北坡	玄武	33図一二(模本)	85	
6	同　東坡	青龍・蟾蜍	33図一三	85	
7	同　西坡	白虎・三足烏			
8	棺木残片	女媧頭像			

墓内位置の欄は,「甘粛省高台地埂坡晋墓発掘簡報」の説明文による.
「甘粛省高台地埂坡晋墓発掘簡報」の左欄は, 説明文にあるタイトル.
「甘粛省高台地埂坡晋墓発掘簡報」の右欄は, 写真の掲載頁・図版番号.
「地埂坡魏晋墓」(「甘粛高台地埂坡魏晋墓」)の欄は, 写真の掲載頁.
『中国出土壁画全集』の欄は, 同9巻の写真の掲載頁・図版番号とタイトル.

17. 高台地埂坡墓群, 2007年発掘三号墓

1) 所　在:高台県羅城郷河西村西南. 墓群は東経**99**度**39**分**324**秒, 北緯**39**度**41**分**441**秒, 海抜**1,344m**.
「甘粛省高台地埂坡晋墓発掘簡報」, **29**頁図一.
2) 構　造:前室(東側)・後室(西側)の双室土洞墓で, 前室の左右両側に耳室. 「甘粛高台地埂坡魏晋墓」, **84**頁.
3) 墓　主:不明.
4) 年　代:魏晋時期.

高台地埂坡墓群, **2007**年発掘三号墓出土壁画

No.	墓内位置	「甘粛高台地埂坡魏晋墓」		「地埂坡魏晋3号墓」
1	門楼		86	
2	前室		87	
3	前室頂部		87	26図6
4	後室前壁			31図13
5	門楼	人形力士	86彩絵人物	
6		彩絵虎頭	86彩絵獣面	
7	前室柱身	穿璧紋		
8		飛龍		25図4「龍」
9		羽人		25図5「羽人」
10		盤龍紋		
11	前室四壁・頂部	祥雲		
12		飛龍		
13		奔鹿		
14		瑞鳥		
15		車馬出行		
16		宴飲		
17		狩猟		
18		山林樹木		
19		人物		
20				26図7「双頭神獣」
21				27図8「人面鳥身」
22				27図9「山岳」
23				28図10-1,29図10-2「東王父」
24				28図11「太陽」
25				30図12「西王母」

26	後室頂部	祥雲		31図15「雲気」
27		飛龍		
28		瑞鳥		
29				32図16「羽人」
30	後室四壁	垂帳		
31		人物		31図14
32		建築		

墓内位置の欄は，「甘粛高台地埂坡魏晋墓」による．

「甘粛高台地埂坡魏晋墓」の左欄は，説明文にあるタイトル．

「甘粛高台地埂坡魏晋墓」の右欄は，写真の掲載頁とタイトル．

「地埂坡魏晋3号墓」(「甘粛省高台県地埂坡魏晋3号墓(M3)について」)の欄は，写真掲載頁と図版番号．カッコ内は写真タイトル．なおこのなかには，「甘粛高台地埂坡魏晋墓」の説明文にある画像と一致するものがある可能性が高いが，判断材料がないので，別の画像として掲げた．

18. 高台地埂坡墓群, **2007**年発掘四号墓

1) 所　在:高台県羅城郷河西村西南. 墓群は東経**99**度**39**分**324**秒, 北緯**39**度**41**分**441**秒, 海抜**1,344m**.
「甘粛省高台地埂坡晋墓発掘簡報」, **29**頁図一.
2) 構　造:前室・後室の双室土洞墓(塋域あり).
3) 墓　主:不明.
4) 年　代:魏晋時期.

高台地埂坡墓群, **2007**年発掘四号墓出土壁画

No.	墓内位置	「甘粛高台地埂坡魏晋墓」		『中国出土壁画全集』
1	門楼	紅衣門吏		
2		紅衣門吏2		
3		虎獣力士		
4		羊首人身像		
5	前室南壁	犂地・播種図		38図38「牛耕図」
6		婦女送食図		
7	前室北壁立柱内西側	両胡人対座	89壁画人物	35図35, 36図36「宴飲図」
8	前室北壁立柱内東側	二漢人対飲	88宴飲図	35図35, 37図37「宴飲図」
9	前室北壁立柱外東側	売肉場景		35図35「宴飲図」
10	前室前壁墓門上部	角抵・敲鼓図	88(敲鼓図のみ)	29図29, 30図30, 31図31「楽舞図」
11	前室前壁墓門下部北側	漢人放牧図		
12	前室前壁墓門下部南側	漢人狩猟図		
13	前室後壁墓門両側	各一吏	87	
14	前室後壁墓門上部	三神獣	87	32図32, 33図33, 34図34「神獣図」
15	棺板図		89女媧	

墓内位置の欄は,「甘粛高台地埂坡魏晋墓」による.
「甘粛高台地埂坡魏晋墓」の左欄は, 説明文(85頁)を要約したもの.
「甘粛高台地埂坡魏晋墓」の右欄は, 写真の掲載頁とタイトル.
『中国出土壁画全集』の欄は, 同9巻の写真の掲載頁・図版番号とタイトル.

19. 高台県城出土，出土墓未詳塼画

高台県城出土，出土墓未詳塼画

No.	タイトル	出典・展示データ	出土墓データ	本書番号	本来の出土地(推定)
1	“馬車図”画像磚	「甘粛高台駱駝城画像磚墓調査」，47図九	駱駝城南墓群，1994年発掘墓	7 No.7	許三湾東墓群，2002年発掘墓系
2	“牛車図”画像磚	「甘粛高台駱駝城画像磚墓調査」，47図一〇	駱駝城南墓群，1994年発掘墓	7 No.33	許三湾東墓群，2002年発掘墓系
3	“飼猪図”画像磚	「甘粛高台駱駝城画像磚墓調査」，49図一五	駱駝城南墓群，1994年発掘墓	7 No.36	許三湾東墓群，2002年発掘墓系
4	“屠宰図”画像磚	「甘粛高台駱駝城画像磚墓調査」，49図一六	駱駝城南墓群，1994年発掘墓	7 No.15	許三湾東墓群，2002年発掘墓系
5	動物	『高台魏晋墓彩絵磚』，10	駱駝城南墓群，1994年発掘墓	7 No.41	許三湾東墓群，2002年発掘墓系
6	阡陌図壁画磚	2017年3月，高台県博物館展示中	駱駝城南墓群	7 No.55	許三湾東墓群，2002年発掘墓系
7	宰牛図壁画磚2	2017年3月，高台県博物館展示中	駱駝城南墓群	7 No.56	許三湾東墓群，2002年発掘墓系
8	宴飲図壁画磚	2017年3月，高台県博物館展示中	駱駝城南苦水口墓群	7 No.57	許三湾東墓群，2002年発掘墓系
9	唐・仕女図画像磚	『嘉峪関文物図録』可移動文物巻，143	1999年9月，酒鋼公安処移交		許三湾東墓群，2002年発掘墓系
10	彩絵羽人図壁画磚	2018年8月，張掖市博物館展示中	2002年，高台駱駝城出土	12 No.47	駱駝城苦水口一・二号墓系
11	彩絵勧帰図画像磚	2018年8月，張掖市博物館展示中	2002年，高台駱駝城出土	12 No.48	駱駝城苦水口一・二号墓系
12	彩絵三人図壁画磚	2018年8月，張掖市博物館展示中	2002年，高台駱駝城出土	12 No.49	許三湾東墓群，2002年発掘墓系
13	彩絵二女図画像磚	2018年8月，張掖市博物館展示中	2002年，高台駱駝城出土	12 No.50	
14	彩絵束帛盤供画像磚	2018年8月，張掖市博物館展示中	2002年，高台駱駝城出土	12 No.51	駱駝城苦水口一・二号墓系
15	彩絵庖厨図画像磚	2018年8月，張掖市博物館展示中	2002年，高台駱駝城出土	12 No.52	駱駝城苦水口一・二号墓系
16	彩絵縮絲図壁画磚	2018年8月，張掖市博物館展示中	2002年，高台駱駝城出土	12 No.53	駱駝城苦水口一・二号墓系
17	彩絵熊首力士雕像磚	2018年8月，張掖市博物館展示中	2002年，高台駱駝城出土	12 No.54	駱駝城苦水口一・二号墓系
18	彩絵熊首力士雕像磚2	2018年8月，張掖市博物館展示中	2002年，高台駱駝城出土	12 No.55	駱駝城苦水口一・二号墓系
19	宴飲図*	2018年8月，張掖市博物館展示中			駱駝城苦水口一・二号墓系
20	狩猟図*	2018年8月，張掖市博物館展示中			駱駝城苦水口一・二号墓系
21	雲紋図*	2018年8月，張掖市博物館展示中			許三湾東墓群，2002年発掘墓系
22	狐首力士雕像塼*	2018年8月，張掖市博物館展示中			駱駝城苦水口一・二号墓系
23	狐首力士雕像塼2*	2018年8月，張掖市博物館展示中			駱駝城苦水口一・二号墓系
24	側獣塼*	2018年8月，張掖市博物館展示中			駱駝城苦水口一・二号墓系

＊ 張掖市博物館で，説明プレートを附さずに展示されていたもの(タイトルは編者が便宜的に附した).

出典・展示データの欄のうち，出典がある場合は，論著名・頁・図版番号などを示した.
出土墓データの欄には，出典の論著や博物館の説明プレートに記載されたデータを掲げた.
本書番号の欄には，本項の表の番号と表中のナンバーについて記した.
本来の出土地(推定)の欄には，類似する画法・工法の塼が出土した墓(群)について記した.

20. 嘉峪関新城墓群，1972年発掘一号墓（72JXM1）

1） 所　在：嘉峪関市新城鎮観蒲村，東経**98**度**26**分**29**秒，北緯**39**度**50**分**36**秒（東南側にある二号墓と同塋）．
『嘉峪関壁画墓発掘報告』，**2**頁図一，**4**頁図二．
2） 構　造：前室（北）・後室（南）の双室，前室の東西に耳室．
平面図は，『嘉峪関壁画墓発掘報告』，**12**頁図一一．
3） 墓　主：合葬墓，男性墓主は段清（塼画（**M1:07**）の題記から）．
4） 年　代：魏甘露**2**（**257**）年（鎮墓瓶（**72JXM1:9**）の銘文から）．

嘉峪関新城墓群，1972年発掘一号墓出土塼画

No.	墓内位置ほか		『嘉峪関壁画墓発掘報告』		『嘉峪関酒泉魏晋十六国墓壁画』	『嘉峪関文物図録』可移動文物巻			『魏晋一号墓彩絵磚』
	M1門楼			図版一三「門楼」	8門楼				
	M1門楼描き起こし図			8図七「門楼図」					
	M1前室東壁			図版一八「前室東壁」	9前室東壁				
	M1前室西壁			図版二一「前室西壁」	10前室西壁				
	M1前室南壁			図版二〇「前室南壁」	12前室南壁				
	M1前室北壁			図版一九「前室北壁」	11前室北壁				
	M1鋪地塼		21 I 式花紋方磚	5図三「I 式花紋方磚」（拓片）					
1	M1:---	門楼1層左	7円形凸雕	図版一三「門楼」					
2	M1:---	門楼1層中央	7円形凸雕	同上					
3	M1:---	門楼1層右	7円形凸雕	同上					
4	M1:---	門楼3層中央	（斗栱）	同上					
5	M1:---	門楼4層左	（斗栱）	同上					
6	M1:---	門楼4層中央	（斗栱）	同上					
7	M1:---	門楼4層右	（斗栱）	同上					
8	M1:---	門楼5層左	（斗栱）	同上					
9	M1:---	門楼5層中央	（斗栱）	同上					
10	M1:---	門楼5層右	（斗栱）	同上					
11	M1:---	門楼6層左	（斗栱）	同上					
12	M1:---	門楼6層右	（斗栱）	同上					
13	M1:---	門楼7層左	7托梁赤幘力士	図版一1「門楼上托梁赤幘力士・側獣・雷公造型磚」					
14	M1:---	門楼7層中央	（斗栱）	同上					
15	M1:---	門楼7層右	7托梁赤幘力士	同上					
16	M1:---	門楼8層左	7側獣	同上					
17	M1:---	門楼8層右	7側獣	同上					
18	M1:---	門楼9層中央	7雷公	同上					
19	M1:---	門楼10層左	8鶏首人身	図版一三「門楼」					

20	M1:---	門楼10層中央	8闕門門扉(脱落)	同上					
21	M1:---	門楼10層右	8牛首人身	同上					
22	M1:01左	前室東壁I1(1層左の左側)	97"各内"門扉上左・二女,右・朱雀銜環鋪首	図版五九2「"各内"門扉上侍女与主婦,朱雀銜環鋪首」	13閣門上主婦与侍女	122	0108	魏晋仕女図画像磚	
23	M1:01右	前室東壁I1(1層左の右側)	97"各内"門扉上左・二女,右・朱雀銜環鋪首	図版五九2「"各内"門扉上侍女与主婦,朱雀銜環鋪首」					
24	M1:02	前室東壁I2(1層右)	97二婢庖厨	図版七〇2「庖厨」	13庖厨	120	0103	魏晋庖厨図画像磚	1二女庖厨(1)
25	M1:03	前室南壁東側I1(1層左)	97婢僕庖厨		14庖厨	106	0072	魏晋庖厨図画像磚	**5一男一女庖厨**
26	M1:04	前室北壁東側II1(2層右)	97二婢庖厨		14両婢	95	0039	魏晋婢女図画像磚	**2二女庖厨(2)**
27	M1:05	前室東壁II1(2層左)	97陶器	図版八八1「制陶」	15陶器	123(天地逆)	0111	魏晋制陶図画像磚	
28	M1:06	前室東壁II2(2層右)	97二僕庖厨		15庖厨				
29	M1:07	前室南壁東側II1(2層左)	97墓主(題字)	図版五八1「宴飲」	16墓主人段清	87	0012	魏晋"段清"図画像磚	15宴飲(1)
30	M1:08	前室北壁東側III1(3層右)	97懸肉		16懸肉	92	0034	魏晋挂肉図画像磚	
31	M1:09	前室東壁III1(3層左)	97濾罐		17濾罐四個	118	0099	魏晋濾醋図画像磚	
32	M1:010	前室東壁III2(3層右)	97四侍女進食		17四侍女	105	0068	魏晋進食図画像磚	**9進食(1)**
33	M1:011	前室南壁東側III1(3層左)	97三侍女進食		18三侍女	111	0084	魏晋進食図画像磚	**12進食(2)**
34	M1:012	前室北壁東側IV1(4層右)	97食具柜	図版七〇3「食柜」	18食具柜	125	0115	魏晋炊厨図画像磚	
35	M1:013	前室東壁IV1(4層左端)	97肉・炊具		19炊具(示意図にはなし)	124	0114	魏晋炊具図画像磚	
36	M1:014	前室東壁IV2(4層中央)	97三侍女進食		19三侍女	114	0089	魏晋進食図画像磚	
37	M1:015	前室東壁IV3(4層右端)	97宰羊	図版六八2[誤]当該図版はM6:021	20宰羊	103	0062	魏晋宰羊図画像磚	7宰羊
38	M1:016	前室南壁東側IV1(4層左)	97宰羊						
39	M1:017	前室北壁東側V1(4層右)	97二婢庖厨		20庖厨	107	0074	魏晋庖厨図画像磚	
40	M1:018	前室東壁V1(5層左端)	97二婢庖厨		21庖厨	115	0091	魏晋庖厨図画像磚	
41	M1:019	前室東壁V2(5層左2)	97一侍女庖厨		21炊事	111	0083	魏晋庖厨図画像磚	
42	M1:020	前室東壁V3(5層右2)	97宰猪		22宰猪	102	0061	魏晋宰猪図画像磚	8宰猪
43	M1:021	前室東壁V4(5層右端)	97二婢汲水	図版六四1「汲水」	22両女汲水	94	0038	魏晋汲水図画像磚	**20二女汲水**
44	M1:022左	前室西壁I1(1層左の左側)	97"各内"門扉上朱雀銜環鋪首他		23朱雀銜環鋪首(左側)	92(魏晋4号墓出土とするは誤り)	0033	魏晋門扉図画像磚(左側)	
45	M1:022右	前室西壁I1(1層左の右側)	97"各内"門扉上朱雀銜環鋪首他			121	0107	魏晋門扉図画像磚(右側)	
46	M1:023	前室南壁西側I1(1層右)	97賓主宴楽		23宴楽	88	0014	魏晋宴飲図画像磚	**16宴飲(2)**
47	M1:024	前室北壁西側II1(2層左)	97騎射		24狩猟	121	0106	魏晋狩猟図画像磚	
48	M1:025	前室西壁II1(2層右)	97女墓主他出游		24出游	125	0116	魏晋出游図画像磚	30出游
49	M1:026	前室西壁II2(2層左)	97賓主宴楽	図版五九1「宴飲」	25宴飲	142	0011	魏晋奏楽図画像磚	18宴飲(3)
50	M1:027	前室北壁西側III1(3層左)	97騎射他		25狩猟	89	0023	魏晋狩猟図画像磚	**24狩猟(2)**
51	M1:028	前室西壁III1(3層右)	98鷹犬		26狩猟	113	0088	魏晋囲猟図画像磚	**22狩猟(1)**
52	M1:029	前室西壁III2(3層左)	98女墓主		26宴飲	114	0090	魏晋宴居図画像磚	
53	M1:030	前室南壁西側III1(3層右)	98女賓主		27宴飲	99	0050	魏晋宴飲図画像磚	
54	M1:031	前室北壁西側IV1(4層左)	98騎射		27狩猟				27囲猟

55	M1:032	前室西壁IV1(4層右)	98放牧(題字)	図版五〇1「牧畜」	28牧畜				
56	M1:033	前室西壁IV2(4層左)	98一容車・塢他	図版七三1「出游」	28出行	93	0035	魏晋出游図画像磚	29出行
57	M1:034	前室南壁西側IV1(4層右)	98一容車・塢他	図版七二2「出游」(模本)	29出行				
58	M1:035	前室北壁西側V1(5層左)	98家畜井飲(題字)	図版五一1「井飲」	29井飲	87	0007	魏晋井飲図画像磚	19井飲
59	M1:036	前室西壁V1(5層右端)	98塢・家畜(題字)	図版七四1「塢」	30塢	132	0500	魏晋"塢"字図画像磚	26塢
60	M1:037	前室西壁V2(5層右2)	98耕種(題字)	図版四四1「耕播」	30耕種				
61	M1:038	前室西壁V3(5層左2)	98場上		31打麦場上	91(左右逆)	0032	魏晋打場図画像磚	28打麦場上
62	M1:039	前室西壁V4(5層左端)	98猟犬		31狩猟				
63	M1:---	前室東壁・南壁角	21獣頭造型磚						
64	M1:---	前室南壁・西壁角*	21獣頭造型磚						
65	M1:---	前室西壁・北壁角	21獣頭造型磚						
66	M1:---	前室北壁・東壁角	21獣頭造型磚						
67	M1:040	後室南壁I1(1層左端)	98絹帛・蚕繭						
68	M1:041	後室南壁I2(1層左2)	98飾物・璧他	図版八八2「飾物」					
69	M1:042	後室南壁I3(1層右2)	98飾物・璧他						
70	M1:043	後室南壁I4(1層右端)	98飾物・璧他						
71	M1:044	後室南壁II1(2層左端)	98絲二束						
72	M1:045	後室南壁II2(2層左2)	98一婢女						
73	M1:046	後室南壁II3(2層右2)	98絹帛・璧他						
74	M1:047	後室南壁II4(2層右端)	98絲二束						
75	M1:048	後室南壁III1(3層左端)	98絹帛・蚕繭						
76	M1:049	後室南壁III2(3層左2)	98二婢女						
77	M1:050	後室南壁III3(3層中央)	98飾物・璧他						
78	M1:051	後室南壁III4(3層右2)	98剥落不明						
79	M1:052	後室南壁III5(3層右端)	98絹帛・衣架他						
80	M1:053	後室南壁IV1(4層左端)	98絹帛・蚕繭						
81	M1:054	後室南壁IV2(4層左2)	98蚕繭・絹帛						
82	M1:055	後室南壁IV3(4層中央)	98絹帛二匹						
83	M1:056	後室南壁IV4(4層右2)	98絹帛・蚕繭						
84	M1:057	後室南壁IV5(4層右端)	98絹帛・蚕繭						
85	M1棺板図案			図版八2「男棺蓋内面朱絵人物図象」	32(M1:40とするが，該当せず)男棺蓋内面朱絵人物				32男棺蓋内面朱絵人物(該当せず)
	M1棺板図案描き起こし図			23図一九1「男棺板朱絵人物」					
86	M1棺板図案			図版八1「女棺蓋内面初絵人物図象」	32(M:41とするが，該当せず)女棺蓋内面朱絵人物				31女棺蓋内面朱絵人物(該当せず)
	M1棺板図案描き起こし図			23図一九2「女棺板朱絵人物」					
87	M1:9	朱書鎮墓瓶	25陶壺B型I式	26図二二3「陶壺」					

＊ 前室南壁・西壁角の獣頭造型磚(側獣塼)の写真は，「嘉峪関漢画像磚墓」，25頁図三.

墓内位置ほかの左欄は，『嘉峪関壁画墓発掘報告』，97頁以下「附録二　嘉峪関魏晋墓壁画内容総表」の編号(前室については，『嘉峪関酒泉魏晋十六国墓壁画』，7頁「一号墓壁画編号位置示意図」も併照)．ただし，門楼の塼および墓室内の側獣塼には番号が附されていないので，無番号を---で示す．

墓内位置ほかの右欄は，『嘉峪関壁画墓発掘報告』，97頁以下「附録二　嘉峪関魏晋墓壁画内容総表」による(前室に限り，『嘉峪関酒泉魏晋十六国墓壁画』，7頁「一号墓壁画編号位置示意図」からの読み取りを，カッコ内に示した．また後室については，『嘉峪関壁画墓発掘報告』の「説明」(109頁)からの推測を含む)．ただし門楼の項は，『嘉峪関壁画墓発掘報告』，8頁図七「M1門楼図」(描き起こし図)に依拠して記入．また前室の獣頭造型磚(側獣塼)については，同書，20頁以下「表二　各墓局部結構差異表」によった．

『嘉峪関壁画墓発掘報告』の左欄は，同，97頁以下「附録二　嘉峪関魏晋墓壁画内容総表」の掲載頁と，その「壁画磚内容」の項の要約．ただし門楼の項は，同書本文の説明に依拠した．うちカッコを附したものは編者の読み取りによるもの．なお門楼の6層や8層の中央にも，図像のような形跡がうかがえるが(図版一三)，保留とする．また前室の側獣塼については，同書，20頁以下「表二 各墓局部結構差異表」によった．

『嘉峪関壁画墓発掘報告』の右欄は，写真の掲載頁と図版番号．附されたタイトルをカッコ内に示した．

『嘉峪関酒泉魏晋十六国墓壁画』の欄は，写真の掲載頁とタイトル．

『嘉峪関文物図録』可移動文物巻の左欄は，写真の掲載頁．

『嘉峪関文物図録』可移動文物巻の中欄は，タイトルに併記された「総登記号」．

『嘉峪関文物図録』可移動文物巻の右欄は，タイトル．

『魏晋一号墓彩絵磚』(『甘粛嘉峪関魏晋一号墓彩絵磚』)欄は，写真の掲載頁とタイトル．太字は，拡大写真が附載されていることを示す．

【その他の関連文献】

嘉峪関市文物清理小組「嘉峪関漢画像磚墓」：33～34頁「嘉峪関新城漢墓画像磚内容登記表」―前室北壁東側→前室東壁北側→前室東壁南側→前室南壁東側→前室南壁西側→前室西壁南側→前室西壁北側→前室北壁西側→後室南壁の順番で編号を付す．なお同表は保存状況欄を設けている．

嘉峪関市志編纂委員会編『嘉峪関市志』：420～422頁「新城魏晋一号墓画像磚内容」―前室北壁東側→前室東壁北側→前室東壁南側→前室南壁東側→前室南壁西側→前室西壁南側→前室西壁北側→前室北壁西側→後室南壁の順番で編号を付す．下記の『嘉峪関市文物志』と同じ材料に依拠しているはずだが，壁面の記載に異同が多く，正確さを欠いている．

嘉峪関市志弁公室編『嘉峪関市文物志』：64～67頁「新城1号墓磚画像一覧表」―前室北壁東側→前室東壁北側→前室東壁南側→前室南壁東側→前室南壁西側→前室西壁南側→前室西壁北側→前室北壁西側→後室南壁の順番で編号を付す．

林少雄『古冢丹青』：125～128頁「新城一号墓磚画像一覧表」―前室北壁東側→前室東壁北側→前室東壁南側→前室南壁東側→前室南壁西側→前室西壁南側→前室西壁北側→前室北壁西側→後室南壁の順番で編号を付す．本一覧表は，タイトルも内容も『嘉峪関市志』・『嘉峪関市文物志』のそれに全面的に依拠している．

岳邦湖他『岩画及墓葬壁画』：150～152頁「(五)各墓室壁画磚一覧表」(1.新城1号魏晋墓壁画磚)，53～57が脱落．また後室の塼番号が異なる．

21.嘉峪関新城墓群，1972年発掘二号墓（72JXM2）

1）所　在：嘉峪関市新城鎮観蒲村，東経**98**度**26**分**29**秒，北緯**39**度**50**分**36**秒（西側にある一号墓と同塋，間隔は**6m**）．
『嘉峪関壁画墓発掘報告』，**2**頁図一，**4**頁図二．
2）構　造：前室（北）・後室（南）の双室（耳室はなし）．
3）墓　主：合葬墓，不詳（一号墓と同塋ゆえ，男性墓主は段氏か）．
4）年　代：不詳（一号墓と同塋ゆえ，同時代か）．

嘉峪関新城墓群，**1972**年発掘二号墓出土塼画

No.	墓内位置ほか		『嘉峪関壁画墓発掘報告』		『嘉峪関文物図録』可移動文物巻		
1	M2:01	前室西壁	99一樹				
2	M2:02	前室西壁	99一樹				
3	M2:---	墓道填土中文字塼	44	45図三八「条磚文字」（拓片）	102	0060	魏晋"五隋合三千七百一十一"文字磚
4	M2:---	朱書鎮墓瓶*					

＊ 本墓から朱書鎮墓瓶が出土したことについては，「嘉峪関漢画像磚墓」，28,30頁．

墓内位置ほかの左欄は，『嘉峪関魏晋墓発掘報告』，99頁以下「附録二　嘉峪関魏晋墓壁画内容総表」の編号．ただし，文字塼と朱書鎮墓瓶には番号が附されていないので，無番号を---で示す．

墓内位置ほかの右欄は，『嘉峪関壁画墓発掘報告』，99頁以下「附録二　嘉峪関魏晋墓壁画内容総表」によった．ただし，文字塼と朱書鎮墓瓶については，それぞれ『嘉峪関壁画墓発掘報告』と「嘉峪関漢画像磚墓」の該当箇所によった．

『嘉峪関壁画墓発掘報告』の左欄は，99頁以下「附録二　嘉峪関魏晋墓壁画内容総表」の掲載頁と，その「壁画磚内容」の項の要約．ただし，文字塼については，釈文の掲載頁．

『嘉峪関壁画墓発掘報告』の右欄は，図版の掲載頁と番号．附されたタイトルをカッコ内に示した．

『嘉峪関文物図録』可移動文物巻の左欄は，写真の掲載頁．

『嘉峪関文物図録』可移動文物巻の中欄は，タイトルに併記された「総登記号」．

『嘉峪関文物図録』可移動文物巻の右欄は，タイトル．

【その他の関連文献】

嘉峪関市文物清理小組「嘉峪関漢画像磚墓」：朱書鎮墓瓶の出土を報告．

22. 嘉峪関新城墓群, 1972年発掘三号墓(72JXM3)

1) 所　在:嘉峪関市新城鎮観蒲村, 東経**98**度**26**分**22**秒, 北緯**39**度**50**分**43**秒(五号墓の西側に隣接).
『嘉峪関壁画墓発掘報告』, **2**頁図一, **4**頁図二.
2) 構　造:前室(北)・中室・後室(南)の三室, 前室の東壁に双龕, 同じく西壁に耳室と龕.
平面図は,「嘉峪関漢画像磚墓」, **26**頁図四,『嘉峪関壁画墓発掘報告』, **13**頁図一二.
断面図(東壁剖面図)は,「嘉峪関漢画像磚墓」, **27**頁図五,『嘉峪関壁画墓発掘報告』, 折り込み図一三, ならびに『嘉峪関酒泉魏晋十六国墓壁画』, **37**頁.
3) 墓　主:単葬墓, 不詳.
4) 年　代:不詳.

嘉峪関新城墓群, **1972**年発掘三号墓出土塼画

No.	墓内位置ほか		『嘉峪関壁画墓発掘報告』		『嘉峪関酒泉魏晋十六国墓壁画』	『魏晋三号墓彩絵磚』
	M3門楼描き起こし図			9図八「門楼図」		
	M3前室東壁			図版二四「前室東壁」(注記あり)	36前室東壁	1前室東壁
	M3前室西壁			図版二二「前室西壁」	38前室西壁(写真は左右逆)	
	M3前室南壁			図版二三1「前室南壁」	40前室南壁	
	M3前室北壁			図版二三2「前室北壁」	39前室北壁	
	M3前室壁書			図版一二「前室的朱書題榜」		
	M3中室東壁				41中室東壁	6中室東壁
	M3中室西壁				42中室西壁	
	M3後室南壁				43後室南壁	
	M3鋪地塼		21 II 式花紋方磚	6図四「II 式花紋方磚」(拓片)		
1	M3:0121	墓門門楼闕形結構東側	103雲気紋			
2	M3:0122	墓門門楼闕形結構西側	103雲気紋			
3	M3:---	門楼1層中央	(獣面)	9図八		
4	M3:---	門楼2層左	(力士)	9図八		
5	M3:---	門楼2層右	(力士)	9図八		
6	M3:---	門楼3層左	(獣面)	9図八		
7	M3:---	門楼3層右	(獣面)	9図八		
8	M3:---	門楼4層中央	(側獣?)	9図八		
9	M3:---	門楼5層左端	(力士)	9図八,図版一2「托梁赤幘力士」		
10	M3:---	門楼5層左2	(鶏頭人身)	9図八		
11	M3:---	門楼5層右2	(牛頭人身)	9図八		
12	M3:---	門楼5層右端	(力士)	9図八		
13	M3:---	門楼6層左	(獣面)	9図八		

14	M3:---	門楼6層右	(獸面)	9図八		
15	M3:01	前室北壁東側I1(1層右2)	99士卒騎馬		44出行図導騎	2出行図(1)
16	M3:02	前室北壁東側I2(1層右端)	99出行図1	彩版二1「出行図」	44出行	**2出行図(1)**
17	M3:03	前室東壁I1(1層左端)	99"閣内"門扉上銜環鋪首			
18	M3:04	前室東壁I2(1層左2)	99出行図2	彩版二2「出行図」	45出行	4出行図(2)
19	M3:05	前室東壁I3(1層中央)	99"閣内"門扉上銜環鋪首		45閣門銜環鋪首	
20	M3:06	前室東壁I4(1層右2)	99出行図3	彩版二3「出行図」	46出行	5出行図(3)
21	M3:07	前室東壁I5(1層右端)	99"閣内"門扉上銜環鋪首			
22	M3:08	前室南壁東側I1(1層左)	99大帳内墓主	図版八六1「屯営」	47屯営	8屯営
23	M3:09	前室北壁東側II1(2層右)	99士卒馳馬		48一騎	
24	M3:010	前室東壁II1(2層左端)	99士卒湾弓		48騎射	
25	M3:011	前室東壁II2(2層左2)	99士卒騎射		49狩猟	
26	M3:012	前室東壁II3(2層左3)	99士卒刺羊	図版七七1「狩猟」	49狩猟	10狩猟(2)
27	M3:013	前室東壁II4(2層右3)	99士卒馳馬		50一騎	
28	M3:014	前室東壁II5(2層右2)	99二士卒馳馬		50二騎	
	M3:---	前室東壁II6(2層右端)	99(盗掘)			
29	M3:015	前室南壁東側II1(2層左)	99士卒追獣		51狩猟	9狩猟(1)
30	M3:016	前室北壁東側III1(3層右)	99炊具		51炊具	
31	M3:017	前室東壁III1(3層左端)	99懸肉・題記		52肉鈎	
32	M3:018	前室東壁III2(3層左2)	99男女場上	図版四五1「揚場」	52揚場	
33	M3:019	前室東壁III3(3層左3)	99果木			
34	M3:020	前室東壁III4(3層右3)	99犂地・播種		53耕種	11耕種
	M3:---	前室東壁III5(3層右2)	99(盗掘)			
	M3:---	前室東壁III6(3層右端)	99(盗掘)			
35	M3:021	前室南壁東側III1(3層左)	99鮮卑耱地		53耱地	
36	M3:022	前室北壁東側IV1(4層右)	99一婢炊食		54一女焼火	
37	M3:023	前室東壁IV1(4層左)	99濾罏	図版五六1「濾醋」	54濾醋	
	M3:---	前室東壁IV2(4層右)	99(盗掘)			
38	M3:024	前室南壁東側IV1(4層左)	99田卒耙地		55耙地	
39	M3:025	前室北壁東側V1(5層右)	99穹廬・塢	図版七四2「塢」	55塢及穹廬	
40	M3:026	前室東壁V1(5層左)	100犢車		56犢車	
	M3:---	前室東壁V2(5層右)	100(盗掘)			
41	M3:027	前室南壁東側V1(5層左)	100守門犬		56守門犬	
42	M3:028	前室北壁西側I1(1層左2)	100士卒射羊		57狩猟	
43	M3:029	前室北壁西側I2(1層左端)	100士卒射猪		57騎射	
44	M3:030	前室北壁西側II1(2層左)	100士卒馳馬		58一騎持稍	

45	M3:031	前室西壁I1(1層右端)	100"閣内"門扉上銜環鋪首			
46	M3:032	前室西壁I2(1層右2)	100樹間一鳥		58一鳥	
47	M3:033	前室西壁II1(2層)	100田卒揚場		59持杈揚場	
48	M3:---	前室西壁I3(1層右3)	100"閣内"門扉(剥落)			
49	M3:034	前室西壁I4(1層左3)	100塢		59塢	
50	M3:---	前室西壁I5(1層左2)	100"閣内"門扉(剥落)			
51	M3:035	前室西壁I6(1層左端)	100塢·猪		60塢外一猪覓食	
52	M3:036	前室南壁西側I1(1層右)	100兵屯	図版八六2「屯墾」	60屯墾	16屯墾
53	M3:037	前室北壁西側III1(3層左)	100塢·猪	図版五二3「養猪」	61塢及猪	
54	M3:038	前室西壁III1(3層右端)	100鶏群	図版五四3「鶏群」	61鶏群	
55	M3:039	前室西壁III2(3層右2)	100馬群		62馬群	
56	M3:040	前室西壁III3(3層左2)	100牛群		62牛群	
57	M3:041	前室西壁III4(3層左端)	100一婢煮食		63焼火做飯	
58	M3:042	前室南壁西側II1(2層右) (実際はIII)	100一婢揉麺	図版七〇1「庖厨」	63一女庖厨	**12庖厨(1)**
59	M3:043	前室北壁西側IV1(4層左)	100鮮卑·穹廬	図版七六1「穹廬」	64穹廬	
60	M3:044	前室西壁IV1(4層右)	100一侍女進食		64一女	
61	M3:045	前室西壁IV2(4層中央)	100雲気紋		65雲気紋図案	
62	M3:046	前室西壁IV3(4層左)	100守門犬		65守門犬	
63	M3:---	前室南壁西側III1(3層右)	100"閣内"門扉(剥落)(題記)			
64	M3:047	前室北壁西側V1(5層左)	100二馬交配	図版五〇2「配種」	66配種	
65	M3:048	前室西壁V1(5層)	100牛上牧童		66牧牛	
66	M3:049	前室北壁西側VI1(6層左)	100二女散歩		67二女	
67	M3:050	前室西壁VI1(6層右)	100二楽師奏楽	図版六二1「奏楽」	67二楽師	
68	M3:051	前室西壁VI2(6層左)	100二楽師奏楽	図版六二2「奏楽」	68二楽師	**14奏楽**
69	M3:052	前室南壁西側IV1(4層右) (実際はVI)	100宰羊		68宰羊(写真は左右逆)	
70	M3:053	中室北壁東側I1(1層右)	101絹帛二匹			
71	M3:054	中室東壁I1(1層左端)	101絹帛二匹			
72	M3:055	中室東壁I2(1層左2)	101婦坐		69一女席地而坐	
73	M3:056	中室東壁I3(1層中央)	101絹帛二匹		69絹帛二匹	
74	M3:057	中室東壁I4(1層右2)	101絹帛二匹			
75	M3:058	中室東壁I5(1層右端)	101女主人坐		70二女	
76	M3:059	中室南壁東側I1(1層左)	101絹帛二匹			
77	M3:060	中室東壁II1(2層左端)	101犢車		70犢車	
78	M3:061	中室東壁II2(2層左2)	101女主人前行		71二女	

79	M3:062	中室東壁II3(2層中央)	101櫝車		71櫝車	
80	M3:063	中室東壁II4(2層右2)	101女主人前行		72二女	
81	M3:064	中室東壁II5(2層右端)	101櫝車		72櫝車	7牛車
82	M3:065	中室南壁東側II1(2層左)	101一侍女			
83	M3:066	中室東壁III1(3層左端)	101二侍女		73二女	
84	M3:067	中室東壁III2(3層左2)	101櫝車		73櫝車	
85	M3:068	中室東壁III3(3層中央)	101奩			
86	M3:069	中室東壁III4(3層右2)	101奩		74一奩	
87	M3:070	中室東壁III5(3層右端)	101女主人坐		74二女	
88	M3:071	中室東壁IV1(4層左端)	101絹帛二匹			
89	M3:072	中室東壁IV2(4層左2)	101宰牛		75宰牛	
90	M3:073	中室東壁IV3(4層中央)	101"閣内"門扉上銜環鋪首			
91	M3:074	中室東壁IV4(4層右2)	101櫝車		75櫝車	
92	M3:075	中室東壁IV5(4層右端)	101露車			
93	M3:076	中室東壁V1(5層左端)	101絹帛二匹			
94	M3:077	中室東壁V2(5層左2)	101絹帛二匹			
95	M3:078	中室東壁V3(5層中央)	101絹帛二匹			
96	M3:079	中室東壁V4(5層右2)	101櫝車		76櫝車	
97	M3:080	中室東壁V5(5層右端)	101露車		76露車	
98	M3:081	中室北壁西側I1(1層左)	101侍女抜草		77一女	
99	M3:082	中室西壁I1(1層右端)	101絹帛二匹			
100	M3:083	中室西壁I2(1層右2)	101絹帛二匹	図版四九2「絹帛」		
101	M3:084	中室西壁I3(1層中央)	101絹帛二匹			
102	M3:085	中室西壁I4(1層左2)	101奩			
103	M3:086	中室西壁I5(1層左端)	101奩			
104	M3:087	中室南壁西側I1(1層右)	102二女前行		77二女	
105	M3:088	中室北壁西側II1(2層左)	102絹帛二匹			
106	M3:089	中室西壁II1(2層右端)	102絹帛二匹			
107	M3:090	中室西壁II2(2層右2)	102奩			
108	M3:091	中室西壁II3(2層中央)	102二女前行		78二女	
109	M3:092	中室西壁II4(2層左2)	102二女前行		78二女	
110	M3:093	中室西壁II5(2層左端)	102絹帛二匹			
111	M3:094	中室南壁西側II1(2層右)	102侍女前行			
	M3:---	中室西壁III1(3層右端)	102(盗掘)			
112	M3:095	中室西壁III2(3層右2)	102絹帛二匹			
113	M3:096	中室西壁III3(3層中央)	102二女坐		79二女	

114	M3:097	中室西壁III4(3層左2)	102二女坐		79二女	
115	M3:098	中室西壁III5(3層左端)	102奩			
	M3:---	中室西壁IV1(4層右)	102(盗掘)			
116	M3:099	中室西壁IV2(4層左)	102絹帛二匹			
117	M3:0100	中室北壁西側III1(3層左)	102"中合"右扉上銜環鋪首			
118	M3:0101	中室西壁V1(5層右端)	102絹帛二匹			
119	M3:0102	中室西壁V2(5層右2)	102絹帛二匹			
120	M3:0103	中室西壁V3(5層中央)	102"内"右扉上銜環鋪首			
121	M3:0104	中室西壁V4(5層左2)	102露車		80露車	
122	M3:0105	中室西壁V5(5層左端)	102犢車		80犢車	
123	M3:0106	中室西壁VI1(6層右端)	102絹帛二匹			
124	M3:0107	中室西壁VI2(6層右2)	102犢車			
125	M3:0108	中室西壁VI3(6層中央)	102宰羊		81宰羊	
126	M3:0109	中室西壁VI4(6層左2)	102宰猪		81宰猪	
127	M3:0110	中室西壁VI5(6層左端)	102絹帛二匹			
128	M3:0111	後室南壁I1(1層)	102婢女二人			
129	M3:0112	後室南壁II1(2層)	102婢女二人(一は鮮卑)			
130	M3:0113	後室南壁III1(3層左)	102絹帛二匹			
131	M3:0114	後室南壁III2(3層右)	102絹帛二匹			
132	M3:0115	後室南壁IV1(4層左)	102絹帛二匹			
133	M3:0116	後室南壁IV2(4層中央)	102絹帛二匹			
134	M3:0117	後室南壁IV3(4層右)	102奩			
135	M3:0118	後室南壁V1(5層左)	102絲二束			
136	M3:0119	後室南壁V2(5層中央)	103絲二束			
137	M3:0120	後室南壁V3(5層右)	103絲二束			
138	M3:---	M3:無序号			**82宴飲**	

墓内位置ほかの左欄は，『嘉峪関壁画墓発掘報告』，99頁以下「附録二　嘉峪関魏晋墓壁画内容総表」の編号．前室と中室については，『嘉峪関酒泉魏晋十六国墓壁画』，34頁以下「三号墓壁画編号位置示意図」，も併照．ただし，門楼をはじめ，番号が附されていない塼については，無番号を---で示す．

墓内位置ほかの右欄は，『嘉峪関壁画墓発掘報告』，99頁以下「附録二　嘉峪関魏晋墓壁画内容総表」による(カッコ内のうち，前室と中室については，『嘉峪関酒泉十六国墓壁画』，34頁以下「三号墓壁画編号位置示意図」からの読み取り．後室については，同書43頁の写真からの読み取り)．なお門楼については，『嘉峪関壁画墓発掘報告』，9頁図八からの読み取り．

『嘉峪関壁画墓発掘報告』の左欄は，99頁以下「附録二　嘉峪関魏晋墓壁画内容総表」の掲載頁と，その「壁画磚内容」の項の要約．ただし門楼の項は，同書本文の説明に依拠した．うちカッコを附したものは編者の読み取りによるもの．

『嘉峪関壁画墓発掘報告』の右欄は，写真の掲載頁と図版番号．附されたタイトルをカッコ内に示した．

『嘉峪関酒泉魏晋十六国墓壁画』の欄は，写真の掲載頁とタイトル．

『魏晋三号墓彩絵磚』(『甘粛嘉峪関魏晋三号墓彩絵磚』)欄は，写真掲載頁と写真タイトル．太字は，拡大写真が附載されていることを示す．

【その他の関連文献】

嘉峪関市文物清理小組「嘉峪関漢画像磚墓」：34～36頁「嘉峪関新城漢墓画像磚内容登記表」―前室北壁東側→前室東壁→前室南壁東側→前室南壁西側→前室西壁→前室北壁西側→中室東壁→中室南壁→中室西壁→後室北壁(南壁の誤り)の順番で編号を付す．なお同表は保存状況欄を設けている．

呂占光編『嘉峪関文物集萃』：一部塼画の写真を掲載するが(74～75,77～78頁)，色調が不良なので，資料的な価値は低い．

岳邦湖他『岩画及墓葬壁画』：153～157頁「(五)各墓室壁画磚一覧表」(2.新城3号魏晋墓壁画磚)，121～122を門楼ではなく，後室南壁とする．

23. 嘉峪関新城墓群, 1972年発掘四号墓(72JXM4)

1) 所　在:嘉峪関市新城鎮観蒲村, 東経**98**度**26**分**22**秒, 北緯**39**度**50**分**44**秒(塋域あり).
『嘉峪関壁画墓発掘報告』, **2**頁図一, **4**頁図二.
2) 構　造:前室(北)・後室(南)の双室, 前室の東西壁にそれぞれ耳室と龕が各一.
3) 墓　主:三人合葬墓, 不詳.
4) 年　代:不詳.

嘉峪関新城墓群, **1972**年発掘四号墓出土塼画

No.	墓内位置ほか		『嘉峪関壁画墓発掘報告』		『嘉峪関酒泉魏晋十六国墓壁画』	『嘉峪関文物図録』可移動文物巻			『魏晋四号墓彩絵磚』
	M4前室東壁			図版二五「前室東壁」	85前室東壁				
	M4前室西壁				86前室西壁				
	M4後室南壁				87後室南壁				
	M4鋪地塼		21 II 式花紋方磚	5図四「II 式花紋方磚」(拓片)					
1	M4:01	前室北壁東側I1(1層右2)	103彩絵鳥		88彩絵鳥	129	0133	魏晋彩絵鳥図画像磚	
2	M4:02	前室北壁東側I2(1層右端)	103帷帳・一侍女		88門帳内一侍女				
3	M4:03	前室東側I1(1層左端)	103一僮僕		89一侍女	129	0132	魏晋仕女図画像磚	
4	M4:04	前室東側I2(1層左2)	103"各内"右扉朱雀銜環鋪首						
	M4:---	前室東壁I3(1層左3)	103(剥落)						
5	M4:05	前室東壁I3(1層右3)	103"各内"左扉朱雀銜環鋪首						
6	M4:06	前室東壁I4(1層右2)	103犢車		89犢車	112	0086	魏晋犢車図画像磚	
7	M4:07	前室東壁I5(1層右端)	103侍女・一僮		90一女提柙一童牽羊	86	0003	魏晋擠奶図画像磚	4牽羊
8	M4:08	前室南壁東側I1(1層左端)	103犢車		90犢車	99	0049	魏晋犢車図画像磚	
9	M4:09	前室南壁東側I2(1層左2)	103彩絵鳥						
10	M4:010	前室北壁東側II1(2層右)	103牧馬		91牧馬				
11	M4:011	前室東壁II1(2層左端)	103牧牛		91牧牛				
12	M4:012	前室東壁II2(2層左2)	103牧牛		92犂地				
13	M4:013	前室東壁II3(2層右2)	103播種・耰土	図版四六1「播種」	92播種・砕土塊	97	0045	魏晋播種図画像磚	3播種
14	M4:014	前室東壁II4(2層右端)	103揚場		93揚場	96	0042	魏晋揚場図画像磚	5揚場
15	M4:015	前室南壁東側II1(2層左)	103揚場		93揚場				
16	M4:016	前室北壁東側III1(3層右)	103牧羊		94牧羊				
17	M4:017	前室東壁III1(3層左端)	103耱地		94耱地	109	0080	魏晋耱地図画像磚	
18	M4:018	前室東壁III2(3層中央)	103犂地		95犂地				
19	M4:019	前室東壁III3(3層右端)	103狩猟		95狩猟	97	0044	魏晋狩猟図画像磚	
20	M4:020	前室南壁東側III1(3層左)	103果木園		96果木園	126	0119	魏晋果園図画像磚	
21	M4:021	前室北壁東側IV1(4層右)	103揚場		96揚場	94	0037	魏晋打場図画像磚	
22	M4:022	前室東壁IV1(4層左)	103濾罐・盆		97濾罐	98	0048	魏晋過濾図画像磚	
23	M4:023	前室東壁IV2(4層右)	103犢車		97犢車	106	0071	魏晋牛車図画像磚	

24	M4:024	前室北壁東側V1(5層右)	103打場		98打場	126	0120	魏晋打場図画像磚	1打場
25	M4:025	前室北壁西側I1(1層左2)	103彩絵鳥						
26	M4:026	前室北壁西側I2(1層左端)	103狩猟		98狩猟				15狩猟(1)
27	M4:027	前室西壁I1(1層右端)	104二侍女進食		99二女	91	0031	魏晋進食図画像磚	
28	M4:028	前室西壁I2(1層右2)	104"各内"門扉朱雀銜環鋪首						
29	M4:029	前室西壁I3(1層右3)	104二侍女		99二女				
30	M4:030	前室西壁I4(1層左3)	104"各内"門扉朱雀銜環鋪首						
31	M4:031	前室西壁I5(1層左2)	104犢車		100犢車	105	0066	魏晋牛車図画像磚	8犢車
32	M4:032	前室西壁I6(1層左端)	104一侍女進食	図版六六「進食」	100進食	88	0021	魏晋進食図画像磚	2進食
33	M4:033	前室南壁西側I1(1層右)	104女墓主·四侍女						
34	M4:034	前室北壁西側II1+前室西壁II1 (2層左+2層右端)	104狩猟	図版七八3「狩猟」	101狩猟	134	0642 '0644	魏晋射猟図画像磚 魏晋奔鹿図画像磚	
35	M4:035	前室西壁II2(2層右2)	104楽師·舞踏	図版六二3「奏楽」	101弾琵琶及舞者	85	0001	魏晋舞楽図画像磚	
36	M4:036	前室西壁II3(2層左2)	104出游帰来	図版七二1「出游」	102出游帰来	90	0028	魏晋出游図画像磚	9出游
37	M4:037	前室西壁II4(2層左端)	104二女揉麺		102二女揉麺				
38	M4:038	前室南壁西側II1(2層右)	104一婢焼火						
39	M4:039	前室北壁西側III1(3層左)	104狩猟		103狩猟	103	0063	魏晋狩猟図画像磚	16狩猟(2)
40	M4:040	前室西壁III1(3層右端)	104狩猟		103放鷹逐兔	85	0002	魏晋狩猟図画像磚	**12放鷹逐兔**
41	M4:041	前室西壁III2(3層右2)	104一婢採桑		104採桑	89	0027	魏晋採桑図画像磚	**6採桑**
42	M4:042	前室西壁III3(3層左2)	104犢車		104犢車	108	0078	魏晋牛車図画像磚	
43	M4:043	前室西壁III4(3層左端)	104一婢焼火		105焼火做飯	86	0004	魏晋炊事図画像磚	**10焼火做飯**
44	M4:044	前室南壁西側III1(3層右)	104切肉		105庖厨切肉				
45	M4:045	前室北壁西側IV1(4層左)	104守門犬		106守門犬				
46	M4:046	前室西壁IV1(4層右端)	104宰羊		106宰羊				
47	M4:047	前室西壁IV2(4層中央)	104宰猪		107宰猪	110	0081	魏晋宰羊図画像磚	14宰猪
48	M4:048	前室西壁IV3(4層左端)	104犢車		107犢車				
49	M4:049	前室南壁西側IV1(4層右)	104果木園		108果木園	96	0043	魏晋果園図画像磚	
50	M4:050	前室北壁西側V1(5層左)	104犢車		108犢車	95	0041	魏晋犢車図画像磚	
51	M4:051	前室西壁V1(5層右)	104宰牛		109宰牛	124	0113	魏晋宰牛図画像磚	
52	M4:052	前室西壁V2(5層左)	104一人立于塢外		109一人立于塢外				
53	M4:---	前室東壁·南壁角	21獣頭造型磚						
54	M4:---	前室南壁·西壁角	21獣頭造型磚						
55	M4:---	前室西壁·北壁角	21獣頭造型磚						
56	M4:---	前室北壁·東壁角	21獣頭造型磚						
57	M4:053	後室南壁I1(1層左)	104絹帛二匹			119	0100	魏晋絹帛図画像磚	
58	M4:054	後室南壁I2(1層右)	104絹帛二匹			109	0079	魏晋絹帛図画像磚	
59	M4:055	後室南壁II1(2層左端)	104奩一			122	0109	魏晋篋図画像磚	
60	M4:056	後室南壁II2(2層左2)	104方篋?一		110方篋	110	0082	魏晋方匣図画像磚	
61	M4:057	後室南壁II3(2層右2)	104奩一			115	0092	魏晋奩盒図画像磚	

62	M4:058	後室南壁II4(2層右端)	104塵尾・便面			112(天地逆)	0085	魏晋塵尾図画像磚	
63	M4:059	後室南壁III1(3層左端)	104絹帛二匹			104	0064	魏晋絹帛図画像磚	
64	M4:060	後室南壁III2(3層左2)	104奩一			90	0030	魏晋奩盒図画像磚	
65	M4:061	後室南壁III3(3層右2)	105絹帛二匹			116	0094	魏晋絹帛図画像磚	
66	M4:062	後室南壁III4(3層右端)	105熨斗一		110熨斗	93	0036	魏晋熨斗図画像磚	
67	M4:063	後室南壁IV1(4層左端)	105奩一			120	0105	魏晋奩盒図画像磚	
68	M4:064	後室南壁IV2(4層左2)	105絹帛二匹			117	0095	魏晋絹帛図画像磚	
69	M4:065	後室南壁IV3(4層右2)	105蚕繭			108	0077	魏晋蚕繭図画像磚	
70	M4:066	後室南壁IV4(4層右端)	105奩一			119	0102	魏晋奩盒図画像磚	
71	M4:067	後室南壁V1(5層左端)	105絲二束			116	0093	魏晋蚕繭図画像磚	
72	M4:068	後室南壁V2(5層左2)	105絲二束			113(天地逆)	0087	魏晋蚕繭図画像磚	
73	M4:069	後室南壁V3(5層右2)	105絲二束			117	0096	魏晋蚕繭図画像磚	
74	M4:070	後室南壁V4(5層右端)	105絲二束						

墓内位置ほかの左欄は,『嘉峪関壁画墓発掘報告』, 103頁以下「附録二　嘉峪関魏晋墓壁画内容総表」の編号(前室については,『嘉峪関酒泉魏晋十六国墓壁画』, 84頁「四号墓壁画編号位置示意図」も併照). ただし, 墓室内の獣頭造型磚(側獣塼)には番号が附されていないので, 無番号を---で示す.

墓内位置ほかの右欄は,『嘉峪関壁画墓発掘報告』, 103頁以下「附録二　嘉峪関魏晋墓壁画内容総表」による(前室については,『嘉峪関酒泉魏晋十六国墓壁画』, 84頁以下「匹号墓壁画編号位置示意図」からの, また後室については, 同書87頁の写真からの読み取りをカッコ内に掲げた). また前室の獣頭造型磚(側獣塼)については, 同書20頁以下「表二　各墓局部結構差異表」によった.

『嘉峪関壁画墓発掘報告』の左欄は, 同, 103頁以下「附録二　嘉峪関魏晋墓壁画内容総表」の掲載頁と, その「壁画磚内容」の項の要約.

『嘉峪関壁画墓発掘報告』の右欄は, 写真の掲載頁と図版番号. 附されたタイトルをカッコ内に示した.

『嘉峪関酒泉魏晋十六国墓壁画』の欄は, 写真の掲載頁とタイトル.

『嘉峪関文物図録』可移動文物巻の左欄は, 写真の掲載頁.

『嘉峪関文物図録』可移動文物巻の中欄は, タイトルに併記された「総登記号」.

『嘉峪関文物図録』可移動文物巻の右欄は, タイトル.

『魏晋四号墓彩絵磚』(『甘粛嘉峪関魏晋四号墓彩絵磚』)の欄は, 写真の掲載頁とタイトル. 太字は, 拡大写真が附載されていることを示す.

【その他の関連文献】

嘉峪関市文物清理小組「嘉峪関漢画像磚墓」: 36～37頁「嘉峪関新城漢墓画像磚内容登記表」—前室北壁東側→前室東壁→前室南壁東側→前室南壁西側→前室西壁→前室北壁西側→後室南壁の順番で編号を付す. なお同表は保存状況欄を設けている.

岳邦湖他『岩画及墓葬壁画』: 158～160頁「(五)各墓室壁画磚一覧表」(3.新城4号魏晋墓壁画磚).

24. 嘉峪関新城墓群，1972年発掘五号墓（72JXM5）

1）所　在：嘉峪関市新城鎮観蒲村，東経98度26分23秒，北緯39度50分43秒（三号墓の東側に隣接）．
『嘉峪関壁画墓発掘報告』，2頁図一，4頁図二．
2）構　造：前室（北）・後室（南）の双室，前室の東西壁にそれぞれ耳室と龕が各一．
3）墓　主：合葬墓，不詳．
4）年　代：不詳．

嘉峪関新城墓群，1972年発掘五号墓出土塼画

No.	墓内位置ほか		『嘉峪関壁画墓発掘報告』		『魏晋十六国墓壁画』	『甘粛出土魏晋唐墓壁画』上冊			備　考	『魏晋五号墓彩絵磚』
	M5門楼					51	1･001	門楼		
	M5前室東壁			彩版壱1,図版二八「前室東壁」	113前室東壁					1墓主出行図,5前室東壁南側
	M5前室西壁			彩版壱2,図版二九「前室西壁」	114前室西壁					4前室西壁北側
	M5前室南壁			図版二七「前室南壁」	116前室北壁					
	M5前室北壁			図版二六「前室北壁」	115前室南壁					
	M5後室南壁			図版三〇「後室南壁」	117後室南壁(左右逆)					
	M5鋪地塼		21Ⅱ式花紋方磚	6図四「Ⅱ式花紋方磚」(拓片)						
1	M5:---	(1層左)						(闕頂側獣)		
2	M5:---	(1層中央)						(闕頂側獣)		
3	M5:---	(1層右)				56	1･001-5	闕頂側獣図		
4	M5:---	(2層左)						(闕頂立磚)		
5	M5:---	(2層右)				54	1･001-3	闕頂立磚		
6	M5:---	(3層左端)						(力士)		
7	M5:---	(3層左2)						(鶏首人身)		
8	M5:074	墓門上門楼闕門双扉上(3層中央)	56双虎	図版一五2「門楼闕門門扉双虎図像」	150墓門楼上的双虎(左右逆)	52	1･001-1[M5:074]	門扉双虎図(上下逆)		
9	M5:---	(3層右2)				53	1･001-2	闕身牛首・鶏首人身図(後者の図像なし)		
10	M5:075?	墓門上門楼双闕両旁(3層右端)	56力士			55	1･001-4[M5:075]	赤幘力士図		
11	M5:01	前室北壁東側I1(1層右端)	48狩猟	図版七九1「狩猟」	118狩猟	57	1･002-1[M5:01]	狩猟図		23狩猟(1)
12	M5:02	前室東壁I1(1層左端)	48"各内"門扉朱雀銜環鋪首			70	1･003-5[M5:06]	建築図案画(6とするは誤り)		
13	M5:03	前室東壁I2(1層左2)	48守衛		118門衛	67	1･003-2[M5:03]	守衛図		
14	M5:04	前室・東壁I3(1層左3)	48"各内"門扉朱雀銜環鋪首	図版一五1とあるが誤り(正しくはM5:33)	119朱雀銜環鋪首	66	1･003-1[M5:02]	建築図案画(2とするは誤り)		
15	M5:05	前室東壁I4(1層右3)	48採桑	図版四八3「採桑」	119採桑	69	1･003-4[M5:05]	採桑図		20採桑(2)
16	M5:06	前室東壁I5(1層右2)	49"各内"門扉朱雀銜環鋪首							
17	M5:07	前室東壁I6(1層右端)	49犢車		119犢車					
18	M5:08	前室南壁東側I1(1層左端)	49守衛	図版七五1「塢」	120塢前一守衛	87	1･004-1[M5:08]	守衛図		29塢前守衛(2)
19	M5:09	前室北壁東側II1(2層右端)	49採桑	図版四七3「採桑」	120採桑	58	1･002-2[M5:09]	採桑図		21採桑(3)

20	M5:010	前室東壁II1(2層左端)	49畜牧	図版五三1「牧畜」	121牧馬	72	1·003-7[M5:010]	畜牧図		15牧馬
21	M5:011	前室東壁II2(2層左2)	49犢車	図版七一1「犢車」	121犢車	71	1·003-6[M5:07]	犢車図(7とするは誤り)		
22	M5:012	前室東壁II3(2層左3)	49進食		122進食	73	1·003-8[M5:012]	進食図		
23	M5:013	前室東壁II4(2層右3)	49採桑	図版四六3「採桑」	122採桑	74	1·003-9[M5:013]	採桑図		**18採桑(1)**
24	M5:014	前室東壁II5(2層右2)	50採桑		123採桑					
25	M5:015	前室東壁II6(2層右端)	50狩猟		123狩猟	75	1·003-10[M5:015]	狩猟図		25狩猟(3)
26	M5:016	前室南壁東側II1(2層左端)	50果木園	図版五七2「果木園」	124果木園	88	1·004-2[M5:016]	果木園図		
27	M5:017	前室北壁東側III1(3層右端)＋前室東壁III1(3層左端)	50狩猟		124狩猟	59	1·002-3[M5:017]	狩猟図		27放鷹狩猟
28	M5:018	前室東壁III2(3層左2)	50畜牧	図版五三2「牧畜」	125牧牛	76	1·003-11[M5:018]	畜牧図		16牧牛
29	M5:019	前室東壁III3(3層左3)	50守衛	図版五四2「守門犬」	125塢外一守衛	77	1·003-12[M5:019]	守衛図		28塢前守衛(1)
30	M5:020	前室東壁III4(3層左4)	50犂地	図版四四2「犂地」	126犂地	78	1·003-13[M5:020]	犂地図		8犂地(1)
31	M5:021	前室東壁III5(3層右3)	50揚場	図版四五2「揚場」	126揚場	79	1·003-14[M5:021]	揚場図		13揚場
32	M5:022	前室東壁III6(3層右2)	50耙地	図版四四3「耙地」	127耙地	80	1·003-15[M5:022]	耙地図		10耙地
33	M5:023	前室東壁III7(3層右端)	50犂地		127犂地	81	1·003-16[M5:023]	犂地図	写真がピンぼけ.	9犂地(2)
34	M5:024	前室南壁東側III1(3層左端)	50鶏群		128鶏群					14粮堆
35	M5:025	前室北壁東側IV1(4層右端)	51駅伝	図版八七1「駅伝」	128駅伝	60	1·002-4[M5:025]	駅伝図		6駅伝
36	M5:026	前室東壁IV1(4層左端)	51墓主人出行図	彩色図版弐4「出行図」	129墓主人出行図	82-83	1·003-17[M5:026]	墓主人出行図(左右逆)	写真がピンぼけ.	2墓主出行図(局部)
37	M5:027	前室東壁IV2(4層右端)	53耱地	図版四三2「耱地」	130耱地	84	1·003-18[M5:027]	耱地図		11耱地
38	M5:028	前室北壁東側V2(5層右端)	53畜牧		130牧羊	61	1·002-5[M5:028]	畜牧図		17牧羊
39	M5:029	前室東壁V1(5層左端)	53一人騎馬前馳		131一騎	85	1·003-19[M5:029]	出行図		7信使
40	M5:030	前室東壁V2(5層右端)	53打連枷	図版四五3「打連枷」	131打場	86	1·003-20[M5:030]	打連枷図		12打連枷
41	M5:031	前室南壁東側V1(5層左端)	53一馬拴于馬枊上		132一馬	89	1·004-3[M5:031]	拴馬図		
42	M5:032	前室北壁西側I1(1層左端)	53守門犬	図版五四1「守門犬」	132守門犬					47守門犬
43	M5:033	前室西壁I1(1層右端)	53"各内"門扉朱雀銜環鋪首	図版一五1「"各内"門扉朱雀銜環鋪首」		68 95	1·003-3[M5:04] 1·005-1[M5:033]	建築図案画(4とするは誤り) 建築図案画(模本)		
44	M5:034	前室西壁I2(1層右2)	53進食	図版六五3「進食」	133進食	96	1·005-2[M5:034]	進食図		
45	M5:035	前室西壁I3(1層右3)	53"各内"門扉朱雀銜環鋪首		133朱雀銜環鋪首	97	1·005-3[M5:035]	建築図案画		
46	M5:036	前室西壁I4(1層左3)	53進食	図版六五2「進食」	134進食	98	1·005-4[M5:036]	進食図(虎頭を含む)		
47	M5:037	前室西壁I5(1層左2)	53"各内"門扉朱雀銜環鋪首(右扉欠損)		134朱雀銜環鋪首					48朱雀銜環鋪首?
48	M5:038	前室西壁I6(1層左端)	53進食	図版六四3「進食」	135進食	99	1·005-5[M5:038]	進食図	いずれでも，元の画面の上に描き直し.	40三女進食
49	M5:039	前室南壁西側I1(1層右端)	54庖厨		135庖厨	90	1·004-4[M5:039]	庖厨図		45庖厨烹食
50	M5:040	前室南壁西側I2(1層右2)	54雲気紋		図像確認できず					
51	M5:041	前室北壁西側II1(2層左端)	54露車	図版七一3「露車」	136露車	62	1·002-6[M5:041]	露車図	剥離のため，牛の輪郭が不明瞭.	
52	M5:042	前室西壁II1(2層右端)	54庖厨		136焼火烹食	100	1·005-6[M5:042]	庖厨図	いずれでも，塼面を刷毛で掃いたような形跡.	44焼火做飯

53	M5:043	前室西壁II2(2層右2)	54進食		137一女進食					
54	M5:044	前室西壁II3(2層右3)	54進食		137二女進食	101	1·005-7[M5:044]	進食図	いずれでも，塼面を刷毛で掃いたような形跡．	**38**二女進食
55	M5:045	前室西壁II4(2層左3)	54彩絵鳥		138彩絵鳥					
56	M5:046	前室西壁II5(2層左2)	54(44に同じ，とするが，正しくは45)		138彩絵鳥					
57	M5:047	前室西壁II6(2層左端)	54養猪	図版五二2「養猪」	139養猪	102	1·005-8[M5:047]	守衛図	いずれでも，猪が極薄色で描かれる．	31猪舎
58	M5:048	前室南壁西側II1(2層右端)	54果木園	図版五七1「果木園」	139果木園	91	1·004-5[M5:048]	果木園図		30看守園林
59	M5:049	前室北壁西側III1(3層左端)	54狩猟		140射鳥	63	1·002-7[M5:049]	狩猟図		22射鳥
60	M5:050	前室西壁III1(3層右端)	54犢車		140犢車					
61	M5:051	前室西壁III2(3層右2)	54宰牛		141宰牛	103	1·005-9[M5:051]	宰牛図	いずれでも，塼面を刷毛で掃いたような形跡．	32宰牛
62	M5:052	前室西壁III3(3層右3)	54羊		141一羊					
63	M5:053	前室西壁III4(3層左端)	54犢車		142犢車	104	1·005-10[M5:053]	犢車図	いずれでも，塼面を刷毛で掃いたような形跡．	46犢車
64	M5:054	前室南壁西側III1(3層右端)	55宴飲	図版五八2「宴飲」	142男主人宴飲	92	1·004-6[M5:054]	宴飲図	いずれでも，犢車図の上に描かれている．	41宴飲(1)
65	M5:055	前室北壁西側IV1(4層左端)	55宰猪		143宰猪	64	1·002-8[M5:055]	宰猪図		33宰猪
66	M5:056	前室西壁IV1(4層右端)	55宰羊		143宰羊	105	1·005-11[M5:056]	宰羊図		36宰羊
67	M5:057	前室西壁IV2(4層右2)	55庖厨		144一女用釜烹食					
68	M5:058	前室西壁IV3(4層右3)	55殺鶏	図版六八3「殺鶏」	144殺鶏	106	1·005-12[M5:058]	殺鶏図		**34**殺鶏
69	M5:059	前室西壁IV4(4層左端)	55進食		145四女進食	107	1·005-13[M5:059]	進食図	いずれでも，狩猟図?の上に描かれている．	37四女進食
70	M5:060	前室南壁西側IV1(4層右端)	55宴飲	図版五八3「宴飲」	145女主人宴飲	93	1·004-7[M5:060]	宴飲図	いずれでも，狩猟図?の上に描かれている．	42宴飲(2)
71	M5:061	前室北壁西側V1(5層左端)	55狩猟	図版七七2「狩猟」	146狩猟	65	1·002-9[M5:061]	狩猟図	塼面右側が白化して不明瞭．	24狩猟(2)
72	M5:062	前室西壁V1(5層右端)	55狩猟		146猟人架鷹					26架鷹狩猟
73	M5:063	前室西壁V2(5層左端)	55駱駝	図版五五1「駱駝」	147二駱駝吃樹葉					
74	M5:064	前室南壁西側V1(5層右端)	55庖厨	図版六九2「庖厨」	147二庖丁切肉	94	1·004-8[M5:064]	庖厨図		43庖厨切肉
75	M5:---	前室東壁・南壁角	21獣頭造型磚							
76	M5:---	前室南壁・西壁角	21獣頭造型磚							
77	M5:---	前室西壁・北壁角	21獣頭造型磚							
78	M5:---	前室北壁・東壁角	21獣頭造型磚							
79	M5:065	後室南壁I1(1層)	55絹帛二匹							
80	M5:066	後室南壁II1(2層左側)	56用具	図版五六2「塵尾・便面」	148塵尾・便面					
81	M5:067	後室南壁II2(2層右側)	56用具		148円盒・蚕繭					
82	M5:068	後室南壁III1(3層左端)	56刀		149刀鞘					

83	M5:069	後室南壁III2(3層中央)	56絹帛二匹							
84	M5:070	後室南壁III3(3層右端)	56用具		149布嚢					
85	M5:071	後室南壁IV1(4層左端)	56絲二束・蚕繭三個							
86	M5:072	後室南壁IV2(4層中央)	56絲二束・蚕繭三個	図版四九1「絲束・蚕繭」	150絲束与蚕繭	108	1·006[M5:071]	絲・蚕繭図(71とするは誤り．上下逆)	塼面左側に大きなひび割れ．	
87	M5:073	後室南壁IV3(4層右端)	56絲三束							
88	M5:---	文字磚(封門磚)	44(釈文)	45図三八「条磚文字」(拓片)						
89	M5:---	文字磚(封門磚)	44(釈文)	45図三八「条磚文字」(拓片)						
90	M5:---	棺板上木片(帛書?)	40(釈文)							

墓内位置ほかの左欄は，『嘉峪関壁画墓発掘報告』，48頁以下「壁画内容紹介」の編号(前室については，『魏晋十六国墓壁画』，112頁「五号墓壁画編号位置示意図」も併照)．ただし，鋪地塼をはじめ，門楼の塼や墓室の側獣塼などには番号が附されていないので，無番号を---で示す．

墓内位置ほかの右欄は，『嘉峪関壁画墓発掘報告』，48頁以下「壁画内容紹介」による(ただし，前室については，『魏晋十六国墓壁画』，112頁「五号墓壁画編号位置示意図」，門楼については『甘粛出土魏晋唐墓壁画』上冊51頁，後室については『嘉峪関壁画墓発掘報告』の図版三〇からの読み取りをカッコ内に示した)．なお後室については，『魏晋十六国墓壁画』の壁面写真(117頁)が，『嘉峪関壁画墓発掘報告』のそれ(図版三〇)とは左右逆になっているため，後者に依拠してカッコ内の記述を行なった．

『嘉峪関壁画墓発掘報告』の左欄は，48頁以下「壁画内容紹介」の掲載頁とそこに掲げられたタイトル(鋪地塼・側獣塼・文字塼などを除く)．

『嘉峪関壁画墓発掘報告』の右欄は，写真の掲載頁と図版番号，カッコ内にそのタイトルを示した．

『魏晋十六国墓壁画』(『嘉峪関酒泉魏晋十六国墓壁画』)の欄は，写真の掲載頁とタイトル．

『甘粛出土魏晋唐墓壁画』上冊の左欄は，写真の掲載頁．

『甘粛出土魏晋唐墓壁画』上冊の中欄は，塼画収蔵(管理)単位・塼画次序号．カッコ内は原始編号．収蔵単位の1は，甘粛省博物館を示す．

『甘粛出土魏晋唐墓壁画』上冊の右欄は，タイトル．カッコ内に示したタイトルは，写真から編者が推補したもの．

備考欄は，『甘粛出土魏晋唐墓壁画』上冊の写真を，主として『嘉峪関酒泉魏晋十六国墓壁画』を基準にして比較した際の問題点について記した．

『魏晋五号墓彩絵磚』(『甘粛嘉峪関魏晋五号墓彩絵磚』)の欄は，写真の掲載頁とタイトル．太字は，拡大写真が附載されていることを示す．

【その他の関連文献】

呂占光編『嘉峪関文物集萃』：一部塼画の写真を掲載するが(41,73頁)，色調が不良なので，資料的な価値は低い．

岳邦湖他『岩画及墓葬壁画』：160～163頁「(五)各墓室壁画磚一覧表」(4.新城5号魏晋墓壁画磚)．

25. 嘉峪関新城墓群，1972年発掘六号墓（72JXM6）

1）所　在：嘉峪関市新城鎮観蒲村，東経**98**度**26**分**01**秒，北緯**39**度**51**分**06**秒（塋域あり）．
『嘉峪関壁画墓発掘報告』，**2**頁図一，**4**頁図二．

2）構　造：前室（北）・中室・後室（南）の三室，前室の東壁に一耳室，西壁に二龕を有す．
平面図は，『嘉峪関壁画墓発掘報告』，折り込み図一四．
断面図（東壁剖面図）は，『嘉峪関壁画墓発掘報告』，**15**頁図一五，『嘉峪関酒泉魏晋十六国墓壁画』，**156**頁．

3）墓　主：合葬墓，男性墓主は王阿初？（**M6:7**の陶井銘文から）．

4）年　代：不詳．

嘉峪関新城墓群，**1972**年発掘六号墓出土塼画

No.	墓内位置ほか		『嘉峪関壁画墓発掘報告』		『魏晋十六国墓壁画』	『甘粛出土魏晋唐墓壁画』上冊			備考	『嘉峪関文物図録』可移動文物巻			『魏晋六号墓彩絵磚』
	M6門楼			図版一四「門楼」(注記あり)	154門楼上的雕磚	117	2·001	門楼照墻					
						118	2·001-1	門楼之闕及門扉					
						118	2·001-2	照墻之托梁獣・托梁力士及斗拱造型磚					
						118	2·001-3	照墻頂部					
	M6門楼描き起こし図			10図九「門楼図」									
	M6前室墓頂			図版四1「前室墓頂藻井」		121	2·002	前室墓頂及藻井磚					
	M6前室東壁			図版三一1「前室東壁」	155前室東壁	133	2·004	前室東壁縮略図					
	M6前室西壁			図版三二1「前室西壁」	157前室西壁	165	2·006	前室西壁縮略図					
	M6前室南壁			図版三一2「前室南壁」	159前室南壁	154	2·005	前室南壁縮略図					
	M6前室北壁				158前室北壁	122	2·003	前室北壁縮略図					
	M6中室墓頂					180	2·007	中室墓頂及藻井磚					
	M6中室東壁			図版三二2「中室東壁」	160中室東壁	189	2·009	中室東壁縮略図					1中室東壁
	M6中室西壁			図版三三「中室西壁」	161中室西壁	219	2·011	中室西壁縮略図					2中室西壁
	M6中室南壁			図版三四1「中室南壁」	162中室南壁	210	2·010	中室南壁縮略図					
	M6中室北壁			図版三四2「中室北壁」	162中室北壁	181	2·008	中室北壁縮略図					
	M6後室南壁				163後室南壁	244	2·012	後室南壁縮略図					
	M6舗地塼		21Ⅱ式花紋方磚	6図四「Ⅱ式花紋方磚」(拓片)									
1	M6:---	(門楼2層左)	(獣面)										
2	M6:---	(門楼2層中央)	(獣面)										
3	M6:---	(門楼2層右)	(獣面)										
4	M6:---	(門楼3層左)	(力士)										
5	M6:---	(門楼3層右)	(力士)										

6	M6:0139	門楼上端東側(4層左)	66青龍	図版一六1「青龍」(模本)	211門楼上青龍								
7	M6:---	(門楼4層中央)	力士	図版一3「托梁赤幘力士造型磚」									
8	M6:0138	門楼上端西側(4層右)	66白虎		211門楼上白虎								
9	M6:---	(門楼5層左)	(獣面)										
10	M6:---	(門楼5層右)	(獣面)										
11	M6:---	(門楼6層左)	(獣面)										
12	M6:---	(門楼6層右)	(獣面)										
13	M6:---	(門楼7層中央)	(力士)										
14	M6:---	(門楼8層左)	(獣面)										
15	M6:---	(門楼8層右)	(獣面)										
16	M6:0141	門楼側獣造型磚東側(9層左端)	66蜚廉	図版一六2「蜚廉」									
17	M6:---	(門楼9層左2)	(側獣)										
18	M6:---	(門楼9層中央)	(力士)										
19	M6:---	(門楼9層右2)	(側獣)										
20	M6:0140	門楼側獣造型磚西側(9層右端)	66麒麟	図版一七1「麒麟」(模本)	212麒麟								
21	M6:---	(門楼10層左)	(獣面)										
22	M6:---	(門楼10層右)	(獣面)										
23	M6:0143	門楼上闕形結構両側(11層両端)	67朱雀										
24	M6:---	(門楼11層左2)	鶏首人身	図版二「鶏首人身造型磚」									
25	M6:---	(門楼11層左3)	牛首人身	図版二「牛首人身造型磚」									
26	M6:0144	門楼上闕門双扉上(11層中央)	67双虎		213門楼双虎								
27	M6:---	(門楼11層右3)	(牛首人身)										
28	M6:---	(門楼11層右2)	(鶏首人身)										
29	M6:0142	門楼上闕形結構両側(11層両端)	67朱雀(右端)	図版一七2「朱雀」(模本)	212朱雀								
30	M6:01	前室北壁東側I1	57彩絵鳥										
31	M6:0151	01～02				123	2·003-1[M6:02]	雲紋図	主要部分(力士?)は既に欠損か.				
32	M6:02	前室北壁東側I2	57一侍女		164侍女								
33	M6:03	前室東壁I1(1層)	57一侍女		164侍女	134	2·004-1[M6:03]	侍女図	色				
34	M6:0152	03～04	(獣面)										
35	M6:04	前室東壁I2	57一侍女		165侍女	135	2·004-2[M6:04]	侍女·雲紋図	『魏晋十六国墓壁画』とは別の塼だが，ピンぼけで特定できず.				4一女(1)
36	M6:0153	04～0154	(力士)		213前室托梁力士								

37	M6:0154	0153～0155	(補助磚)										
38	M6:0155	0154～05	(獣面)			136	2·004-3	雲紋図	中央の托梁像は欠損.				
39	M6:05	前室南壁東側I1	57一侍女		165侍女								
40	M6:0156	05～06	(力士)		213托梁力士					128	0128	魏晋"托梁力士"雕磚	3造型磚
41	M6:06	前室南壁東側I2	57彩絵鳥										
42	M6:07	前室北壁東側II1	57狩獵		166飛逃的野鶏和野兔								
43	M6:08	前室東壁II1(2層左端)	57狩獵		166狩獵	137	2·004-4[M6:08]	狩獵図	色				7放鷹
44	M6:0157	08～09	(獣面)										
45	M6:09	前室東壁II2(2層中央)	57採桑	図版四七1「採桑」	167採桑	138	2·004-5[M6:09]	採桑図	色				**9採桑及護桑**
46	M6:0158	09～010	(斗拱)										
47	M6:010	前室東壁II3(2層右端)	57採桑	図版四六2「採桑」	167採桑	139	2·004-6[M6:010]	採桑図	色				
48	M6:0159	010～011	(力士)		214托梁力士	140	2·004-7	托梁力士図	色				
49	M6:011	前室南壁東側III(II?)1(2層左端)	57採桑	図版四七2,彩版三3「採桑」	168採桑	157	2·005-3[M6:011]	採桑図	色				8採桑
50	M6:012	前室北壁東側III1(3層右端)	57用具(彩色巾?)			124	2·003-2[M6:012]	肉塊図	色,『嘉峪関壁画墓発掘報告』のタイトルと不一致.				
51	M6:013	前室東壁III1(3層左端)	58宰猪		168宰猪	141	2·004-8[M6:013]	宰猪図	色				**11宰猪(1)**
52	M6:014	前室東壁III2(3層左2)	58宰猪		169宰猪	142	2·004-9[M6:014]	宰猪図	色				13宰猪(2)
53	M6:015	前室東壁III3(3層右2)	58宰牛	図版六七1「宰牛」	169宰牛	143	2·004-10[M6:015]	宰牛図	男性の身頃·左手の袖先·牛の眼の形状, 色.				14宰牛
54	M6:016	前室東壁III4(3層右端)	58一侍女進食		170進食	144	2·004-11[M6:016]	進食図	女性の裳裾の形状, 色. 長案上に耳杯があるというが,『魏晋十六国墓壁画』の4耳杯が, 濃い朱色で, 確認不能.				
55	M6:017	前室南壁東側III1(3層左端)	58塢	図版七五2「塢」	170塢	158	2·005-4[M6:017]	塢図					
56	M6:018	前室北壁東側IV1(4層右端)	58庖厨		171懸肉(左右逆)	125	2·003-3[M6:018]	肉条図	色				
57	M6:019	前室東壁IV1(4層左端)	58宰羊		171宰羊	145	2·004-12[M6:019]	宰羊図	羊の頭·尾の形状, 色.				
58	M6:020	前室東壁IV2(4層左2)	58牽牛		172一男牽羊	146	2·004-13[M6:020]	牽羊図	男性の帽子·左手の袖先の形状, 羊の顎から首の描線が失われ, 色.				**17牽羊**
59	M6:021	前室東壁IV3(4層右2)	58宰羊	図版六八2「宰羊」	172宰羊	147	2·004-14[M6:021]	宰羊図	男性の帽子の形状, 色.『魏晋十六国墓壁画』にある甕を描き忘れ.				**15宰羊(甕を描き忘れ)**
60	M6:022	前室東壁IV4(4層右端)	58一侍女		173侍女	148	2·004-15[M6:022]	侍女図	裳裾の襞, 色.				
61	M6:023	前室南壁東側IV1(4層左端)	58犂地	図版四三1「犂地」	173犂地	159	2·005-5[M6:023]	耕地図	濃い赤·黄				**21犂地(2)**

62	M6:024	前室北壁東側V1(5層右端)	58守門犬		174守門犬	126	2·003-4[M6:024]	守門犬図	犬の足先と, 左雲紋の形状, 色.				
63	M6:025	前室東壁V1(5層左端)	58侍女進食		174二女烤肉	149	2·004-16[M6:025]	進食図	顔の輪郭, 色.『魏晋十六国墓壁画』では長案のように描かれるが, 上の横画が失われ,「火盆」と解する.				
64	M6:026	前室東壁V2(5層左2)	59一侍女		175侍女	150	2·004-17[M6:026]	侍女図	女性の顔の輪郭, 身頃·左手の袖先の形状, 色.				
65	M6:027	前室東壁V3(5層中央)	59庖厨		175一女灶前焼火	151	2·004-18[M6:027]	庖厨図	釜·左右の甕·後方に掛かる道具類の形状, 色. 女性が釜に差し伸べる棒状物体を描き忘れ.				19庖厨
66	M6:028	前室東壁V4(5層右2)	59二婢庖厨		176殺鶏燙毛	152	2·004-19[M6:028]	庖厨図	鶏の形状, 後方の女性の髪型·裳裾の形状, 色. 甕のなかの鶏を描き忘れ.				
67	M6:029	前室東壁V5(5層右端)	59一羌人耙地	図版四一「耙地」	176耙地	153	2·004-20[M6:029]	耙地図	手綱の軌跡, 女性の髪型, 2株の草?, 牛の脚などの形状, 色.				23耙地(1)
68	M6:030	前室南壁東側V1(5層左端)	59耕地		177犂地	160	2·005-6[M6:030]	耕地図	男性の裳裾·襟足の形状, 手綱の軌跡, 牛の顔面の輪郭, 色.				
69	M6:031	前室北壁西側I1(1層左2)	59彩絵鳥										
70	M6:0160	031～032	(力士)		214托梁力士	128	2·003-6	托梁獣図	『魏晋十六国墓壁画』と不一致. 前者からは判断不能(本来は力士磚か)				
71	M6:032	前室北壁西側I2(1層左端)	59雲気紋			127	2·003-5[M6:032]	雲気紋図	色				
72	M6:0161	032～033	(獣面)			166	2·006-1	雲紋図	本来, 托梁力士があるべき位置にない. ピンぼけ.				
73	M6:033	前室西壁I1(1層右端)	59一侍女		177侍女	167	2·006-2[M6:033]	侍女図	女性の顔の輪郭. ピンぼけ.				5一女(2)
74	M6:0162	033～0163	(獣面)	彩版三1?「造型磚」		168	2·006-3	托梁獣図	色				
75	M6:0163	0162～0164	(補助磚)			169	2·006-4	彩絵磚図					
76	M6:0164	0163～034	(獣面)			170	2·006-5	托梁獣図	色				
77	M6:034	前室西壁I2(1層左端)	59一侍女		178侍女	171	2·006-6[M6:034]	侍女図	女性の顔の輪郭·襟足·裳裾など全てに及ぶ.				
78	M6:035	前室南壁西側I1(1層右端)	59一侍女		178侍女								
79	M6:0165	035～036	(力士)	図版三1「托梁赤幘力士」		155	2·005-1	托梁力士図	色				
80	M6:036	前室南壁西側I2(1層右2)	59彩絵鳥			156	2·005-2[M6:036]	彩絵鳥図	色				
81	M6:037	前室北壁西側II1(2層左端)	59駱駝	図版五五2「駱駝」	179一男牽駱駝	129	2·003-7[M6:037]	牽駝図					**26牽駝人**

82	M6:038	前室西壁II1(2層右端)	59一農夫耕地		179犂地					123	0110	魏晋犂地図画像磚	
83	M6:0166	038～039	(獣面)										
84	M6:039	前室西壁II2(2層中央)	59一氏族耙地	彩版三2「耙地」	180耙地					107	0076	魏晋耙地図画像磚	24耙地(2)
85	M6:0167	039～040	(斗栱)	図版三2「彩絵大斗造型磚」									
86	M6:040	前室西壁II3(2層左端)	60一農夫犂地	図版四二1「犂地」	180犂地	172	2·006-7[M6:040]	耕地図	色				
87	M6:0168	040～041	(力士)		214托梁力士	173	2·006-8	力士図	色				
88	M6:041	前室南壁西側II1(2層右端)	60一羌人耙地		181耙地	161	2·005-7[M6:041]	耙地図	色. 右端の草(『魏晋十六国墓壁画』は4本)の1本を描き忘れ. また耙の歯を過剰復元か?				
89	M6:042	前室北壁西側III1(3層左端)	60畜牧		181馬群	130	2·003-8[M6:042]	畜牧図	馬腹の括れ線(左前の馬の後脚付け根付近は,『魏晋十六国墓壁画』と違う), 濃い赤(左奥の馬の眼の黒い描線が赤で隠れる).				25馬群
90	M6:043	前室西壁III1(3層右端)	60彩絵鳥			174	2·006-9[M6:043]	彩絵鳥図	色				
91	M6:044	前室西壁III2(3層右2)	60宰猪	図版六七2(宰猪)	182宰猪	175	2·006-10[M6:044]	宰猪図	台の脚の左右バランス, 後方の足の形状, 濃い赤.				
92	M6:045	前室西壁III3(3層中央)	60彩絵鳥			174	2·006-9[M6:045]	彩絵鳥図	色				
93	M6:046	前室西壁III4(3層左2)	60彩絵鳥			174	2·006-9[M6:046]	彩絵鳥図	色				
94	M6:047	前室西壁III5(3層左端)	60畜牧		182馬群	176	2·006-11[M6:047]	畜牧図	右前馬の右前脚の付け根, 左前馬の鼻先の形状, 濃い赤.				
95	M6:048	前室南壁西側III1(3層右端)	60犢牛		183犢車	162	162/2·005-8	犢車図	牛の脚, 手綱の軌跡, 右車輪・屋根の円形などの形状. おそらくは色も.				
96	M6:049	前室北壁西側IV1(4層左端)	60畜牧		183畜群	131	2·003-9[M6:049]	畜牧図	奥・中前の牛の脚の形状, 濃い赤・黄で右前・左奥の牛の眼の描線が隠れる.				
97	M6:050	前室西壁IV1(4層右)	60一侍女			177	2·006-12[M6:050]	侍女図	色				
98	M6:051	前室西壁IV2(4層左)	60畜牧	図版五二1「牧畜」	184羊群	178	2·006-13[M6:051]	畜牧図	濃い赤・黄				
99	M6:052	前室南壁北(西?)側IV1(4層右端)	60畜牧		184羊群	163	2·005-9[M6:052]	畜牧図	家畜の輪郭(右奥の角, 右前の左前脚), 色. 右前の左後脚と中央左側の左前脚を描き忘れか.				
100	M6:053	前室北壁西側V1(5層左端)	60鶏群		185鶏群	132	2·003-10[M6:053]	鶏群図	鶏の輪郭(中奥の尾・左奥の嘴・左端の羽などの形状), 濃い赤(中前2羽の描線が隠れる程度).				

101	M6:054	前室西壁V1(5層)	60犂地		185犂地	179	2·006-14[M6:054]	耕地図	男性の顔の輪郭，衣服の襞・帽子，牛の角・顎の形状，濃い赤．				20犂地
102	M6:055	前室南壁西側V1(5層右端)	60耱地	図版四二2「耱地」	186耱地	164	2·005-10[M6:055]	耙地図	濃い黄．『魏晋十六国墓壁画』の時点で既に書き直しあり．				
103	M6:---	前室墓頂	21花紋方磚										
104	M6:---	前室墓壁4隅	21獣頭造型磚	図版四2「四角獣頭造型磚」位置不明									
105	M6:056	中室北壁東側I1(1層右2)	61彩絵鳥			182	2·008-1[M6:056]	彩絵鳥図					
106	M6:057	中室北壁東側I2(1層右端)	61絹帛一匹		186絹帛	183	2·008-2[M6:057]	絹帛図	濃い赤・黄				
107	M6:058	中室東壁I1(1層左端)	61飾物(円圏)			190	2·009-1[M6:058]	円圏図	色				
108	M6:059	中室東壁I2(1層左2)	61一男・絹帛		187一男立絹帛旁	191	2·009-2[M6:059]	絹帛図	濃い赤・黄				
109	M6:060	中室東壁I3(1層中央)	61用具(漆奩一)		187漆奩	192	2·009-3[M6:060]	妝奩図	なぜこれだけ漆奩でなく，妝奩なのか．				
110	M6:061	中室東壁I4(1層右2)	61絹帛一匹			193	2·009-4[M6:061]	絹帛図	色，模糊としている．				
111	M6:062	中室東壁I5(1層右端)	61飾物(円圏)			194	2·009-5[M6:062]	円圏図	模糊としている．				
112	M6:063	中室南壁東側I1(1層左端)	61絹帛一匹			211	2·010-1[M6:063]	絹帛図	色，模糊としている．				
113	M6:064	中室南壁東側I2(1層左2)	61彩絵鳥										
114	M6:065	中室北壁東側II1(2層右端)	61庖厨		188庖丁切肉	184	2·008-3[M6:065]	庖厨図	男性の顔の輪郭，髪型，衣装の線，俎とその脚の形状．大盆とその文様．『魏晋十六国墓壁画』の縦の墨線が消失．				28切肉
115	M6:066	中室東壁II1(2層左端)	61二侍女進食		188二女進食	195	2·009-6[M6:066]	進食図	女性の顔の輪郭，裳裾・右案上の耳杯の形状など，濃い黄．				
116	M6:067	中室東壁II2(2層左2)	61二侍女進食		189二女進食	196	2·009-7[M6:067]	進食図	左側女性の裳裾，右側女性の左脚先や長案の大きさ，色．				
117	M6:068	中室東壁II3(2層中央)	61女墓主宴飲	図版六〇2「宴飲」	189女墓主宴飲	197	2·009-8[M6:068]	宴飲図	顔の輪郭と眼鼻の描線，侍女の髪型，円槃と上の食物・箸の形状，色．				
118	M6:069	中室東壁II4(2層右2)	61女墓主宴飲		190女墓主宴飲	198	2·009-9[M6:069]	宴飲図	顔の輪郭，衣装の襞，円槃上の食物・箸の形状，色．				
119	M6:070	中室東壁II5(2層右端)	62女墓主宴飲		190女墓主宴飲	199	2·009-10[M6:070]	宴飲図	女性の鼻の大きさ，円槃と箸の形状．				

120	M6:071	中室南壁東側II1(2層左端)	62三侍女		191三女進食	212	2·010-2[M6:071]	侍女図	中央女性の左袖先·脚先の形状，右側女性の手先の方向を反対に描き直し，色．模糊．				
121	M6:072	中室北壁東側III1(3層右端)	62庖厨		191庖丁切肉	185	2·008-4[M6:072]	庖厨図	三叉の形状，男性の顔の輪郭·視線の先，襟·身頃の形状．大盆と盛られた食物の形状．俎上に何もなし(切肉説は不成立)．				
122	M6:073	中室東壁III1(3層左端)	62二侍女進食		192二女進食	200	2·009-11[M6:073]	進食図	二女の顔の輪郭，裳裾と長案などの形状．				
123	M6:074	中室東壁III2(3層左2)	62女墓主宴飲		192女墓主宴飲	201	2·009-12[M6:074]	宴飲図	女主人の顔の輪郭，侍女の髪型·衣服の襞，円槃上の食物の形状，色．				
124	M6:075	中室東壁III3(3層中央)	62女墓主宴飲		193女墓主宴飲	202	2·009-13[M6:075]	宴飲図	女主人の顔の輪郭·眼鼻，侍女の右手の長さ·一条巾の形状．円槃とその上の食物の形状，色．『魏晋十六国墓壁画』の円槃状食器を描き忘れ．				
125	M6:076	中室東壁III4(3層右2)	62宴飲	図版六四2「進食」	193進食	203	2·009-14[M6:076]	宴飲図	侍女の裳裾·両手袖先，円テーブルの脚·食器上段の文様の形状，色．左手袖の下の線を描き忘れ．				29進食
126	M6:077	中室東壁III5(3層右端)	62女墓主宴飲	図版六三1「宴飲」	194女墓主宴飲	204	2·009-15[M6:077]	宴飲図	女主人の顔の輪郭·眼鼻·右膝·脚先の毛羽の形状．				
127	M6:078	中室南壁西(東?)側III1(3層左端)	62二侍女		194二侍女	213	2·010-3[M6:078]	侍女図	右側女性の大きさ，左側女性の顔の表情·裳裾の形状，色．				
128	M6:079	中室東壁IV1(4層左端)	62二侍女進食		195二女進食	205	2·009-16[M6:079]	進食図	二女の頭髪の形状，長案を持つ手の描き方，色．『魏晋十六国墓壁画』にない脚先あり．				
129	M6:080	中室東壁IV2(4層左2)	62二侍女進食		195二女進食	206	2·009-17[M6:080]	進食図	顔の輪郭，頭髪，長案を持つ手の形状，左側女性の身頃など，色．				
130	M6:081	中室東壁IV3(4層中央)	62女墓主宴飲		196女墓主宴飲	207	2·009-18[M6:081]	宴飲図	侍女の髪型，円槃と箸の形状，色．なお女主人の顔の部分は剥離，不詳．				

131	M6:082	中室東壁IV4(4層右2)	62女墓主宴飲		196女墓主宴飲	208	2·009-19[M6:082]	宴飲図	女主人の頭髪・身頃，円盤と箸の形状など，色.				
132	M6:083	中室東壁IV5(4層右端)	62宴飲		197女墓主宴飲	209	2·009-20[M6:083]	宴飲図	女主人の顔の輪郭と眼鼻，侍女の大きさ(両者の顔が同じ大きさ)，色.				**30**宴飲**(1)**
133	M6:084	中室南壁東側IV1(4層左端)	63二侍女		197二女進食	214	2·010-4[M6:084]	侍女図	右側侍女の全体バランス，両袖先の形状，左側侍女の左肘の湾曲度，色.				
134	M6:085	中室東壁V1(5層左端)	63絲二束										
135	M6:086	中室東壁V2(5層左2)	63絲二束										
136	M6:087	中室東壁V3(5層中央)	63絲二束										
137	M6:088	中室東壁V4(5層右2)	63絲二束										
138	M6:089	中室東壁V5(5層右端)	63絲二束										
139	M6:090	中室南壁東側V1(5層左端)	63絲二束										
140	M6:091	中室北壁西側I1(1層左2)	63彩絵鳥										
141	M6:092	中室北壁西側I2(1層左端)	63出行1	図版八〇1「出行」	198出行1	186	2·008-5[M6:092]	出行図	色．塼面全体が模糊としており，『魏晋十六国墓壁画』との比較困難.				
142	M6:093	中室西壁I1(1層右端)	63出行2	図版八〇2「出行」	198出行2	221	2·011-2[M6:093]	出行図	色．模糊としている.				
143	M6:094	中室西壁I2(1層右2)	63出行3	図版八〇3「出行」	199出行3	222	2·011-3[M6:094]	出行図	色．模糊としている.				
144	M6:095	中室西壁I3(1層中央)	63出行4	図版八一1「出行」	199出行4	223	2·011-4[M6:095]	出行図	色．模糊としている.				**34**出行**(1)**
145	M6:096	中室西壁I4(1層左2)	63出行5	図版八一2「出行」	200出行5	224	2·011-5[M6:096]	出行図	色．模糊としているが，牛の手綱が右前方に延伸.				33出行犢車
146	M6:097	中室西壁I6(5?)(1層左端)	63出行6	図版八二1「出行」	200出行6	225	2·011-6[M6:097]	出行図	色．塼面全体が模糊としており，『魏晋十六国墓壁画』との比較困難.				
147	M6:098	中室南壁西側I1(1層右端)	64出行7	図版八二2「出行」	201出行7	215	2·010-5[M6:098]	出行図	色，模糊としている.				36出行(2)
148	M6:099	中室南壁西側I2(1層右2)	64彩絵鳥										
149	M6:0100	中室北壁西側II1(2層左端)	64三僕進食		201三男進食	187	2·008-6[M6:0100]	進食図	男性の顔の輪郭，髪型・襟足の形状(左端)，色.				
150	M6:0101	中室西壁II1(2層右端)	64三僕進食	図版六五1「進食」	202三男進食	226	2·011-7[M6:0101]	進食図	中央人物の帽子の形状，顔の輪郭，眼鼻の描線，左側人物の三叉中央の形状，右側人物の顔の輪郭，眼鼻の描線，色．模糊としている.				

151	M6:0102	中室西壁II2(2層右2)	64三僕進食		202三男進食	227	2·011-8[M6:0102]	進食図	右端人物の帽子の形状，中央人物の眼鼻の描線，左側人物の長案上の耳杯の形状(『魏晋十六国墓壁画』の四つの円が，三つの楕円に)，色．				
152	M6:0103	中室西壁II3(2層中央)	64男墓主宴飲	図版六一1「宴飲」	203男墓主宴飲	228	2·011-9[M6:0103]	宴飲図	男主人の左袖の形状，侍者の帯の形状，色．				32宴飲(2)
153	M6:0104	中室西壁II4(2層左2)	64賓主宴飲	図版六一2「宴飲」	203賓主対坐宴飲	229	2·011-10[M6:0104]	宴飲図	賓主の身体全体のバランス，顔の大きさ・輪郭・表情・冠の形状，脚先の毛羽等違いが顕著，色．				
154	M6:0105	中室西壁II5(2層左端)	64男墓主宴飲		204男墓主宴飲	230	2·011-11[M6:0105]	宴飲図	冠と左袖，右膝の襞，大型円盤の文様と食物の形状，小型円盤の大きさ，色．				
155	M6:0106	中室南壁西側II1(2層右端)	64飾物(円圏)		204飾物四円圏	216	2·010-6[M6:0106]	円圏図	円の太さ，模糊としている．				
156	M6:0107	中室北壁西側III1(3層左端)	64庖厨	図版六九1「庖厨」	205庖丁切肉	188	2·008-7[M6:0107]	庖厨図	人物の顔の輪郭，冠，袖の形状，左側に積み上げた長案・中央の俎とその脚・肉塊の形状，色．				40切肉庖厨
157	M6:0108	中室西壁III1(3層右端)	65二僮僕進食		205二僕進食	231	2·011-12[M6:0108]	進食図	色				
158	M6:0109	中室西壁III2(3層右2)	65二僮僕進食		206二男進食	232	2·011-13[M6:0109]	進食図	左側男性の冠，左脚，裘裾の形状，長案上の碗の数(『魏晋十六国墓壁画』の5個が4個に))，色．右側人物像は一部剥離．				
159	M6:0110	中室西壁III3(3層中央)	65男墓主宴飲		206男墓主宴飲	233	2·011-14[M6:0110]	宴飲図	冠の大きさ，眼鼻の描線，脚先の毛羽の形状，大小円盤の大きさ．大型円盤上の耳杯を描き忘れ．色．				
160	M6:0111	中室西壁III4(3層左2)	65宴飲		207進食	234	2·011-15[M6:0111]	宴飲図	四角い容器の横線模様，台上の横線の長さ．眼鼻の描線，冠の形状，背中の描線，身頃の位置，色．				
161	M6:0112	中室西壁III5(3層左端)	65男墓主宴飲	図版六〇1「宴飲」	207男墓主宴飲	235	2·011-16[M6:0112]	宴飲図	便面・脚先の黒い部分の形状，円盤の形状，色．				
162	M6:0113	中室南壁西側III1(3層右端)	65飾物(円圏)			217	2·010-7[M6:0113]	円圏図					

163	M6:0114	中室西壁IV1(4層右端)	65庖厨		208庖丁切肉	236	2·011-17[M6:0114]	庖厨図	冠の形状，袖先の襞，長案の脚の形状，左側の大盆上の熱気?の形状，色．				
164	M6:0115	中室西壁IV2(4層右2)	65二侍女進食		208二女進食	237	2·011-18[M6:0115]	進食図	右側侍女の眼鼻の描線，色．				
165	M6:0116	中室西壁IV3(4層中央)	65男墓主宴飲		209男墓主宴飲	238	2·011-19[M6:0116]	宴飲図	左右袖先の形状，耳杯の数，箸の角度，色．				
166	M6:0117	中室西壁IV4(4層左2)	65宴楽		209二楽師	239	2·011-20[M6:0117]	宴楽図	冠の形状，左側人物の視線，大型円繋の位置，色．				**37**奏楽
167	M6:0118	中室西壁IV5(4層左端)	65男墓主宴飲		210男墓主宴飲	240	2·011-21[M6:0118]	宴飲図	下僕の衣裾，大型円繋の形状と位置，色．模糊．				
168	M6:0119	中室南壁西側IV1(4層右端)	65一僮僕		210一童持便面	218	2·010-8[M6:0119]	僮僕図	右手袖先の襞，色，デッサンの描線を残す．				
169	M6:0120	中室西壁V1(5層右端)	65絲二束										
170	M6:0121	中室西壁V2(5層右2)	65絲二束										
171	M6:0122	中室西壁V3(5層中央)	65絲二束										
172	M6:0123	中室西壁V4(5層左2)	65絲二束										
173	M6:0124	中室西壁V5(5層左端)	65絲二束										
174	M6:0125	中室南壁西側V1(5層右端)	66絲二束										
175	M6:---	中室墓頂	21花紋方磚			220	2·011-1	屋檐図					
176	M6:0126	後室南壁I1(1層左)	66絹帛一匹										
177	M6:0127	後室南壁I2(1層中央)	66用具(漆奩)			243	2·012-2[M6:0127]	漆奩図	色				
178	M6:0128	後室南壁I3(1層右)	66絹帛一匹			242	2·012-1[M6:0126]	絹帛図	色				
179	M6:0129	後室南壁II1(2層左)	66用具(漆奩)										
180	M6:0130	後室南壁II2(2層中央)	66絹帛一匹										
181	M6:0131	後室南壁II3(2層右)	66用具(漆奩)										
182	M6:0132	後室南壁III1(3層左)	66飾物(円圏)			244	2·012-3[M6:0132]	円圏図	色				
183	M6:0133	後室南壁III2(3層中央)	66用具(漆奩)										
184	M6:0134	後室南壁III3(3層右)	66飾物(円圏)										
185	M6:0135	後室南壁IV1(4層左)	66絲二束										
186	M6:0136	後室南壁IV2(4層中央)	66絲二束										
187	M6:0137	後室南壁IV3(4層右)	66絲二束										
188	M6:---												6一女提籃
189	M6:---	後室葬具	18	23図一九「棺蓋面浅刻図案」									
190	M6:7	前室陶井	28「王阿初」	29図二六5「陶井」									

墓内位置ほかの左欄は，『嘉峪関壁画墓発掘報告』，56頁以下「壁画内容紹介」の編号．前室と中室については，『魏晋十六国墓壁画』，152頁以下「六号墓壁画編号位置示意図」も併照．とくに0151以下については，前者に記述がないため，全面的に後者に依拠する．なお0145～0150については，データを欠いている．また門楼の無番号のものは，『魏晋十六国墓壁画』や『甘粛出土魏晋唐墓壁画』上冊などの写真を参照して復元(ただし後者の写真によれば，左右両端の一部は，現在埋め戻しで確認できず)．なお，門楼の塼をはじめ，番号を附されていないものについては，無番号を---で示した．

墓内位置ほかの右欄は，『嘉峪関壁画墓発掘報告』，56頁以下「壁画内容紹介」による(前室と中室については，『魏晋十六国墓壁画』，152頁以下「六号墓壁画編号位置示意図」からの読み取り，後室については，同書の写真からの読み取りをカッコで示した．また門楼については，左欄を参照のこと)．なお0151～0168については，『魏晋十六国墓壁画』に全面的に依拠し，該当塼の中間に位置していることを示す．これらは多くが力士か獣頭だが，一部に補助塼が混じる．

『嘉峪関壁画墓発掘報告』の左欄は，一部を除き，56頁以下「壁画内容紹介」の掲載頁で，カッコ内は掲げられたタイトル．ただし，門楼と前室の3桁の塼については，写真から読み取った編者の解釈をカッコ内に示した．

『嘉峪関壁画墓発掘報告』の右欄は，写真の掲載頁と図版番号．附されたタイトルをカッコ内に掲げた．

『魏晋十六国墓壁画』(『嘉峪関酒泉魏晋十六国墓壁画』)の欄は，写真の掲載頁とタイトル．ただし161頁の中室西壁の壁面写真は左右逆なので(『嘉峪関壁画墓発掘報告』，図版三三，および『甘粛出土魏晋唐墓壁画』上冊，219頁「JXM6,2·011 中室西壁縮略図」と比較済み)，注意を要する．

『甘粛出土魏晋唐墓壁画』上冊の左欄は，写真の掲載頁．

『甘粛出土魏晋唐墓壁画』上冊の中欄は，磚壁画収蔵(管理)単位・磚壁画次序号・原始編号．収蔵単位の2は，嘉峪関市新城魏晋墓区文物管理所を示す．

『甘粛出土魏晋唐墓壁画』上冊の右欄は，タイトル．

備考欄は，『甘粛出土魏晋唐墓壁画』上冊の写真を，『魏晋十六国墓壁画』(本欄に限り『魏晋十六国墓壁画』)を基準にして比較した際の問題点について記入した．

『嘉峪関文物図録』可移動文物巻の左欄は，写真の掲載頁．

『嘉峪関文物図録』可移動文物巻の中欄は，タイトルに併記された「総登記号」．

『嘉峪関文物図録』可移動文物巻の右欄は，タイトル．

『魏晋六号墓彩絵磚』(『甘粛嘉峪関魏晋六号墓彩絵磚』)欄は，写真掲載頁と写真タイトル．太字は，拡大写真が附載されていることを示す．

【その他の関連文献】

嘉峪関市志弁公室編『嘉峪関市文物志』：68～74頁「新城6号墓磚画像一覧表」—前室北壁東側→前室東壁→前室南壁東側(繰り返し)→前室南壁西側→前室西壁→前室北壁西側(繰り返し)→中室北壁東側→中室東壁→中室南壁東側(繰り返し)→中室南壁西側→中室西壁→中室北壁西側(繰り返し)→後室南壁の順番で編号を付す．ただし，壁面などの四至に誤字多し．

林少雄『古冢丹青』：129～136頁「新城六号墓磚画像一覧表」—前室北壁東側→前室東壁→前室南壁東側(繰り返し)→前室南壁西側→前室西壁→前室北壁西側(繰り返し)→中室北壁東側→中室東壁→中室南壁東側(繰り返し)→中室南壁西側→中室西壁→中室北壁西側(繰り返し)→後室南壁の順番で編号を付す．ただし，壁面などの四至に誤字多し．本一覧表は，タイトルも内容も『嘉峪関市文物志』のそれに全面的に依拠している．

呂占光編『嘉峪関文物集萃』：一部画像塼の写真を掲載するが(42～60,62～64,68,76頁)，色調が不良なので，資料的な価値は低い．

岳邦湖他『岩画及墓葬壁画』：164～169頁「(五)各墓室壁画磚一覧表」(5.新城6号魏晋墓壁画磚)．ところどころ，壁面の四至を明記せず，「前室」とか「中室」とかだにを記す例あり．

北村 永「河西地方における魏晋画像磚墓の研究」：『甘粛出土魏晋唐墓壁画』上冊の問題点を指摘している．

26. 嘉峪関新城墓群, 1972年発掘七号墓(72JXM7)

1) 所　在:嘉峪関市新城鎮観蒲村, 東経**98**度**25**分**51**秒, 北緯**39**度**51**分**22**秒(八号墓の東側に隣接).
『嘉峪関壁画墓発掘報告』, **2**頁図一, **4**頁図二.

2) 構　造:前室(北)・中室・後室(南)の三室, 前室の東壁と中室の西壁にそれぞれ耳室あり.
平面図は,『嘉峪関魏晋墓発掘報告』, **16**頁図一六.
断面図(東壁剖面図)は,『嘉峪関壁画墓発掘報告』, 折込図一七, ならびに『嘉峪関酒泉魏晋十六国墓壁画』, **220**頁.

3) 墓　主:四人合葬墓, 男性墓主(のひとり)は王霑(**M7:55**の私印「王霑印信」).

4) 年　代:不詳.

嘉峪関新城墓群, 1972年発掘七号墓出土塼画

No.	墓内位置ほか		『嘉峪関壁画墓発掘報告』		『魏晋十六国墓壁画』	『甘粛出土魏晋唐墓壁画』中冊			備考	『魏晋七号墓彩絵磚』
	M7門楼				218門楼上的雕磚	253 254	2·001-1 2·001-2	門楼照墻 門楼照墻之闕		
	M7門楼描き起こし図			折込図一〇「門楼図」						
	M7甬道					255	2·002	甬道		
	M7前室頂部					256 257 258	2·003 2·003-1 2·003-2	前室頂部 頂部墻壁 頂部東北角	藻井塼は既に欠損	
	M7前室東壁			図版三五「前室東壁」	219前室東壁	271	2·005	前室東壁縮略図		1前室東壁
	M7前室西壁			図版三六「前室西壁」	221前室西壁	301	2·007	前室西壁縮略図		
	M7前室南壁					291	2·006	前室南壁縮略図		
	M7前室北壁					260	2·004	前室北壁縮略図		
	M7中室頂部					330 332 333	2·008-1 2·008-3 2·008-4	中室頂部 頂部東北角 頂部東南角		
	M7中室東壁			図版三九「中室東壁」	222中室東壁	345	2·010	中室東壁縮略図		
	M7中室西壁			図版四〇「中室西壁」	223中室西壁	380	2·012	中室西壁縮略図		
	M7中室南壁			図版三八「中室南壁」	225中室南壁	370	2·011	中室南壁縮略図		
	M7中室北壁			図版三七「中室北壁」	224中室北壁	335	2·009	中室北壁縮略図		
	M7後室南壁				226後室南壁	396	2·013	後室南壁縮略図		
	M7鋪地塼		21Ⅲ式花紋方磚 21四神図案	6図五「Ⅲ式花紋方磚」(拓片)						
1	M7:---	門楼10層中央左	(獣頭)							
2	M7:---	門楼10層中央右	(獣頭)							
3	M7:---	門楼13層左端	(獣頭)							
4	M7:---	門楼13層右端	(獣頭)							
5	M7:---	門楼14層中央左	(力士)							

6	M7:---	門楼14層中央右	(力士)							
7	M7:---	門楼16層中央左	(側獣)							
8	M7:---	門楼16層中央右	(側獣)							
9	M7:---	門楼17層左端	(力士)							
10	M7:---	門楼17層中央左	牛首人身							
11	M7:---	門楼17層中央右	鶏首人身							
12	M7:---	門楼17層右端	**(力士)**							
13	M7:01	前室北壁東側I1(1層右端)	105男女墓主宴飲		227一男一女宴飲	261	2·004-1[M7:01]	宴飲図	一部にだけ色を塗り直したか.	**2宴飲(1)**
14	M7:02	前室東壁I1(1層左端)	105侍女		227一女	272	2·005-1[M7:02]	侍女図	一部にだけ色を塗り直したか.	
15	M7:03	前室東壁I2(1層左2)	105二女対座		228二女対座宴飲	273	2·005-2[M7:03]	宴飲図	一部にだけ色を塗り直したか.	**4宴飲(2)**
16	M7:04	前室東壁I3(1層左3)	105侍女		228一女	274	2·005-3[M7:04]	侍女図	一部にだけ色を塗り直したか.	
17	M7:05	前室東壁I4(1層右3)	105侍女		228一女	274	2·005-3[M7:05]	侍女図	一部にだけ色を塗り直したか.	
18	M7:06	前室東壁I5(1層右2)	105男女墓儒宴飲		229一男一女宴飲	275	2·005-4[M7:06]	宴飲図	一部にだけ色を塗り直したか.	
19	M7:07	前室東壁I6(1層右端)	105侍女		229一女抱嬰	276	2·005-5[M7:07]	育嬰図	一部にだけ色を塗り直したか.	
20	M7:08	前室南壁東側I1(1層左端)	105女賓主宴飲		230二女宴飲	292	2·006-1[M7:08]	宴飲図	一部にだけ色を塗り直したか.	
21	M7:09	前室北壁東側II1(2層右端)	105狩猟	図版七八2「狩猟」	230猟鷹逐兎	262	2·004-2[M7:09]	狩猟図	一部の草だけに色を塗り直した.	
22	M7:010	前室東壁II1(2層左端)	105狩猟	図版七八1「狩猟」		277	2·005-6[M7:010]	狩猟図	色	
23	M7:011	前室東壁II2(2層右2)	105採桑	図版四八1「採桑」	231一婦提籠採桑	278	2·005-7[M7:011]	採桑図	一部にだけ色を塗り直したか.	**12採桑(1)**
24	M7:012	前室東壁II3(2層右端)	105採桑	図版四八2「採桑」	231一婦採桑	279	2·005-8[M7:012]	採桑図	一部にだけ色を塗り直したか.	**14採桑(2)**
25	M7:013	前室南壁東側II1(2層左端)	105騎馬		232一男騎馬	293	2·006-2[M7:013]	出行図	一部にだけ色を塗り直したか.『魏晋十六国墓壁画』も同じ.	
26	M7:014	前室北壁東側III1(3層右端)	105狩猟		232猟犬逐狐	263	2·004-3[M7:014]	狩猟図	一部の草だけに色を塗り直した.	
27	M7:015	前室東壁III1(3層左端)	105狩猟		233猟鷹追鳥	280	2·005-9[M7:015]	狩猟図	一部にだけ色を塗り直したか.	
28	M7:016	前室東壁III2(3層右2)	105狩猟	図版七九2「狩猟」	233狩猟射羊	281	2·005-10[M7:016]	狩猟図	一部にだけ色を塗り直したか.	**17狩猟(2)**
29	M7:017	前室東壁III3(3層右端)	105狩猟	図版七六2「狩猟」	234狩猟	282	2·005-11[M7:017]	狩猟図	一部にだけ色を塗り直したか.	16狩猟(1)
30	M7:---	(前室南壁3層左端)				294	2·006-3	建築図	一部にだけ色を塗り直したか.	
31	M7:018	前室北壁東側IV1(4層右端)	105犂地			264	2·004-4[M7:018]	耕地図	模糊としている.	
32	M7:019	前室東壁IV1(4層左端)	105犂地			283	2·005-12[M7:019]	耕地図	模糊としている.	
33	M7:020	前室東壁IV2(4層右2)	105犂地			284	2·005-13[M7:020]	耕地図	模糊としている. 一部にだけ色を塗り直したか.	
34	M7:021	前室東壁IV3(4層右端)	105犂地			285	2·005-14[M7:021]	耕地図	模糊としている. 一部にだけ色を塗り直したか.	
35	M7:022	前室南壁東側IV1(4層左端)	105耙地			295	2·006-4[M7:022]	耙地図	模糊としている. 一部にだけ色を塗り直したか.	
36	M7:023	前室北壁東側V1(5層右端)	105犂地		235犂地	265	2·004-5[M7:023]	耕地図	枠の色が剥落.	
37	M7:024	前室東壁V1(5層左端)	105耙地			286	2·005-15[M7:024]	耙地図	模糊としている.	
38	M7:025	前室東壁V2(5層左2)	106耱地			287	2·005-16[M7:025]	耱地図	模糊としており, 中央部は塗抹されたか.	
39	M7:026	前室東壁V3(5層中央)	106犂地			288	2·005-17[M7:026]	耕地図	模糊としている.	

40	M7:027	前室東壁V4(5層右2)	106耙地			289	2·005-18[M7:027]	耙地図	模糊としており，左部は欠損.	
41	M7:028	前室東壁V5(5層右端)	106犂地			290	2·005-19[M7:028]	耕地図	模糊としている．一部にだけ色を塗り直したか.	
42	M7:029	前室南壁東側V1(5層左端)	106三僕			296	2·006-5[M7:029]	進食図	模糊としている.	
43	M7:030	前室北壁西側I1(1層左端)	106二女		236二女布宴席	266	2·004-6[M7:030]	庖厨図	一部にだけ色を塗り直したか.	
44	M7:---	(前室西壁1層右端の右)				302	2·007-1	建築図	一部にだけ色を塗り直したか.	
45	M7:031	前室西壁I1(1層右端)	106男女墓主宴飲		236一男一女宴飲	303	2·007-2[M7:031]	宴飲図	一部にだけ色を塗り直したか.	
46	M7:---	(前室西壁1層の右端と中央の中間)				304	2·007-3	建築図	一部にだけ色を塗り直したか.	
47	M7:032	前室西壁I2(1層中央)	106賓主宴飲		237二男宴飲	305	2·007-4[M7:032]	宴飲図	一部にだけ色を塗り直したか.	
48	M7:033	前室西壁I3(1層左端)	106侍女		237托鉢侍女	306	2·007-5[M7:033]	侍女図	一部にだけ色を塗り直したか.	
49	M7:034	前室南壁北(西?)側I1(1層右端)	106男女墓主宴飲		238一男一女宴飲	297	2·006-6[M7:034]	宴飲図	一部にだけ色を塗り直したか.	
50	M7:035	前室北壁西側II1(2層左端)	106出行1	図版八三1「出行」	238出行1	267	2·004-7[M7:035]	出行図	一部にだけ色を塗り直したか.	
51	M7:036	前室西壁II1(2層右端)	106墓主出行2	図版八三2「出行」	239出行2墓主人	307	2·007-6[M7:036]	出行図	一部にだけ色を塗り直したか.	19出行(1)
52	M7:037	前室西壁II2(2層右2)	106出行3	図版八四1「出行」	239出行3	308	2·007-7[M7:037]	出行図	一部にだけ色を塗り直したか.	**20出行(2)**
53	M7:038	前室西壁II3(2層右3)	106出行4	図版八四2「出行」	240出行4	309	2·007-8[M7:038]	出行図	一部にだけ色を塗り直したか.	
54	M7:039	前室西壁II4(2層左3)	106出行5	図版八四3「出行」	240出行5	310	2·007-9[M7:039]	出行図	一部にだけ色を塗り直したか.	
55	M7:040	前室西壁II5(2層左2)	106出行6	図版八五1「出行」	241出行6	311	2·007-10[M7:040]	出行図	一部にだけ色を塗り直したか.	22出行(3)
56	M7:041	前室西壁II6(2層左端)	106出行7	図版八五2「出行」	241出行7	312	2·007-11[M7:041]	出行図	一部にだけ色を塗り直したか.	
57	M7:042	前室南壁西側II1(2層右端)	106出行8	図版八五3「出行」	242出行8	298	2·006-7[M7:042]	出行図	一部にだけ色を塗り直したか.	
58	M7:043	前室西(北?)壁西側III1(3層左端)	106犢車		242犢車	268	2·004-8[M7:043]	犢車図	一部にだけ色を塗り直したか.	
59	M7:044	前室西壁III1(3層右端)	106犢車			313	2·007-12[M7:044]	犢車図	模糊としている．一部にだけ色を塗り直したか.	
60	M7:045	前室西壁III2(3層右2)	106犢車		243犢車	314	2·007-13[M7:045]	犢車図	車輌部分の描線が消失.	
61	M7:046	前室西壁III3(3層右3)	106馬車	図版七三2「馬車」(模本)	243馬車一乗	315	2·007-14[M7:046]	軺車図	牛の描線が消失．一部にだけ色を塗り直したか.	46犢車
62	M7:047	前室西壁III4(3層左3)	106犢車		244犢車	316	2·007-15[M7:047]	犢車図	一部にだけ色を塗り直したか.	
63	M7:048	前室西壁III5(3層左2)	106露車	図版七一2「露車」	244露車	317	2·007-16[M7:048]	露車図	一部にだけ色を塗り直したか.	
64	M7:049	前室西壁III6?(3層左端)	106露車		245露車	318	2·007-17[M7:049]	露車図	一部にだけ色を塗り直したか.	49露車
65	M7:050	前室南壁西側III1(3層右端)	106露車		245露車	299	2·006-8[M7:050]	露車図	一部にだけ色を塗り直したか.	
66	M7:051	前室北壁西側IV1(4層左端)	106馬群	図版五一2「牧畜」	246四馬	269	2·004-9[M7:051]	畜牧図	一部にだけ色を塗り直したか.	26馬群
67	M7:052	前室西壁IV1(4層右端)	106馬群			319	2·007-18[M7:052]	牧馬図	一部にだけ色を塗り直したか.	
68	M7:053	前室西壁IV2(4層右2)	106馬群		246四馬	320	2·007-19[M7:053]	牧馬図	全体が模糊とし，判別不可.	
69	M7:054	前室西壁IV3(4層右3)	106"各内"朱雀銜環鋪首			321	2·007-20[M7:054]	建築図		
70	M7:055	前室西壁IV4(4層左3)	106馬群			322	2·007-21[M7:055]	牧馬図	全体が模糊とし，判別不可.	
71	M7:056	前室西壁IV5(4層左2)	106牛群			323	2·007-22[M7:056]	牧牛図	全体が模糊とし，判別不可.	
72	M7:057	前室西壁IV6(4層左端)	106牛群			324	2·007-23[M7:057]	牧牛図	全体が模糊とし，判別不可.	
73	M7:058	前室南壁西側IV1(4層右端)	106牛群		247放牧	300	2·006-9[M7:058]	畜牧図	模糊としている．一部にだけ色を塗り直したか.	

74	M7:059	前室北壁西側V1(5層左端)	106羊2頭			270	2·004-10[M7:059]	畜牧図	色調悪し. 一部にだけ色を塗り直したか.	
75	M7:060	前室西壁V1(5層右端)	107羊3頭			325	2·007-24[M7:060]	牧羊図	全体が模糊とし，判別不可.	
76	M7:061	前室西壁V2(5層右2)	107羊3頭			326	2·007-25[M7:061]	牧羊図	全体が模糊とし，判別不可.	
77	M7:062	前室西壁V3(5層右3)	107牧羊							
78	M7:063	前室西壁V4(5層左3)	107羊3頭			327	2·007-26[M7:063]	牧羊図	全体が模糊とし，判別不可.	
79	M7:064	前室西壁V5(5層左2)	107羊4頭			328	2·007-27[M7:064]	牧羊図	全体が模糊とし，判別不可.	
80	M7:065	前室西壁V6(5層左端)	107羊4頭			329	2·007-28[M7:065]	牧羊図	全体が模糊とし，判別不可.	
81	M7:066	前室南壁西側V1(5層右端)	107牧羊							
82	M7:---	前室四壁隅	21獣頭造型磚	図版四2「前室墓壁四角獣頭造型磚」						
83	(M7:---)		(東壁北壁隅)			259	2·003-3	頂部角獣		
84	M7:---	前室墓頂	21花紋方磚							
85	M7:067	中室北壁東側I1(1層右端)	107賓主宴飲		247二男宴飲	336	2·009-1[M7:067]	宴飲図	一部にだけ色を塗り直したか.	
86	M7:068	中室東壁I1(1層左端)	107男女墓主宴飲		248一男一女宴飲	346	2·010-1[M7:068]	宴飲図	一部にだけ色を塗り直したか.	
87	M7:069	中室東壁I2(1層左2)	107賓主宴飲		248二男宴飲	347	2·010-2[M7:069]	宴飲図	一部にだけ色を塗り直したか.	
88	M7:070	中室東壁I3(1層左3)	107賓主宴飲	図版六三2「宴飲」		348	2·010-3[M7:070]	宴飲図	一部にだけ色を塗り直したか?	
89	M7:071	中室東壁I4(1層右3)	107侍女		249三女進食	349	2·010-4[M7:071]	進食図	一部にだけ色を塗り直したか.	23進食
90	M7:072	中室東壁I5(1層右2)	107六博	図版八七2「六博」	249六博	350	2·010-5[M7:072]	六簙図	一部にだけ色を塗り直したか.	**24**六博
91	M7:073	中室東壁I6(1層右端)	107男女墓主宴飲		250一男一女宴飲	351	2·010-6[M7:073]	宴飲図	一部にだけ色を塗り直したか.	
92	M7:074	前(中?)室南壁東側I1(1層左端)	107賓主宴飲		250二男宴飲	371	2·011-1[M7:074]	宴飲図	一部にだけ色を塗り直したか.	7宴飲(3)
93	M7:---	(中室北壁東側2層右端)				337	2·009-2	建築図	一部にだけ色を塗り直したか.	
94	M7:075	中室東壁II1(2層左端)	107進食		251一女坐案前	352	2·010-7[M7:075]	婢女図	一部にだけ色を塗り直したか.	
95	M7:076	中室東壁II2(2層左2)	107庖厨		251庖丁及一女	353	2·010-8[M7:076]	庖厨図	一部にだけ色を塗り直したか.	
96	M7:077	中室東壁II3(2層左3)	107進食		252三女持盤進食	354	2·010-9[M7:077]	進食図	一部にだけ色を塗り直したか.	
97	M7:078	中室東壁II4(2層右3)	107男女墓主宴飲		252一男一女宴飲	355	2·020-10[M7:078]	宴飲図	一部にだけ色を塗り直したか.	
98	M7:079	中室東壁II5(2層右2)	107宴楽		253三楽師	356	2·010-11[M7:079]	宴楽図	模糊としている. 一部にだけ色を塗り直したか.	
99	M7:080	中室東壁II6(2層右端)	107男女墓主宴飲		253一男一女宴飲	357	2·010-12[M7:080]	宴飲図	一部にだけ色を塗り直したか.	
100	M7:---	(中室南壁東側2層左端)				372	2·011-2	建築図	一部にだけ色を塗り直したか.	
101	M7:081	中室北壁東側III1(3層右端)	107庖厨		254一女在灶前炊事	338	2·009-3[M7:081]	庖厨図	左右逆. 一部にだけ色を塗り直したか. 『魏晋十六国墓壁画』には，下部枠中央に刷毛で擦った形跡があるが，これが見られない.	**27**焼火**(1)(**刷毛の形跡なし**)**
102	M7:082	中室東壁III1(3層左端)	107庖厨		254二女炊事	358	2·010-13[M7:082]	庖厨図	一部にだけ色を塗り直したか.『魏晋十六国墓壁画』には，上部枠中央に刷毛で擦った跡があるが，これが見られない.	33両女(刷毛の形跡なし)
103	M7:083	中室東壁III2(3層左2)	107宰羊		255宰羊	359	2·010-14[M7:083]	宰羊図	一部にだけ色を塗り直したか.	44宰羊(1)
104	M7:084	中室東壁III3(3層左3)	107宰猪		255宰猪	360	2·010-15[M7:084]	宰猪図	一部にだけ色を塗り直したか.	41宰猪

105	M7:085	中室東壁III4(3層右3)	107進食		256二女炊事	361	2·010-16[M7:085]	婢女図	一部にだけ色を塗り直したか.	**30殺鶏**
106	M7:086	中室東壁III5(3層右2)	107殺鶏		256殺鶏燙毛	362	2·010-17[M7:086]	殺鶏図	一部にだけ色を塗り直したか.	
107	M7:087	中室東壁III6(3層右端)	107庖厨		257一女炊事	363	2·010-18[M7:087]	庖厨図		
108	M7:088	中室南壁東側III1(3層左端)	107庖厨		257一女灶前炊事	373	2·011-3[M7:088]	庖厨図	一部にだけ色を塗り直したか.	29焼火(2)
109	M7:089	中室北壁東側IV1(4層右端)	107庖厨		258一男烹食	339	2·009-4[M7:089]	庖厨図	模糊としている. 一部にだけ色を塗り直したか.	
110	M7:090	中室東壁IV1(4層左端)	107懸肉			364	2·010-19[M7:090]	庖厨図	模糊とし, 右側人物像不詳.	
111	M7:091	中室東壁IV2(4層左2)	107庖厨			365	2·010-20[M7:091]	庖厨図	模糊としている.	
112	M7:092	中室東壁IV3(4層左3)	107庖厨			366	2·010-21[M7:092]	炊具図	模糊としている.	
113	M7:093	中室東壁IV4(4層右3)	108庖厨			367	2·010-22[M7:093]	炊具図		
114	M7:094	中室東壁IV5(4層右2)	108懸肉			368	2·010-23[M7:094]	庖厨図	模糊としている.	
115	M7:095	中室東壁IV6(4層右端)	108庖厨		258二女炊事	369	2·010-24[M7:095]	庖厨図	模糊としている. 一部にだけ色を塗り直したか.	
116	M7:096	中室南壁東側IV1(4層左端)	108濾醋		259醸造	374	2·011-4[M7:096]	濾醋図	やや模糊としている. 一部にだけ色を塗り直したか.	
117	M7:097	中室北壁西側I1(1層左端)	108進食		259二女炊事	340	2·009-5[M7:097]	庖厨図	一部にだけ色を塗り直したか.	**36庖厨(1)**
118	M7:098	中室西壁I1(1層右端)	108女賓主宴飲		260二女宴飲	381	2·012-1[M7:098]	宴飲図	一部にだけ色を塗り直したか.	
119	M7:099	中室西壁I2(1層右2)	108女賓主宴飲		260二女宴飲	382	2·012-2[M7:099]	宴飲図	一部にだけ色を塗り直したか.	
120	M7:0100	中室西壁I3(1層左端)	108進食		261二女炊事	383	2·012-3[M0100]	婢女図	一部にだけ色を塗り直したか.	**38庖厨(2)**
121	M7:0101	中室南壁西側I1(1層右端)	108男女宴飲		261一男二女宴飲	375	2·011-5[M7:0101]	宴飲図	一部にだけ色を塗り直したか.	**8宴飲(4)**
122	M7:0102	中室北壁西側II1(2層左端)	108進食		262案傍一女	341	2·009-6[M7:102]	婢女図	一部にだけ色を塗り直したか.	**42案前**
123	M7:0103	中室西壁II1(2層右側)	108庖厨		262炊器(画質劣)	384	2·012-6[M7:0103]	炊具図		
124	M7:0104	中室西壁II2(2層左側)	108懸肉		263肉架旁一女	385	2·012-7[M7:0104]	庖厨図	一部にだけ色を塗り直したか.『魏晋十六国墓壁画』と同じく汚れ目立つ.	40肉架前
125	M7:0105	中室南壁西側II1(2層右端)	108切肉		263庖丁切肉	376	2·011-6[M7:0105]	庖厨図	一部にだけ色を塗り直したか.『魏晋十六国墓壁画』と同じく汚れ目立つ.	
126	M7:0106	中室北壁西側III1(3層左端)	108庖厨		264二女接甑(左右逆)	342	2·009-7[M7:106]	婢女図	一部にだけ色を塗り直したか.	**46両女操釜**
127	M7:0107	中室西壁III1(3層右側)	108庖厨		264炊具	386	2·012-6[M7:0107]	炊具図		
128	M7:0108	中室西壁III2(3層左側)	108宰羊		265宰羊	387	2·012-7[M7:0108]	宰羊図	一部にだけ色を塗り直したか.	45宰羊(2)
129	M7:0109	中室南壁西側III1(3層右端)	108宰猪	図版六八1「宰猪」	265宰猪	377	2·011-7[M7:0109]	宰猪図	一部にだけ色を塗り直したか.	
130	M7:0110	中室北壁西側IV1(4層左端)	108庖厨		266一女揉麺	343	2·009-8[M7:110]	庖厨図	一部にだけ色を塗り直したか.	
131	M7:0111	中室西壁IV1(4層右側)	108庖厨			388	2·012-8[M7:0111]	庖厨図	一部にだけ色を塗り直したか.	
132	M7:0112	中室西壁IV2(4層左側)	108庖厨		266二女炊事	389	2·012-9[M7:0112]	婢女図	一部にだけ色を塗り直したか.	
133	M7:0113	中室南壁西側IV1(4層右端)	108庖厨			378	2·011-8[M7:0113]	庖厨図	一部にだけ色を塗り直したか.	
134	M7:0114	中室北壁西側V1(5層左端)	108庖厨		267二女対座	344	2·009-9[M7:114]	婢女図	一部にだけ色を塗り直したか.	**10宴飲(5)**
135	M7:0115	中室西壁V1(5層右端)	108濾醋			390	2·012-10[M7:0115]	濾醋図		
136	M7:0116	中室西壁V2(5層右2)	108懸肉			391	2·012-11[M7:0116]	炊具図	左部にだけ色を塗り直したか?右側は模糊としている.	

137	M7:0117	中室西壁V3(5層右3)	108庖厨			332	2-012-12[M7:0117]	婢女図	全体に模糊としており，一部にだけ色を塗り直したか．	
138	M7:0118	中室西壁V4(5層左3)	108宰牛		267宰牛	333	2-012-13[M7:0118]	宰牛図	一部にだけ色を塗り直したか．	
139	M7:0119	中室西壁V5(5層左2)	108殺鶏		268殺鶏	334	2-012-14[M7:0119]	殺鶏図	一部にだけ色を塗り直したか．中央部に黒い大きな汚れあり，読取り不可．	
140	M7:0120	中室西壁V6(5層左端)	108庖厨		268醸造	335	2-012-15[M7:0120]	婢女図	全体に模糊としており，一部にだけ色を塗り直したか．	
141	M7:0121	中室南壁西側V1(5層右端)	108濾醋			379	2-011-9[M7:0121]	濾醋図	やや模糊としている．	
142	M7:---	中室四壁隅	21獣頭造型磚			334	2-008-5	頂部角獣		
143	M7:---	中室墓頂	21花紋方磚			331	2-008-2	頂部藻井磚	写真不鮮明．	
144	M7:0122	後室南壁I1(1層右端)	108絹帛二匹			397	2-013-1[M7:0122]	絹帛図	一部にだけ色を塗り直したか．	
145	M7:0123	後室南壁I2(1層右2)	108絹帛二匹							
146	M7:0124	後室南壁I3(1層中央)	108絹帛二匹							
147	M7:0125	後室南壁I4(1層左2)	108絹帛二匹							
148	M7:0126	後室南壁I5(1層左端)	108絹帛二匹							
149	M7:0127	後室南壁II1(2層右端)	108絹帛二匹							
150	M7:0128	後室南壁II2(2層右2)	108絹帛二匹							
151	M7:0129	後室南壁II3(2層右3)	108絹帛二匹							
152	M7:0130	後室南壁II4(2層左3)	108絹帛二匹							
153	M7:0131	後室南壁II5(2層左2)	108絹帛二匹							
154	M7:0132	後室南壁II6(2層左端)	108絹帛二匹							
155	M7:0133	後室南壁III1(3層右端)	108絹帛二匹							
156	M7:0134	後室南壁III2(3層右2)	109篋一							
157	M7:0135	後室南壁III3(3層右3)	109篋一			398	2-013-2[M7:0135]	用具図	やや模糊としている．	
158	M7:0136	後室南壁III4(3層左3)	109篋一							
159	M7:0137	後室南壁III5(3層左2)	109絹帛二匹							
160	M7:0138	後室南壁III6(3層左端)	109絹帛二匹							
161	M7:0139	後室南壁IV1(4層右端)	109絲二束							
162	M7:0140	後室南壁IV2(4層右2)	109絲二束							
163	M7:0141	後室南壁IV3(4層右3)	109絲二束							
164	M7:0142	後室南壁IV4(4層左3)	109絲二束							
165	M7:0143	後室南壁IV5(4層左2)	109絲二束							
166	M7:0144	後室南壁IV6(4層左端)	109絲二束							
167	M7:0145	後室南壁V1(5層右端)	109絲二束							
168	M7:0146	後室南壁V2(5層右2)	109絲二束							
169	M7:0147	後室南壁V3(5層右3)	109絲二束							
170	M7:0148	後室南壁V4(5層左3)	109絲二束							
171	M7:0149	後室南壁V5(5層左2)	109絲二束							
172	M7:0150	後室南壁V6(5層左端)	109絲二束							

173	M7:---	後室墓頂	21花紋方磚							
174	M7:55	碳精石私章	37「王霑印信」(虎紋・朱雀・青龍を陰刻)	図版七3「印章」						

墓内位置ほかの左欄は，原則として『嘉峪関壁画墓発掘報告』，105頁以下「附録二　嘉峪関魏晋墓壁画内容総表」の編号．前室と中室については，『魏晋十六国墓壁画』，216頁以下「七号墓壁画編号位置示意図」も併照．また門楼の無番号のものは，『嘉峪関壁画墓発掘報告』の描き起こし図により，前室・中室のものは，『魏晋十六国墓壁画』や『甘粛出土魏晋唐墓壁画』中冊などの写真を参照して復元．なお，門楼の塼をはじめ，番号を附されていないものについては，無番号を---で示した．

墓室位置ほかの右欄は，原則として『嘉峪関壁画墓発掘報告』，105頁以下「附録二 嘉峪関魏晋墓壁画内容総表」による(前室と中室については，『魏晋十六国墓壁画』，216頁以下「七号墓壁画編号位置示意図」からの読み取りを，後室については，『甘粛出土魏晋唐墓壁画』中冊の写真からの読み取りをカッコで示した．また門楼については，墓内位置ほかの左欄を参照)．

『嘉峪関壁画墓発掘報告』の左欄は，105頁以下「附録二　嘉峪関魏晋墓壁画内容総表」の掲載頁と，その「壁画磚内容」の項の要約．ただし，門楼の塼については，写真や描き起こし図から読み取った編者の解釈をカッコ内に示した．

『嘉峪関壁画墓発掘報告』の右欄は，写真の掲載頁と図版番号．附されたタイトルをカッコ内に示した．

『魏晋十六国墓壁画』(『嘉峪関酒泉魏晋十六国墓壁画』)の欄は，写真の掲載頁とタイトル．

『甘粛出土魏晋唐墓壁画』中冊の左欄は，写真の掲載頁．

『甘粛出土魏晋唐墓壁画』中冊の中欄は，磚壁画収蔵(管理)単位・磚壁画次序号．カッコ内は，原始編号．収蔵単位の2は，嘉峪関市新城魏晋墓区文物管理所を示す．

『甘粛出土魏晋唐墓壁画』中冊の右欄は，タイトル．

備考欄は，『甘粛出土魏晋唐墓壁画』中冊の写真を，『魏晋十六国墓壁画』を基準にして比較した際の問題点について記入した．

『魏晋七号墓彩絵磚』(『甘粛嘉峪関魏晋七号墓彩絵磚』)欄は，写真の掲載頁とタイトル．太字は，拡大写真が附載されていることを示す．

【その他の関連文献】

呂占光編『嘉峪関文物集萃』：一部塼画の写真を掲載するが(61,62,64～72頁)，色調が不良なので，資料的な価値は低い．

岳邦湖他『岩画及墓葬壁画』：170～175頁「(五)各墓室壁画磚一覧表」(6.新城7号魏晋墓壁画磚)．

27. 嘉峪関新城墓群, **1972**年発掘八号墓(**72JXM8**)

1) 所　在:嘉峪関市新城鎮観蒲村, 東経**98**度**25**分**51**秒, 北緯**39**度**51**分**22**秒(七号墓の西側に隣接).
『嘉峪関壁画墓発掘報告』, **2**頁図一, **4**頁図二.
2) 構　造:前室(北)・後室(南)の双室, 前室の東西壁にそれぞれ耳室あり.
3) 墓　主:合葬墓, 不詳(七号墓と隣接しているゆえ, 男性墓主は王氏か).
4) 年　代:不詳.

嘉峪関新城墓群, **1972**年発掘八号墓出土塼画

No.	墓内位置ほか		『嘉峪関壁画墓発掘報告』		『嘉峪関文物図録』可移動文物巻		
	M8:鋪地塼		21Ⅳ式花紋方磚	7図六「Ⅳ式花紋方磚」(拓片)	133	0630	魏晋四神獣模印方磚
1	M8:---		樹木?*				
2	M8:---	前室4隅	21獣頭造型磚				
3	M8:---	前室墓頂	21花紋方磚				
4	M8:---	文字塼(封門塼)	44(釈文)	45図三八「条磚文字」(拓片)			

＊「嘉峪関・酒泉魏晋十六国壁画墓発掘追憶」に,「僅在幾塊磚上画了幾筆樹」とある(164頁).

墓内位置ほかの欄は, 原則として『嘉峪関壁画墓発掘報告』による. なおいずれも整理番号は不明なので, ---で示した.

『嘉峪関壁画墓発掘報告』の左欄は, 説明文や釈文の掲載頁と, その内容(釈文を除く).

『嘉峪関壁画墓発掘報告』の右欄は, 写真の掲載頁と図版番号. タイトルをカッコ内に示した.

『嘉峪関文物図録』可移動文物巻の左欄は, 写真の掲載頁.

『嘉峪関文物図録』可移動文物巻の中欄は, タイトルに併記された「総登記号」.

『嘉峪関文物図録』可移動文物巻の右欄は, タイトル.

【その他の関連文献】

張朋川「**嘉峪関・酒泉魏晋十六国壁画墓発掘追憶**」:塼画の情報を伝える.

28. 嘉峪関新城墓群, **1977**年発掘十号墓(**77HKM10**)

1) 所　在:嘉峪関市新城鎮観蒲村, 九号墓と同塋, 西側**3m**(両墓の間に未発掘の小墓).
「酒泉・嘉峪関晋墓的発掘」, **1**頁図一.
2) 構　造:前室・後室の双室墓.
3) 墓　主:合葬墓, 不詳(九号墓からは,「武郷亭侯」亀紐鎏金印が出土).
4) 年　代:不詳.

嘉峪関新城墓群, **1977**年発掘十号墓出土塼画

No.	墓内位置ほか		「酒泉・嘉峪関晋墓的発掘」
1	M10:---	門楼	2斗栱
2	M10:---	門楼	2獣首
3	M10:---	門楼	2著幘力士(正面双手托腮)
4	M10:---	門楼	2著幘力士(側身一手托腮)
5	M10:---	門楼(門扉上)	2線刻牛首人身像
6	M10:---	門楼(門扉上)	2線刻鶏首人身像

各欄はいずれも, 原則として「酒泉・嘉峪関晋墓的発掘」による.

「酒泉・嘉峪関晋墓的発掘」の欄は, 説明文からの読み取りで, 数字は頁を示す. 塼は全て「雕磚」(刻画塼)である.

29. 嘉峪関新城墓群，1979年発掘十二号墓（79JXM12）

1）所　在：嘉峪関市新城鎮観蒲村，東経**98**度**26**分**01**秒，北緯**39**度**51**分**00**秒（同六号墓の南約**200m**で，同塋内の十三号墓東側）．
「嘉峪関新城十二・十三号画像磚墓発掘簡報」，**7**頁図一．
2）構　造：前室（北）・後室（南）の双室．
3）墓　主：合葬墓，男性墓主は段某（『嘉峪関文物集萃』が紹介する鎮墓幡銘（仮称）に「段氏」とあり）．
4）年　代：不詳．

嘉峪関新城墓群，**1979**年発掘十二号墓出土塼画

No.	墓内位置ほか		『嘉峪関酒泉魏晋十六国墓壁画』		「嘉峪関新城十二・十三号画像磚墓発掘簡報」		『嘉峪関文物図録』可移動文物巻			『魏晋十二 十三号墓彩絵磚』
	M12門楼		271							
	M12前室東壁		272			8図二（南北壁東側を含む）				1（部分）
	M12前室西壁		273			8図三（南北壁西側を含む）				
	M12前室南壁		275							
	M12前室北壁		274							
	M12後室南壁		276							
1	M12:---	門楼1層左側		（斗栱）						
2	M12:---	門楼1層中央		（獣面）	異獣頭形					
3	M12:---	門楼1層右側		（斗栱）						
4	M12:---	門楼2層左端		（獣面）	異獣頭形					
5	M12:---	門楼2層左2			青龍					
6	M12:---	門楼2層中央		（力士）	戴冠頭像					
7	M12:---	門楼2層右2			白虎					
8	M12:---	門楼2層右端		（獣面）	異獣頭形					
9	M12:---	門楼3層左側		（斗栱）						
10	M12:---	門楼3層中央		（斗栱）						
11	M12:---	門楼3層右側		（斗栱）						
12	M12:---	門楼4層左端		（獣面）	異獣頭形					
13	M12:---	門楼4層左2		（斗栱）						
14	M12:---	門楼4層中央		（力士）	戴冠頭像					
15	M12:---	門楼4層右2		（斗栱）						
16	M12:---	門楼4層右端		（獣面）	異獣頭形					
17	M12:---	門楼5層左側		（斗栱）						
18	M12:---	門楼5層中央			閣門上朱雀					

19	M12:---	門楼5層右側		(斗栱)					
20	M12:---	門楼6層左端			騎射				
21	M12:---	門楼6層左2			神鹿・羚羊				
22	M12:---	門楼6層右2			神鹿・羚羊				
23	M12:---	門楼6層右端			狩猟?				
24	M12:01	前室北壁東側1層	277	一女提籃	一男手提桶				
25	M12:02	前室東壁1層左端		(犢車)	牛車				
26	M12:03	前室東壁1層左2		(犢車)	牛車				
27	M12:04	前室東壁1層右2		(露車)	牛車				
28	M12:05	前室東壁1層右端		(鶏群)	九只鶏				
29	M12:06	前室南壁東側1層	277	一男	一男手持木棒				
30	M12:07	前室北壁東側2層	278	鳳凰	長尾鳳鳥	13図一二「鳳凰図」			
31	M12:08	前室東壁2層左端	278	牛群	奔牛				
32	M12:09	前室東壁2層左2		(牛群)	奔牛	13図九「奔牛図」			
33	M12:010	前室東壁2層右2		(閣内?)	閣門・長尾鳳鳥				
34	M12:011	前室東壁2層右端	279	宰牛	殺牛	13図八「殺牛図」			8宰牛
35	M12:012	前室南壁東側2層		(一男?)	端盆	13図一一「端盆図」			
36	M12:013	前室北壁東側3層		(守門犬?)	一狗				
37	M12:014	前室東壁3層左端		(馬群)	牧馬	14図一七「牧馬図」			
38	M12:015	前室東壁3層左2	279	馬群	牧馬				
39	M12:016	前室東壁3層中央	280	牧馬	牧馬	14図一六「牧馬図」			9牧馬
40	M12:017	前室東壁3層右2		(宰羊?)	殺羊	14図一五「殺羊図」(上下逆)			
41	M12:018	前室東壁3層右端	280	宰猪	殺猪	13図一〇「殺猪図」			7宰猪
42	M12:019	前室南壁東側3層		(一男?)	殺猪	13図一三「殺猪図」			
43	M12:020	前室北壁西側1層		(樹木)	一株樹				
44	M12:021	前室西壁1層右端		(犢車)	牛車				
45	M12:022	前室西壁1層右2		(犢車)	牛車				
46	M12:023	前室西壁1層左2	281	犢車(欠損)	牛車		104	0065	魏晋牛車図画像磚	
47	M12:024	前室西壁1層左端	281	犢車	牛車					6犢車
48	M12:025	前室南壁西側1層	282	婦女及小孩	婦人・幼童	13図一四「婦人童子図」				3婦人童子
49	M12:026	前室北壁西側2層	282	一男	男子提桶・持棒					
50	M12:027	前室西壁2層右端	283	犂地	犂地					**4犂地**
51	M12:028	前室西壁2層右2	283	犂地	犂地					
52	M12:029	前室西壁2層左2		(欠損)	(欠損)					
53	M12:030	前室西壁2層左端	284	耙地	耙地					2耙地

54	M12:031	前室南壁西側2層		(婦女?)	婦女提籃(撒種?)	13図七「提桶図」(M12:1とする)				
55	M12:032	前室北壁西側3層		(樹木)	二棵樹					
56	M12:033	前室西壁3層右端		(羊群)	牧羊					
57	M12:034	前室西壁3層右2	284	羊群	牧羊					
58	M12:035	前室西壁3層中央	285	羊群(欠損)	牧羊		100	0051	魏晋羊群図画像磚	
59	M12:036	前室西壁3層左2	286	牧羊(欠損)	牧羊					10牧羊
60	M12:037	前室西壁3層左端		(塢?)	塢堡					
61	M12:038	前室南壁西側3層	286	鎮墓獣	独角猛獣	14図二〇「独角猛獣図」(M13:7とする)				
62	M12:---	後室南壁1層右端		(絹帛)	絹帛或簡冊					
63	M12:---	後室南壁1層中央		(漆盒)	漆盒					
64	M12:---	後室南壁1層左端		(絹帛)	絹帛或簡冊					
65	M12:---	後室南壁2層右端		(漆盒)	漆盒					
66	M12:---	後室南壁2層右2		(絹帛)	絹帛或簡冊					
67	M12:---	後室南壁2層左2		(絹帛)	絹帛或簡冊					
68	M12:---	後室南壁2層左端		(漆盒)	漆盒					
69	M12:---	後室南壁3層右端		(絹帛)	絹帛或簡冊					
70	M12:---	後室南壁3層右2		(絹帛)	絹帛或簡冊					
71	M12:---	後室南壁3層左2		(絹帛)	絹帛或簡冊					
72	M12:---	後室南壁3層左端		(絹帛)	絹帛或簡冊					
73	M12:---	後室南壁4層右端		(絲束)	絲束					
74	M12:---	後室南壁4層右2		(絲束)	絲束					
75	M12:---	後室南壁4層中央		(絲束)	絲束					
76	M12:---	後室南壁4層左2		(絲束)	絲束					
77	M12:---	後室南壁4層左端		(絲束)	絲束					
78	M12:---	鎮墓幡銘*			紫紅色招幡	15(説明頁. 出土墓不詳)				

＊ 鎮墓幡銘(仮称)については,『嘉峪関文物集萃』に,「魂幡」として出土の事実と釈文が紹介されている(27,87頁).「嘉峪関新城十二・十三号画像磚墓発掘簡報」が上げる「紫紅色招幡」と同じものである可能性が高い.

墓内位置ほか欄は,『嘉峪関酒泉魏晋十六国墓壁画』, 270頁「十二号墓壁画編号位置示意図」により作成した. ただし本書は, 前室西壁3層が5点なのに, 4点と誤る. ために前室の塼画38点が37点となっている. また門楼と後室の塼などには番号が附されていないので, 無番号を---で示す. なお門楼と後室については, 同書の写真と,「嘉峪関新城十二・十三号画像磚墓発掘簡報」の説明文からの推定である.

『嘉峪関酒泉魏晋十六国墓壁画』の左欄は, 写真の掲載頁.

『嘉峪関酒泉魏晋十六国墓壁画』の右欄は, タイトル. ただしカッコ内は編者が門楼や壁面の写真などから読み取った結果を示したもの.

「嘉峪関新城十二・十三号画像磚墓発掘簡報」の左欄は, 説明文にあるタイトル.

「嘉峪関新城十二・十三号画像磚墓発掘簡報」の右欄は, 写真・図の掲載頁と図版番号. タイトルをカッコ内に示した.

『嘉峪関文物図録』可移動文物巻の左欄は, 写真の掲載頁.

『嘉峪関文物図録』可移動文物巻の中欄は，写真タイトルに併記された「総登記号」.

『嘉峪関文物図録』可移動文物巻の右欄は，タイトル.

なお『嘉峪関文物図録』可移動文物巻には，いずれも「嘉峪関新城魏晋墓出土」とあるだけで，墓まで記しておらず，編者の判断による.

『魏晋十二 十三号墓彩絵磚』(『嘉峪関新城魏晋十二 十三号墓彩絵磚』)欄は，同書の写真の掲載頁とタイトル．太字は，拡大写真が附載されていることを示す.

【その他の関連文献】

岳邦湖他『岩画及墓葬壁画』:176～177頁「(五)各墓室壁画磚一覧表」(7.新城12号魏晋墓壁画磚)．本書は，前室39，後室11の計50点とする.

呂占光編『嘉峪関文物集萃』:「魂幡」出土の事実とその釈文あり.

30. 嘉峪関新城墓群，1979年発掘十三号墓（79JXM13）

1）所　在：嘉峪関市新城鎮観蒲村，東経**98**度**26**分**01**秒，北緯**39**度**51**分**00**秒（同塋内の十二号墓西側）．
「嘉峪関新城十二・十三号画像磚墓発掘簡報」，**7**頁図一．
2）構　造：前室（北）・後室（南）の双室．
3）墓　主：合葬墓，不詳（十二号墓と同塋ゆえ，男性墓主は段氏か）．
4）年　代：不詳（「嘉峪関新城十二・十三号画像磚墓発掘簡報」は，十二号墓よりやや晩いとする）．

嘉峪関新城墓群，**1979**年発掘十三号墓出土塼画

No.	墓内位置ほか		『嘉峪関酒泉魏晋十六国墓壁画』		「嘉峪関新城十二・十三号画像磚墓発掘簡報」		『嘉峪関文物図録』可移動文物巻			『魏晋十二 十三号墓彩絵磚』
	M13門楼		288							
	M13前室東壁		289			9図四（南北壁東側を含む）				
	M13前室西壁		290			9図五（南北壁西側を含む）				
	M13前室南壁		292							
	M13前室北壁		291							
	M13後室南壁		293							
1	M13:---	門楼1層中央		（斗栱）						
2	M13:---	門楼2層左側		（斗栱）						
3	M13:---	門楼2層中央		（力士）	托墓力士					
4	M13:---	門楼2層右側		（斗栱）						
5	M13:---	門楼3層左側		（獣面）	獣頭?					
6	M13:---	門楼3層中央		（斗栱）						
7	M13:---	門楼3層右側		（獣面）	獣頭?					
8	M13:---	門楼4層左側		（斗栱）						
9	M13:---	門楼4層中央		（獣面）	獣頭?					
10	M13:---	門楼4層右側		（斗栱）						
11	M13:---	門楼5層左側		（力士）	托墓力士?					
12	M13:---	門楼5層中央		（斗栱）						
13	M13:---	門楼5層右側		（力士）	托墓力士?					
14	M13:---	門楼6層左側		（斗栱）						
15	M13:---	門楼6層中央		（獣面）	獣頭?					
16	M13:---	門楼6層右側		（斗栱）						
17	M13:---	門楼7層左側		（獣面）	獣頭?					
18	M13:---	門楼7層中央		（斗栱）						
19	M13:---	門楼7層右側		（獣面）	獣頭?					
20	M13:---	門楼8層左側			青龍又は白虎					
21	M13:---	門楼8層中央			闕門?					
22	M13:---	門楼8層右側			青龍又は白虎					

23	M13:---	門楼9層左側			(不明)					
24	M13:---	門楼9層中央			闔門?					
25	M13:---	門楼9層右側			(不明)					
26	M13:01	前室北壁1層右	294	馬群	牧馬					13馬群(2)
27	M13:02	前室東壁1層左端		(馬群)	牧馬					
28	M13:03	前室東壁1層左2	294	牧馬	牧馬					11牧馬
29	M13:04	前室東壁1層右2	295	鶏群	鶏群					15鶏群
30	M13:05	前室東壁1層右端		(樹)	大樹					
31	M13:06	前室南壁1層左	295	殺鶏	婢女燙洗家禽	14図一八「婢女燙洗家禽図」				
32	M13:07	前室北壁2層右	296	鎮墓獣	一角猛獣					24独角獣
33	M13:08	前室東壁2層左端	296	羊群	牛					
34	M13:09	前室東壁2層左2		(人物)	牧童					
35	M13:010	前室東壁2層中央		(闔内)	開門朱雀					
36	M13:011	前室東壁2層右2		(人物)	人・棍棒					
37	M13:012	前室東壁2層右端	297	宰牛	殺牛					21宰羊
38	M13:013	前室南壁2層左	297	一女灶前焼火炊事	婢女焼火	14図一九「婢女焼火図」				23焼火
39	M13:014	前室北壁3層右	298	羊群	牧羊					14羊群
40	M13:015	前室東壁3層左端		羊群	牧羊					
41	M13:016	前室東壁3層左2	298	牧羊	牧羊					
42	M13:017	前室東壁3層右2	299	宰羊	宰羊					
43	M13:018	前室東壁3層右端	299	宰猪	宰猪					22宰猪
44	M13:019	前室南壁3層左	300	庖丁	庖丁	14図二一「屠夫図」				
45	M13:020	前室北壁1層左	300	犢車	牛車	14図二三「牛車図」				
46	M13:021	前室西壁1層右端		(露車)	牛車					
47	M13:022	前室西壁1層右2		(露車)	牛車					
48	M13:023	前室西壁1層左2	301	露車	牛車	14図二二「趕車図」				
49	M13:024	前室西壁1層左端		(犢車)	牛車					
50	M13:025	前室南壁1層右		(犢車)	牛車					
51	M13:026	前室北壁2層左	301	逃兔	放鷹逐兔					
52	M13:027	前室西壁2層右端	302	猟鷹逐兔	放鷹逐兔					
53	M13:028	前室西壁2層右2	302	猟人	放鷹逐兔					
54	M13:029	前室西壁2層左2	303	犂地	犂耕					18犂地(2)
55	M13:030	前室西壁2層左端	303	犂地	犂耕					19犂地(3)
56	M13:031	前室南壁2層右	304	犂地	犂耕					
57	M13:032	前室北壁3層左	304	犂地	男耕女播					
58	M13:033	前室西壁3層右端	305	二女提籃	男耕女播					
59	M13:034	前室西壁3層右2	305	馬群	馬群					12馬群(1)
60	M13:035	前室西壁3層左2	306	犂地	犂耕耙地					**35犂地(1)**
61	M13:036	前室西壁3層左端	307	耙地	犂耕耙地					20耙地

62	M13:037	前室南壁3層右	308	塢	犂耕耙地					
63	M13:---	後室南壁1層左端		(絹帛)	簡冊					
64	M13:---	後室南壁1層左2		(漆盒)	漆盒					
65	M13:---	後室南壁1層右2		(漆盒)	漆盒					
66	M13:---	後室南壁1層右端		(絹帛)	簡冊					
67	M13:---	後室南壁2層左端		(絹帛)	簡冊					
68	M13:---	後室南壁2層左2		(絹帛)	簡冊					
69	M13:---	後室南壁2層右2		(絹帛)	簡冊					
70	M13:---	後室南壁2層右端		(絹帛)	簡冊					
71	M13:---	後室南壁3層左端		(絲束)	絲束					
72	M13:---	後室南壁3層左2		(絲束)	絲束					
73	M13:---	後室南壁3層右2		(絲束)	絲束					
74	M13:---	後室南壁3層右端		(絲束)	絲束					
75	M13:---	後室男棺蓋板*	32	M1:40男棺蓋内面朱絵人物	東王公・西王母		74	0361	魏晋彩飾伏羲女媧図木棺蓋	『魏晋一号墓彩絵磚』32魏晋1号墓男棺蓋内面朱絵人物
			32	M1:41女棺蓋内面朱絵人物						『魏晋一号墓彩絵磚』31魏晋1号墓女棺蓋内面朱絵人物
76	M13:---	後室女棺蓋板			伏羲・女媧		74	0445	魏晋彩飾伏羲女媧図木棺蓋	
77	M13:---	後室女棺後板			卦象図	12図六「女棺後档頭卦象図」				

＊ 棺蓋の画像については，「嘉峪関新城十二・十三号画像磚墓発掘簡報」には説明文だけしかないが(12頁)，『嘉峪関文物図録』可移動文物巻に「1979年嘉峪関新城魏晋墓出土」として写真が掲載されているものがこれに該当しよう．しかしこれを拡大した写真が，『嘉峪関酒泉魏晋十六国墓壁画』と『魏晋一号墓彩絵磚』に，新城一号墓の男棺と女棺の棺蓋の画像として掲載されている．これは二重に誤っていると言うしかない．新城一号墓の男棺・女棺双方の棺蓋の画像は，『嘉峪関壁画墓発掘報告』に写真(図版八)と模本(23図一九1,2)が掲げられており，『嘉峪関酒泉魏晋十六国墓壁画』・『魏晋一号墓彩絵磚』のそれとは全く別のものである．

墓内位置ほか欄は，『嘉峪関酒泉魏晋十六国墓壁画』，287頁「十三号墓壁画編号位置示意図」により作成．なお，「嘉峪関新城十二・十三号画像磚墓発掘簡報」は，本墓の前室と後室の画像磚の総数と内訳を，十二号墓と同じ54点(38+16)とするが，『嘉峪関酒泉魏晋十六国墓壁画』の前室南壁と後室南壁の写真から，後室の塼画は3層12点である．また前室も同書の「示意図」によると，37点となる．また門楼と後室の塼などはいずれも番号が附されていないので，無番号を---で示す．なお門楼と後室については，『嘉峪関酒泉魏晋十六国墓壁画』の写真と，「嘉峪関新城十二・十三号画像磚墓発掘簡報」の説明文からの推定による．

『嘉峪関酒泉魏晋十六国墓壁画』の左欄は，写真の掲載頁．

『嘉峪関酒泉魏晋十六国墓壁画』の右欄は，タイトル．ただしカッコ内は編者が門楼や壁面などの写真から読み取った結果を示したもの．

「嘉峪関新城十二・十三号画像磚墓発掘簡報」の左欄は，説明文にあるタイトル．

「嘉峪関新城十二・十三号画像磚墓発掘簡報」の右欄は，写真・図の掲載頁と図版番号．タイトルをカッコ内に示した．

『嘉峪関文物図録』可移動文物巻の左欄は，写真の掲載頁．

『嘉峪関文物図録』可移動文物巻の中欄は，タイトルに併記された「総登記号」．

『嘉峪関文物図録』可移動文物巻の右欄は，タイトル．

『魏晋十二 十三号墓彩絵磚』(『甘粛嘉峪関魏晋十二 十三号墓彩絵磚』)の欄は，写真掲載頁と写真タイトル．太字は，拡大写真が附載されていることを示す．

【その他の関連文献】

岳邦湖他『岩画及墓葬壁画』：177～178頁「(五)各墓室壁画磚一覧表」(8.新城13号魏晋墓壁画磚)．本書は，前室39，後室11の計50点とするが，後室の内訳は十二号墓と全く同じである．

胡　之編／張宝璽撮影『魏晋一号墓彩絵磚』(『甘粛嘉峪関魏晋一号墓彩絵磚』)：男棺蓋の画像(部分)を誤って掲載している．

31. 嘉峪関新城墓群, **2002**年発掘毛庄子魏晋墓

1) 所　在:嘉峪関市新城鎮毛庄子村(東経**98**度**24**分**07**秒, 北緯**39**度**50**分**43**秒)の南**2km**(「記新発現的嘉峪関毛庄子魏晋墓木板画」, **75**頁図一).
2) 構　造:前室(北)・後室(南)の双室.
平面図は,「嘉峪関新城魏晋磚墓発掘報告」, **13**頁図一,「記新発現的嘉峪関毛庄子魏晋墓木板画」, **76**頁図二.
断面図(東壁剖面図)は,「嘉峪関新城魏晋磚墓発掘報告」, **14**頁図二,「記新発現的嘉峪関毛庄子魏晋墓木板画」, **76**頁図二.
3) 墓　主:合葬墓, 不詳.
4) 年　代:不詳.

嘉峪関新城墓群, **2002**年発掘毛庄子魏晋墓出土塼画・木板画

No.	墓 内 位 置 ほ か		「嘉峪関新城魏晋磚墓発掘報告」		「記新発現的嘉峪関毛庄子魏晋墓木板画」		『嘉峪関文物図録』可移動文物巻		
	門楼			26照46「墓門楼」					
				27照52「墓門和封門磚」					
				27照53「墓門上的拱券」					
	門楼描き起こし図			15図3(南墓区晋墓門楼図)					
	前室東壁			26照47「前室東壁上的門龕」					
				26照48「前室東南角」					
				27照54「前室東北角上的灯柱」					
	後室			27照55「後室後壁」(前壁=北壁の誤り)					
				27照56「後室墓門」					
	鋪地塼			26照44「鋪地花紋方磚」					
1	門楼*	門楼1層左側	(斗栱)	15図3「南墓区晋墓門楼図」					
		門楼1層右側	損壊?	同上					
2		門楼2層左側	(羊首彩絵磚雕)	同上					
3		門楼2層右側	(羊首彩絵磚雕)	同上					
4		門楼3層左側	(斗栱)	同上					
5		門楼3層右側	(斗栱)	同上					
6		門楼4層左側	(托腮力士磚雕)	同上					
7		門楼4層右側	(托腮力士磚雕)	同上					
8		門楼5層左側	(斗栱)	同上					
9		門楼5層右側	(斗栱)	同上					
10		門楼6層左側	(托梁力士磚雕)	同上					
11		門楼6層右側	(托梁力士磚雕)	同上					
12		門楼7層左側	(斗栱)	同上					
13		門楼7層右側	(斗栱)	同上					
14		門楼8層左側	(羊首彩絵磚雕)	同上					
15		門楼8層右側	(羊首彩絵磚雕)	同上					
16		門楼9層左側	(側獣塼)	同上					
17		門楼9層右側	(側獣塼)	同上					

18	男棺蓋板		20男棺蓋板	24照25「男棺蓋板図」					
	男棺蓋板描き起こし図			18図十「棺板図ー伏羲・女媧」					
19	女棺蓋板		20女棺蓋板	25照38「女棺蓋板図ー伏羲・女媧」(局部)	77伏羲女媧日月星河図	81図一四「伏羲女媧日月星河図」			
	女棺蓋板描き起こし図			15図四「南墓区晋墓女棺板図」		76図三「伏羲女媧日月星河図」(局部)			
20	木板画1		19木板画1	25照27「木板画」	77樹下人物図	82図一六「樹下人物図」			
	同描き起こし図			16図六10「木器/木板画」		77図四「樹下人物図」			
21	木板画1v		19木板画1	24照19「木板画」	78亀紋図案	82図一七「亀紋図案」			
	同描き起こし図			16図六9「木器/木板画」		77図五「亀紋図案」			
22	木板画2		19木板画2		79葉紋図案	81図一五「葉紋図案」			
	同描き起こし図			19図十三5「木板画」		78図六「葉紋図案」			
23	木板画2v		19木板画2	24照18「雲気紋木板画」	79雲紋図案	82図一八「雲紋図案」			
	同描き起こし図			19図十一1「木器/雲紋木板画」 19図十三4「木板画」?(上から2/3の部分)		78図七「雲紋図案」			
24	木板画3		19木板画3(図十一3とするは誤り)		79装飾図案	83図一九「装飾図案」			
	同描き起こし図			19図十一2「木器/木辺框残片」?		78図八「装飾図案」			
25	木板画4		20木板画5	24照20「天馬木板画」	79飛馬異獣図	83図二〇「飛馬異獣図」	76	2084	魏晋飛馬異獣図木板画
	同描き起こし図			18図九「木板画ー天馬」		78図九「飛馬異獣図」			
26	木板画5		20木板画4	24照17「龍・虎木板画」	79青龍白虎図	83図二一「青龍白虎図」			
	同描き起こし図			18図八1「木器/龍・虎画」		80図一〇「青龍白虎図」			
27	木板画6		20木板画6	24照23「朱雀木板画」	79朱雀図	84図二二「朱雀図」			
	同描き起こし図			17図七2「木器/木板画」		80図一一「朱雀図」			
28	木板画7		20木板画7	24照24「玄武木板画」	79玄武図	84図二三「玄武図」			
	同描き起こし図			17図七1「木器/木板画ー龍・虎」		80図一二「玄武図」			
29	木板画8		20木板画8		79異獣図	84図二四「異獣図」			
	同描き起こし図			18図8-2「木器/木板画」		80図一三「異獣図」			
30	不詳			24照16「雲気紋木板画」					
31	不詳			25照36「雲気紋木板画」					

＊ 門楼の塼に関しては，「嘉峪関新城魏晋磚墓発掘報告」，21頁図一二(描き起こし図)，26頁照40,50，27頁照49(以上，写真)などがあるが，それぞれの門楼上の位置を確定できないため，表示しなかった．

墓内位置ほかの左欄は，主として「嘉峪関新城魏晋磚墓発掘報告」に依拠して作成した．

墓内位置ほかの右欄は，「嘉峪関新城魏晋磚墓発掘報告」の写真によった．

「嘉峪関新城魏晋磚墓発掘報告」の左欄は，説明頁と当該文物のタイトルを示した．ただし門楼の項は，編者の読み取りによるため，カッコを附した(このうち，「斗栱」と「側獣塼」は編者の命名による)．

「嘉峪関新城魏晋磚墓発掘報告」の右欄は，写真・図などの掲載頁と図版番号．カッコ内にそのタイトルを示した．

「記新発現的嘉峪関毛庄子魏晋墓木板画」の左欄は，解説頁と当該文物のタイトル．

「記新発現的嘉峪関毛庄子魏晋墓木板画」の右欄は，写真・図などの掲載頁と図版番号．カッコ内にそのタイトルを示した．

『嘉峪関文物図録』可移動文物巻の左欄は，写真の掲載頁．

『嘉峪関文物図録』可移動文物巻の中欄は，タイトルに併記された「総登記号」．

『嘉峪関文物図録』可移動文物巻の右欄は，タイトル．

32. 嘉峪関野麻湾墓群, **1993**年発掘二号墓

1) 所　在:嘉峪関市新城鎮野麻湾村(東経**98**度**22**分**30**秒, 北緯**39**度**55**分**36**秒)の域内.
2) 構　造:不詳.
3) 墓　主:不詳.
4) 年　代:不詳.

嘉峪関野麻湾墓群, **1993**年発掘二号墓出土塼画

No.	総登記号	タ　イ　ト　ル	所収頁	横×縦×厚さ**(cm)**
1	0647	魏晋“托梁力士”雕磚	135	19×19×5.5
2	0649	魏晋“人形”雕磚	135	17.5×17.5×5

データは全て『嘉峪関文物図録』可移動文物巻のものである.

33. 嘉峪関峪泉鎮牌坊梁墓群, **1972**年発掘一号墓

1) 所　在:嘉峪関市峪泉鎮嘉峪関村南**1.5km**.「河西出土的漢晋絵画簡述」は,「嘉峪関城楼下東南三公里」とする(**61**頁).
2) 構　造:前室・後室の双室.
3) 墓　主:不詳.
4) 年　代:漢代(『中国文物地図集』下冊, **63**頁)/後漢晩期(『嘉峪関市志』, **416**頁)/魏晋(「河西出土的漢晋絵画簡述」)

嘉峪関峪泉鎮牌坊梁墓群, **1972**年発掘一号墓出土塼画

No.	内　容	「河西出土的漢晋絵画簡述」	
1	塢・車	前室右壁一層	
2	樹・羊(牧羊)	同　二層	
3	耕作(犂耕・溜種)		
4	耕作(撒種・耱地)	同　三層	69図一八「耕種図」
5	宰羊		70図一九「宰羚羊図」
6	塢・馬		
7	四女宴飲	前室左壁一層	68図一四「主人宴享図」
8	濾醋	同　二層	69図一六「烹調図」
9	炊厨(切肉・煮食)		69図一五「切肉烤肉図」
10	炊厨(挂肉・擺肉)	同　三層	
11	炊厨		
12	炊厨(煮食・擺食?)		69図一七「做食図」
--	布帛/蚕繭/絲束(計数点)	後　室	

No.は,『嘉峪関市志』の「嘉峪関牌坊梁漢墓壁画内容」によった.
内容欄は,上掲「嘉峪関牌坊梁漢墓壁画内容」と,「河西出土的漢晋絵画簡述」の内容説明を要約したもの.
「河西出土的漢晋絵画簡述」の左欄は,墓内位置を示す.
「河西出土的漢晋絵画簡述」の右欄は,写真の掲載頁と図版番号.タイトルをカッコ内に示した.

【その他の関連文献】
嘉峪関市志弁公室編『嘉峪関市文物志』.

34. 嘉峪関峪泉鎮, **2004**年発掘魏晋墓

1) 所　在:嘉峪関市峪泉鎮嘉峪関村(東経**98**度**13**分**32**秒, 北緯**39**度**49**分**12**秒)の域内.
嘉峪関～黄草営公路東側地区水泥廠北部のゴビ灘上(「嘉峪関峪泉鎮魏晋墓出土画像磚及其保存状況調査」, **104**頁).
2) 構　造:前室・後室の双室墓(同上, **104**頁).
3) 墓　主:不詳.
4) 年　代:不詳.

嘉峪関峪泉鎮, **2004**年発掘魏晋墓塼画(Ⅰ)*

No.	墓内位置	タイトル	写　真	備　考
1	門楼第一層左	青龍磚雕		
2	門楼第一層中央	双手托腮力士造型雕磚		
3	門楼第一層右	青龍磚雕		
4	門楼第二層左	斗栱造型磚		
5	門楼第二層右	斗栱造型磚		
6	門楼第三層左	熊像雕磚		
7	門楼第三層中央	歪頸力士雕磚		
8	門楼第三層右	熊像雕磚		
9	門楼第四層左	男僕磚(縦置)		
10	門楼第四層中央	双手托腮力士雕磚		
11	門楼第四層右	女僕磚(縦置)		
12(1)	前室北壁	樹鳥図(四鳥)		
13(2)	(上⇒下, 左⇒右)	托梁赤幘力士図		
14(3)		樹鳥図(四鳥)		
15(4)		熊像雕磚		
16(5)		殺牛図		2121
17(6)		殺猪図		2122
18(7)		宰羊図		
19(8)		宰羊図		
20(9)		濾罐図(三罐)		
21(10)		濾罐図(三罐)		
22(11)		侍女図(三女)		
23(12)		焼火図		2126
24(1)	前室南壁	熊像雕磚		
25(2)	(上⇒下, 左⇒右)	樹鳥図(五鳥)	106図1,2「樹鳥図」	2128

26(3)		托梁赤幘力士図		
27(4)		樹鳥図(四鳥)		
28(5)		牛耕図(犂耕)		
29(6)		牛耕図(犂耕)		
30(7)		牛耕図(犂耕)		
31(8)		牛耕図		
32(9)		畜牧図(七馬)		2134
33(10)		馬群図(一馬)		
34(11)		羊群図		
35(12)		羊群図		
36	後室壁面(後壁?)	絹帛図画像磚(15点)		
37		奩盒図画像磚(2点)		
38		雲気紋図斗栱(6点)		
39		円圏図(2点)		

＊「峪泉鎮魏晋墓」という名称は,「嘉峪関峪泉鎮魏晋墓出土画像磚及其保存状況調査」による仮称である.『嘉峪関文物図録』可移動文物巻は，出土地を「嘉峪関村三組墓群」とする.

カッコ内のナンバー，墓内位置欄，タイトル欄，および写真欄(写真の掲載頁・図版番号とタイトル)は,「嘉峪関峪泉鎮魏晋墓出土画像磚及其保存状況調査」による.

なお106頁図3,4「熊像雕磚」，同図5,6「絹帛図」については，墓内位置を確定できないので，表には記入せず.

備考欄は,『嘉峪関文物図録』可移動文物巻の「総登記号」を示す.

嘉峪関峪泉鎮，2004年発掘魏晋墓塼画（Ⅱ）

No.	総登記号	タ イ ト ル	所収頁	横×縦×厚さ(cm)
1	2117	魏晋樹鳥図画像磚	136	37×17.5×5.5
2	2119	魏晋樹鳥図画像磚	136	37×17.5×5.5
3	2121	魏晋殺牛図画像磚	137	37×18×6
4	2122	魏晋殺猪図画像磚	137	37×18×5
5	2123	魏晋殺羊図画像磚	138	37×18×5.5
6	2124	魏晋殺羊図画像磚	138	37×18×5.5
7	2126	魏晋焼火図画像磚	139	37×17.5×5.5
8	2128	魏晋樹鳥図画像磚	139	37×18×5.5
9	2130	魏晋樹鳥図画像磚	140	37×18×6
10	2132	魏晋犂地図画像磚	140	37×17.5×6.5
11	2133	魏晋犂地図画像磚	141	37×18×5.5
12	2134	魏晋馬群図画像磚	141	37×18×5.5

データは全て『嘉峪関文物図録』可移動文物巻による．このうち，墓内位置が判明するものについては，(I)の備考欄に示した．

35.『嘉峪関文物図録』可移動文物巻所収，嘉峪関市域出土，出土墓未詳塼画

No.	総登記号	タ イ ト ル	所収頁	横×縦×厚さ(cm)	備 考
1	0047	魏晋絲束図画像磚	98	36×17×5	新城四号墓後室南壁第5層塼の可能性大.
2	0052	魏晋宴居図画像磚	100	34.5×17×5.5	新城三号墓出土とするが，該当なし.
3	0055	魏晋仕女図画像磚	101	16×17×5.5	新城四号墓出土とするが，該当なし.
4	0056	魏晋仕女図画像磚	101	18×17×5.5	新城七号墓出土とするが，該当なし.
5	0097	魏晋宴居図画像磚	118	35.5×17×5.5	新城三号墓出土とするが，該当なし.
6	0126	魏晋“托梁力士”雕磚	127	18×18×4.5	
7	0127	魏晋“獣形”雕磚	127	20×17×5	
8	0131	魏晋仕女図画像磚	128	17.5×15×4.5	
9	0141	魏晋“人首”雕磚	130	18×16×6	
10	0145	魏晋仕女図画像磚	131	17.5×13×5	
11	0150	魏晋“熊像”雕磚	131	16×11×5	
12	0629	魏晋四神獣模印方磚	132	35×35×5	
13	0631	魏晋蓮花紋模印方磚	133	33×33×6	

データは全て『嘉峪関文物図録』可移動文物巻による．備考欄に書き込みがないものは，同書が「嘉峪関新城魏晋墓出土」として掲載するものである．

36. 酒泉果園西溝墓群, 1992年発掘四号墓(92JXM4)

1) 所　在:酒泉市果園郷西溝村六組南(上閘地墓群). 五号墓(**1993**年発掘墓か)とは**10m**の距離(『岩画及墓葬壁画』, **59**頁).
2) 構　造:前室・後室の双室墓. 前室には左右(東西)に耳室(『岩画及墓葬壁画』, **59**頁).
3) 墓　主:夫婦合葬墓, 西壁耳室に未成年人骨(『岩画及墓葬壁画』, **59**頁).
4) 年　代:不明.

酒泉果園西溝墓群, **1992**年発掘四号墓出土塼画

No.	墓内位置	『岩画及墓葬壁画』		『甘粛出土魏晋唐墓壁画』下冊			備考	『酒泉文物精萃』	『西溝魏晋墓彩絵磚』
	M4門楼		60図40「晋墓照墻」						
	M4前室南壁			613	4·001[M4:0587]	前室南壁縮略図			
	M4前室西壁			622	4·002[M4:0585]	前室西壁縮略図			
	M4前室東壁			636	4·003[M4:0586]	前室東壁縮略図			
	M4前室北壁			652	4·004[M4:0584]	前室北壁縮略図			
	M4後室北壁			662	4·005[M4:0588]	後室北壁縮略図			
	M4前室四隅					彩絵龍首磚雕			
	M4鋪地塼					雲気穿璧紋方磚			
1	門楼1層～7層					斗栱・熊俑・力士等磚雕			
2	門楼8層左					(斗栱)			
	門楼8層中央					(不詳)			
3	門楼8層右					(斗栱)			
4	門楼9層左					熊俑磚雕			
5	門楼9層中央					斗栱磚			
	門楼9層右					脱落			
6	門楼10層左					斗栱彩絵雲気磚			
	門楼10層中央					不詳			
7	門楼10層右					斗栱彩絵雲気磚			
8	門楼11層左					牛首人身磚			
9	門楼11層中央					人首蛙身磚雕			
10	門楼11層右					鶏首人身磚			
11	門楼12層左					単手托腮側頭守門卒磚雕			
12	門楼12層中央					斗栱磚			
13	門楼12層右					単手托腮側頭守門卒磚雕			
14	門楼13層左					彩絵龍首磚雕			
	門楼13層中央					素面磚			

15	門楼13層右					彩絵龍首磚雕			
16	門楼14層左端左					長裙婢女彩絵磚			
17	門楼14層左端中					熊偭磚雕(熊頭人身)			
18	門楼14層左端右					長裙婢女彩絵磚			
19	門楼14層中央左					彩絵翼虎磚(縦置き)			
20	門楼14層中央右					彩絵翼虎磚(縦置き)			
21	門楼14層右端左					長裙婢女彩絵磚			
22	門楼14層右端中					熊偭磚雕(熊頭人身)			
23	門楼14層右端右					長裙婢女彩絵磚			
24	前室南壁1層左端	15房舎		614	4･001-1[M4:0564]	穹廬帳図	塗り直しか.		
25	前室南壁1層右端	16紡綫		615	4･001-2[M4:0563]	紡綫図	塗り直しか.	92紡綫彩絵磚画	
26	前室南壁2層左端	17鶏群	彩図17「家禽」	616	4･001-3[M4:0538]	鶏群図	塗り直しか.	85鶏群彩絵磚画	
27	前室南壁2層右端	18羊群		617	4･001-4[M4:0553]	羊群図	塗り直しか.		
28	前室南壁3層左端	19狗		618	4･001-5[M4:0539]	家犬図	塗り直しか. 中央部分は剥離.		
29	前室南壁3層右端	20羊群		619	4･001-6	羊群図	塗り直しか.		
30	前室南壁4層左端	21馬		620	4･001-7[M4:0540]	駿馬図	中央部分を白く塗り直しか.		
31	前室南壁4層右端	*		621	4･001-8[M40555]	人物図	模糊として, 図像識別不能.		
32	前室西壁1層左端	22紡綫		623	4･002-1[M4:0562]	紡綫図	塗り直しか.		
33	前室西壁1層中央	23炊厨		624	4･002-2[M4:0524]	穹廬帳図	塗り直しか.		
34	前室西壁1層右端	24採桑		625	4･002-3[M4:0521]	採桑図	塗り直しか.	88採桑彩絵磚画	
35	前室西壁2層左端	25馬群	彩図16「牧馬」	626	4･002-4[M4:0527]	馬群図	塗り直しか.	86馬群彩絵磚画	
36	前室西壁2層中央	26牧牛		627	4･002-5[M4:0525]	放牧図		91放牧彩絵磚画	
37	前室西壁2層右端	27双馬		628	4･002-6[M4:0517]	双馬図	塗り直しか.	87伏櫪彩絵磚画	
38	前室西壁3層左端	28馬群		629	4･002-7[M4:0528]	馬群図			
39	前室西壁3層中央	29牛群		630	4･002-8[M4:0526]	牛群図	塗り直しか.		
40	前室西壁3層右端	30耕犂		631	4･002-9[M4:0518]	耕犂図	塗り直しか.		57耕作(2)
41	前室西壁4層左端	31耕犂		632	4･002-10[M4:0529]	耕犂図			
42	前室西壁4層左2	32耕犂		633	4･002-11[M4:0530]	耕犂図	枠のみ塗り直しか. 中央部分模糊.		
43	前室西壁4層右2	33揚場		634	4･002-12[M4:0520]	揚場図	左半分剥離し, 識別不能.		
44	前室西壁4層右端	34?塢舎(題記)		635	4･002-13[M4:0519]	農夫･塢壁図(題記無)	枠のみ塗り直しか.		
45	前室東壁1層左端	1穹廬帳		637	4･003-1	穹廬帳図	塗り直しか.		
46	前室東壁1層左2	*		638	4･003-2[M4:0568]	祥雲図	塗り直しか.		
47	前室東壁1層中央	2?炊厨		639	4･003-3[M4:0567]	穹廬帳図			
48	前室東壁1層右2	*		640	4･003-4[M4:0566]	祥雲図	塗り直しか.		
49	前室東壁1層右端	3梳妝		641	4･003-5[M4:0565]	梳妝図	塗り直しか. 一部剥離.	98梳妝彩絵磚画	
50	前室東壁2層左端	4屠宰		642	4･003-6	人物図	塗り直しか.		

51	前室東壁2層左2	5椎牛		643	4·003-7[M4:0541]	椎牛図		87宰羊彩絵磚画	
52	前室東壁2層右2	6牛車		644	4·003-8[M4:0531]	牛車図	塗り直しか.	92牛車彩絵磚画	
53	前室東壁2層右端	7駅使		645	4·003-9[M4:0533]	信使図	塗り直しか. 一部剥離.	89信使彩絵磚画	
54	前室東壁3層左端	8燙鶏		646	4·003-10[M4:0542]	殺鶏図	塗り直しか.	90殺鶏彩絵磚画	
55	前室東壁3層中央	9羊群		647	4·003-11[M4:0534]	羊群図	塗り直しか.	91羊群彩絵磚画	
56	前室東壁3層右端	10?林木(3樹)		648	4·003-12[M4:0536]	樹図(1樹)	塗り直しか.		
57	前室東壁4層左端	11炊厨		649	4·003-13[M4:0543]	炊厨図	塗り直しか. 一部識別不能.		
58	前室東壁4層左2	12濾醋				(濾醋図)			
59	前室東壁4層右2	13犂地		650	4·003-14[M4:0537]	耕犂図	枠のみ塗り直しか. 中央部分模糊.		
60	前室東壁4層右端	14犂地		651	4·003-15[M4:0535]	耕犂図	枠のみ塗り直しか. 識別不能.		
61	前室北壁1層左端	36房舎		653	4·004-1[M4:0522]	穹廬帳図	塗り直しか.		
62	前室北壁1層左2	*				(雲気紋図)			
63	前室北壁1層右2	*		654	4·004-2	雲気紋図	塗り直しか.		
64	前室北壁1層右端	37休憩		655	4·004-3[M4:0570]	護桑育蚕図	塗り直しか.	89護桑育蚕彩絵磚画	
65	前室北壁2層左端	39撒播		656	4·004-4[M4:0512]	漫田撒播図	塗り直しか.	88漫田撒播彩絵磚画	
66	前室北壁2層右端	38宰羊		657	4·004-5[M4:0544]	宰羊図	塗り直しか. ほとんど識別不能.		
67	前室北壁3層左端	*		658	4·004-6[M4:0514]	耕犂図	塗り直しか.		
68	前室北壁3層右端	40屠猪		659	4·004-7[M4:0545]	屠宰図	塗り直しか. 一部識別不能.		
69	前室北壁4層左端	41耕犂		660	4·004-8	耕犂図	枠のみ塗り直しか.		
70	前室北壁4層右端	42塢舎		661	4·004-9[M4:0546]	塢壁図	塗り直しの形跡有り. 写真一部欠.		
	前室位置不詳	35画面模糊不清							
71	後室1層左	43奩盒		663	4·005-1[M4:0575]	漆奩盒図	塗り直しか.	90漆奩彩絵磚画	
72	後室1層右	44奩盒				(漆奩盒図)			
	該当なし	45奩盒							
73	後室2層左	46布帛		664	4·005-2[M4:0576]	絲束·絹帛図	塗り直しか.		
74	後室2層中央左	47布帛		665	4·005-3[M4:0577]	絲束·絹帛図	塗り直しか.		
75	後室2層中央右	48布帛				(絲束·絹帛図)			
76	後室2層右	*				(絲束·絹帛図)			
77	後室3層左	49絲束				不詳			
78	後室3層中央左	50絲束				不詳			
79	後室3層中央右	51絲束				不詳			
	後室3層右	*				不詳			
80	後室4層左	52絲束布帛				不詳			
81	後室4層中央左	53絲束布帛				不詳			
82	後室4層中央右	54絲束布帛				不詳			
	後室4層右	*				不詳			

83	後室5層左	55円圏			4･005-4[M4：0580]	円圏図	塗り直しか.		
84	後室5層中央左	56円圏				(円圏図)			
85	後室5層中央右	57円圏			4･005-5[M4：0581]	円圏図	塗り直しか.		
86	後室5層右	58円圏				(円圏図)			

＊『岩画及墓葬壁画』がデータを脱落させていることを示す.

墓内位置の欄は,『甘粛出土魏晋唐墓壁画』下冊の解説に依拠し, 各壁面全体の写真によりこれを確認した. なお門楼については,『岩画及墓葬壁画』の写真に依拠した.

『岩画及墓葬壁画』の左欄は, 83頁以下の「西溝4号晋墓画磚」表の「磚画内容」欄による. 同表の番号とタイトル.

『岩画及墓葬壁画』の右欄は, 写真の掲載頁・図版番号. タイトルをカッコ内に示した.

『甘粛出土魏晋唐墓壁画』下冊の左欄は, 写真の掲載頁.

『甘粛出土魏晋唐墓壁画』下冊の中欄は, 磚壁画収蔵(管理)単位・磚壁画次序号. カッコ内は, 原始編号(発掘編号または収蔵者の整理編号)を示す. 冒頭の出土地と墓の編号JGM4は省略した. なお4は, 酒泉市博物館(当時)を示す.

『甘粛出土魏晋唐墓壁画』下冊の右欄は, タイトル. ただし写真が掲載されていない前室四隅と鋪地塼, ならびに門楼については, 同書の「(酒泉西溝魏晋墓・四号墓)綜述」による.

またカッコ内に示したものは, 編者が写真から読み取ったことを示す.

備考欄には,『甘粛出土魏晋唐墓壁画』下冊の写真から読み取れる問題点・疑問点などを記した.

『酒泉文物精萃』の欄は, 写真の掲載頁とタイトル. なお全て「1993年西溝魏晋墓出土」とする.

『西溝魏晋墓彩絵磚』(『甘粛酒泉西溝魏晋墓彩絵磚』)の欄は, 写真の掲載頁とタイトル.

37. 酒泉果園西溝墓群, 1993年発掘二号墓(93JXM2)

1) 所　在:酒泉市果園郷西溝村六組南(上閘地墓群).
　「甘粛酒泉西溝村魏晋墓発掘報告」, **4**頁図一.
2) 構　造:前室(東)・後室(西)の双室墓.
　平面図と断面図は,「甘粛酒泉西溝村魏晋墓発掘報告」, **5**頁図三.
3) 墓　主:不明.
4) 年　代:不明.

酒泉果園西溝墓群, 1993年発掘二号墓出土塼画

No.	墓内位置	「西溝村魏晋墓発掘報告」	
	M2前室北壁		6図四「前室北側壁」
	M2後室券門		6図五「後室券門」
1	M2門楼?	人面蛙身力士磚雕	6図六「人面蛙身力士磚雕」
2	M2門楼?	狐首力士磚雕	6図七「狐首力士磚雕」
3	M2門楼?	狐首力士磚雕	

墓内位置の欄は,「西溝村魏晋墓発掘報告」(「甘粛酒泉西溝村魏晋墓発掘報告」)による.
「西溝村魏晋墓発掘報告」の左欄は, 塼のタイトル.
「西溝村魏晋墓発掘報告」の右欄は, 写真の掲載頁と図版番号. タイトルをカッコ内に示した.

38. 酒泉果園西溝墓群，1993年発掘五号墓（93JXM5）

1）所　在：酒泉市果園郷西溝村六組南（上閘地墓群）．
「甘粛酒泉西溝村魏晋墓発掘報告」，**4**頁図一．
2）構　造：前室（南）・中室・後室（北）の三室墓．前室には右（東）耳室あり．
平面図と断面図は，「甘粛酒泉西溝村魏晋墓発掘報告」，**8**頁図一〇．
3）墓　主：不明．
4）年　代：不明．

酒泉果園西溝墓群，**1993**年発掘五号墓出土塼画

No.	墓内位置ほか	「西溝村魏晋墓発掘報告」		『岩画及墓葬壁画』		『甘粛出土魏晋唐墓壁画』下冊			備考	『酒泉文物精萃』	『西溝魏晋墓彩絵磚』
	前室南壁					679	4·001[M5:0633]	前室南壁縮略図			
	前室西壁					682	4·002[M5:0634]	前室西壁縮略図			
	同描き起こし図		9図一一								
	前室東壁					691	4·003[M5:0632]	前室東壁縮略図			
	前室北壁					699	4·004[M5:0631]	前室北壁縮略図			
	中室南壁					708	4·005[M5:0707]	中室南壁縮略図			
	中室西壁					713	4·006[M5:0705]	中室西壁縮略図			
	中室東壁					733	4·007[M5:0703]	中室東壁縮略図			
	中室北壁					753	4·008[M5:0700]	中室北壁縮略図			
	後室北壁					760	4·009[M5:0589]	後室北壁縮略図			
	同描き起こし図		10図一三「後室北壁」								
	門楼1層	不明						[不清楚]			
1	門楼2層左端	斗栱						斗栱			
2	門楼2層中央左	力士						力士			
3	門楼2層中央右	力士						力士			
4	門楼2層右端	斗栱						斗栱			
	門楼3層左端	素面磚						素面磚			
5	門楼3層中央左	斗栱						斗栱			
6	門楼3層中央右	斗栱						斗栱			
	門楼3層右端	素面磚						素面磚			
7	門楼4層左端	力士						力士			
	門楼4層中央左	素面磚						素面磚			
	門楼4層中央右	素面磚						素面磚			
8	門楼4層右端	力士						力士			
	門楼5層左端	素面磚						素面磚			
9	門楼5層中央左	斗栱						斗栱			
10	門楼5層中央右	斗栱						斗栱			

	門楼5層右端	素面磚						素面磚			
11	門楼6層左端	斗栱						斗栱			
	門楼6層中央左	素面磚						素面磚			
	門楼6層中央右	素面磚						素面磚			
12	門楼6層右端	斗栱						斗栱			
13	門楼7層左端	白虎画像磚						白虎画像磚			
	門楼7層中央左	素面磚						素面磚			
	門楼7層中央	素面磚						素面磚			
	門楼7層中央右	素面磚						素面磚			
14	門楼7層右端	白虎画像磚						白虎画像磚			
15	門楼8層左端	力士						力士			
16	門楼8層中央	磚雕斗栱						磚雕斗栱			
17	門楼8層右端	力士						力士			
	門楼9層左端	[不清]						[不清]			
18	門楼9層中央	力士						力士			
19	門楼9層右端	飛虎画像磚						飛虎画像磚			
20	門楼10層左端	双手向上力士						双手向上力士			
21	門楼10層中央左	斗栱						斗栱			
22	門楼10層中央右	斗栱						斗栱			
23	門楼10層右端	扶頬力士						扶頬力士			
24	門楼11層左端	白虎画像磚						白虎画像磚			
	門楼11層中央	素面磚**						素面磚**			
25	門楼11層右端	白虎画像磚						白虎画像磚			
	門楼12層左端	[不清]						[不清]			
26	門楼12層中央左	力士磚雕						力士磚雕			
27	門楼12層中央右	力士磚雕						力士磚雕			
28	門楼12層右端	白虎画像磚						白虎画像磚			
29	門楼13層左端	浮雕力士						浮雕力士			
30	門楼13層中央	磚雕斗栱**						磚雕斗栱**			
31	門楼13層右端	浮雕力士						浮雕力士			
	門楼14層左端	[盗洞]						[盗洞]			
	門楼14層中央	[盗洞]						[盗洞]			
32	門楼14層右端	牛首人形磚雕						牛首人形磚雕			
33	門楼15層左端	扶頬力士磚雕						扶頬力士磚雕			
	門楼15層中央	[盗洞]						[盗洞]			
34	門楼15層右端	扶腮力士磚雕						扶腮力士磚雕			
35	前室南壁1層左端	樹林·穹廬帳		14房舎							
36	前室南壁1層右端	樹林·穹廬帳		13林鳥		680	4·001-1[M5:0625]	樹図	塗り直しか、飛鳥おらず.		
	前室南壁2層			15[不清]							

37	前室南壁3層	鶏群		16鶏群		681	4·001-2[M5:C610]	鶏群図	塗り直しか.		
	前室南壁4層			17[不清]							
38	前室西壁1層左端	穹廬·人物	21図四九「穹廬·人物」	18炊厨		683	4·002-1[M5:C624]	穹廬帳図	塗り直しか. 左半は識別困難.		
39	前室西壁1層左2	穹廬·人物?		20房舎							
40	前室西壁1層中央					684	4·002-2[M5:C622]	雲気紋図	塗り直しか.		
41	前室西壁1層右2	穹廬·人物	21図五〇「穹廬·人物」	19休憩		685	4·002-3[M5:C617]	穹廬帳図	塗り直しか. 全体に白い帯あり.	86休憩彩絵磚画	51穹廬帳中的少女
42	前室西壁1層右端					686	4·002-4[M5:C616]	雲気紋図	塗り直しか.		
43	前室西壁2層左端	馴馬		21馴馬							
44	前室西壁2層左2	播種		22播種							
45	前室西壁2層右2	牛耕		23牛群		687	4·002-5[M5:C619]	耕犂図	塗り直しか. 全体に模糊.		
46	前室西壁2層右端	牛車	21図五一「牛車」	24牛車		688	4·002-6[M5:C618]	牛車図	全体に模糊.	95牛車彩絵磚画	
47	前室西壁3層左端	馬群	22図五二「馬群」	25馬群							25馬群
	前室西壁3層左2			26[不清]							
48	前室西壁3層中央	龕				689	4·002-7[M5:C621]	龕図	縦置き2点, 図像不鮮明.		
49	前室西壁3層右2	羊群		27?羊群							
50	前室西壁3層右端	羊群		28?羊群		690	4·002-8[M5:C620]	畜牧図	塗り直しか. 全体に模糊.		
51	前室西壁4層左端	羊群		29?羊群							
52	前室西壁4層左2	羊群		30?羊群							
53	前室西壁4層中央	羊群		31?羊群							
54	前室西壁4層右2	羊群									
55	前室西壁4層右端	羊群									
56	前室東壁1層左端	穹廬帳				692	4·003-1[M5:0601]	穹廬帳図	塗り直しか. 全体に模糊.		
57	前室東壁1層左2	幾何形図案		3?5?幾何紋***				(斗栱)	0601と0602の中間上部.		
58	前室東壁1層左3	樹林·飛鳥	20図四七「樹林·飛鳥」	4?林鳥		693	4·003-2[M5:0602]	園林図	塗り直しか.		
59	前室東壁1層右2	穹廬帳		2林鳥		694	4·003-3[M5:0607]	穹廬帳図	塗り直しか. 全体に白い帯あり.		
60	前室東壁1層右端	穹廬帳		1?林鳥		695	4·003-4[M5:0608]	穹廬帳図	塗り直しか. 全体に白い帯あり.		
61	前室東壁2層左	舞踏人物	20図四八「舞踏人物」	6舞踏		696	4·003-5[M5:0603]	舞踏図	塗り直しか.	95舞踏彩絵磚画	63舞女(1)
62	前室東壁2層右	鴨群		7鴨群		697	4·003-6[M5:0609]	鴨群図	塗り直しか. 図像暗く不鮮明.		
63	前室東壁3層左	厨房内案板		8案板		698	4·003-7[M5:0604]	人物図	塗り直しか. 図像不鮮明.		
64	前室東壁3層右	鴨群		9鶏群							
65	前室東壁4層	穹廬帳		10穹廬帳							
66	前室東壁4層	穹廬帳		11穹廬帳							
67	前室東壁4層	制醋		12濾醋							
68	前室北壁1層左端	白虎		33白虎		700	4·004-1[M5:0611]	白虎図	塗り直しか. 図像識別が困難.		
69	前室北壁1層左2					701	4·004-2[M5:0612]	雲気紋図	塗り直しか.		
70	前室北壁1層右端	青龍白虎	22図五三「白虎」	32青龍		702	4·004-3[M5:0597]	青龍図	塗り直しか. 白虎は誤り.	93嘯虎彩絵磚画	封面(タイトル無)
71	前室北壁2層左	播種	22図五四「播種」	34播種		703	4·004-4[M5:0613]	播種図	塗り直しか. 図像暗く不鮮明.		
72	前室北壁2層右	掃地	23図五五「掃地」	35農夫		704	4·004-5[M5:0598]	人物図	塗り直しか. 図像不鮮明.		
73	前室北壁3層左	堆糧食		36糧食							

74	前室北壁3層右	女子		37農婦		705	4·004-6[M5:0599]	人物図	塗り直しか．図像に白黒の汚れあり，識別困難．		
75	前室北壁4層左	男子		38農夫		706	4·004-7[M5:0615]	人物図	塗り直しか．図像細部は不詳．		
76	前室北壁4層右	婦女		39農婦		707	4·004-8[M5:0600]	人物図	塗り直しか．図像下部磨滅か．		
77	中室南壁1層左端	簡牘書籍		64簡冊		709	4·005-1[M5:0642]	簡牘図	塗り直しか．		
78	中室南壁1層中央	雲気紋		65雲気		710	4·005-2[M5:0641]	雲気紋図	塗り直しか．		
79	中室南壁1層右端	奩盒		67奩盒		711	4·005-3[M5:0640]	奩盒図	枠，塗り直しか．		
80	中室南壁2層左	持草男子	25図六一「持草男子」	66農夫		712	4·005-4[M5:0653]	農夫図	塗り直しか．		44持扇者
81	中室南壁2層右	絲帛箱柜		68衣箱							
82	中室西壁1層左端	奩盒		69?奩盒		714	4·006-1[M5:0639]	奩盒図	枠，塗り直しか．		
83	中室西壁1層左2	奩盒	25図六二「奩盒」	70?奩盒		715	4·006-2[M5:0638]	奩盒図	枠，塗り直しか．		
84	中室西壁1層右2	奩盒		71?奩盒		716	4·006-3[M5:0637]	奩盒図	枠，塗り直しか．		
85	中室西壁1層右端	奩盒		72?奩盒		717	4·006-4[M5:0636]	奩盒図	枠，塗り直しか．		
86	中室西壁2層左端	絲帛箱柜		73?絲束							
87	中室西壁2層左2	絲帛箱柜		74?絲束							
88	中室西壁2層中央	絲帛箱柜		75?絲束							
89	中室西壁2層右2	絲帛箱柜		76?絲束							
90	中室西壁2層右端	絲帛箱柜		77?絲束							
91	中室西壁3層左端	屠牛	25図六三「屠牛」	78屠牛		718	4·006-5[M5:0659]	椎牛図	塗り直しか．		
92	中室西壁3層左2	殺猪	26図六四「殺猪」	79殺猪		719	4·006-6[M5:0661]	殺猪図	塗り直しか．	93殺猪彩絵磚画	
93	中室西壁3層中央	晒糧	26図六五「晒糧」	80農夫		720	4·006-7[M5:0662]	揚場図	塗り直しか．	94揚場彩絵磚画	43晒粮
94	中室西壁3層右2	簡牘書籍		81?簡冊		721	4·006-8[M5:0663]	簡牘図	塗り直しか．		
95	中室西壁3層右端	簡牘書籍		82?簡冊		722	4·006-9[M5:0664]	簡牘図	塗り直しか．		
96	中室西壁4層左端	宰羊	26図六六「宰牛」	83宰羊		723	4·006-10[M5:0682]	宰羊図	塗り直しか．図像不鮮明．		25宰羊(3)
97	中室西壁4層左2	趕羊				724	4·006-11[M5:0681]	牧羊図	塗り直しか．図像の輪郭不詳．		
98	中室西壁4層中央	趕羊	27図六七「趕羊」	84趕羊		725	4·006-12[M5:0680]	牧羊図	塗り直しか．図像の輪郭不詳．		
99	中室西壁4層右2	収工回家	27図六八「収工回家」	85収工		726	4·006-13[M5:0679]	収工図	塗り直しか．図像不鮮明．		
100	中室西壁4層右端	収工				727	4·006-14[M5:0676]	播種図	塗り直しか．図像不鮮明．		
101	中室西壁5層左端	案机陶罐		86?陶罐		728	4·006-15[M5:0692]	濾醋図	枠，塗り直しか．図像は暗くて黒いシミ?あり．		
102	中室西壁5層左2	案机陶罐		87?陶罐		729	4·006-16[M5:0691]	濾醋図	枠，塗り直しか．図像に黒いシミ?あり．		
103	中室西壁5層中央	侍女		88侍主		730	4·006-17[M5:0690]	侍女図	枠，塗り直しか．図像に黒いシミ?あり．		
104	中室西壁5層右2	案机陶罐				731	4·006-18[M5:0689]	濾醋図	枠，塗り直しか．図像は暗くて黒いシミ?あり．		
105	中室西壁5層右端	侍女		89炊厨		732	4·006-19[M5:0688]	侍女図	枠，塗り直しか．図像に黒いシミ?あり．		
106	中室東壁1層左端	書籍簡冊		40?簡冊		734	4·007-1[M5:0646]	簡牘図	塗り直しか．		

107	中室東壁1層左2	書籍簡冊		41?簡冊		735	4·007-2[M5:0645]	簡牘図	塗り直しか.		
108	中室東壁1層右2	書籍簡冊	23図五六「書籍簡冊」	42?簡冊		736	4·007-3[M5:0644]	簡牘図	塗り直しか. 写真は天地逆.		
109	中室東壁1層右端	書籍簡冊		43?簡冊		737	4·007-4[M5:0643]	簡牘図	塗り直しか.		
110	中室東壁2層左端	絲絹		44?絲束				(絲束図)			
111	中室東壁2層左2	絲絹		45?絲束				(絲束図)			
112	中室東壁2層中央	絲絹		46?絲束				(絲束図)			
113	中室東壁2層右2	絲絹		47?絲束		738	4·007-5[M5:0652]	絲束図	枠, 塗り直しか. 図像は白くて識別困難.		
114	中室東壁2層右端	絲絹		48?絲束				(絲束図)			
115	中室東壁3層左端	提籃人物	23図五七「提籃人物」	49農夫		739	4·007-6[M5:0654]	撒播図	塗り直しか.	96撒播彩絵磚画	44提籃者
116	中室東壁3層左2	牛耕	24図五九「牛耕」	50?牛耕		740	4·007-7[M5:0666]	農耕図	塗り直しか.		
117	中室東壁3層中央	牛耕		51?牛耕		741	4·007-8[M5:0656]	農耕図	塗り直しか. 図像は暗く模糊.		
118	中室東壁3層右2	牛耕		52?牛耕		742	4·007-9[M5:0657]	農耕図	塗り直しか. 図像は模糊.		
119	中室東壁3層右端	牛耕	24図五八「牛耕」	53?牛耕		743	4·007-10[M5:0658]	農耕図	塗り直しか. 図像は模糊.		
120	中室東壁4層左端	侍女		54?侍主		744	4·007-11[M5:0674]	侍女図	塗り直しか. 図像は暗く模糊.		
121	中室東壁4層左2	侍女		55?侍主		745	4·007-12[M5:0673]	侍女図	塗り直しか. 図像は暗く模糊.		
122	中室東壁4層中央	侍女		56?侍主		746	4·007-13[M5:0672]	侍女図	塗り直しか. 図像は暗く模糊.		
123	中室東壁4層右2	女墓主人		57女主人?		747	4·007-14[M5:0671]	燙鶏図	塗り直しか. 図像は模糊として識別不能.		
124	中室東壁4層右端	厨房		58炊厨							
125	中室東壁5層左端	机案·陶罐		59炊具		748	4·007-15[M5:0697]	濾醋図	枠, 塗り直しか. 図像は暗い.		
126	中室東壁5層左2	陶罐		60?濾醋		749	4·007-16[M5:0696]	濾醋図	枠, 塗り直しか. 図像は不詳.		
127	中室東壁5層中央	婢女	24図六〇「婢女」	61侍主		750	4·007-17[M5:0695]	侍女図	塗り直しか.		
128	中室東壁5層右2			62?濾醋		751	4·007-18[M5:0693]	濾醋図	枠, 塗り直しか. 図像は白みがかって不鮮明.		
129	中室東壁5層右端	陶罐		63?濾醋		752	4·007-19[M5:0694]	濾醋図	枠, 塗り直しか. 図像は不詳.		
130	中室四隅					754	4·008-1[M5:0685]	龍首磚雕			
131	中室北壁1層左端	舞女	27図六九「舞女」	90舞踏	彩図13「歌舞」	755	4·008-2[M5:0635]	舞踏図	枠を塗り直したためか, 図像が隠れる.	94舞踏彩絵磚画	64舞女(2)
132	中室北壁1層中央	鸚鵡	28図七〇「鸚鵡」	91鸚鵡	彩図14「鸚鵡」	756	4·008-3	彩絵鳥	塗り直しか.	96鸚鵡彩絵磚画	
133	中室北壁1層右端	書籍簡牘		92簡牘		757	4·008-4[M5:0647]	簡牘図	塗り直しか. 写真は天地逆.	97簡冊彩絵磚画	
134	中室北壁2層左	箱柜		93衣箱							
135	中室北壁2層右	農夫	28図七一「農夫」	94農夫		758	4·008-5[M5:0648]	農夫図	塗り直しか.	97農夫彩絵磚画	
	中室北壁3層*										
136	中室北壁4層左	男子		95?記載なし							
137	中室北壁4層右	拿叉壮漢	28図七二「拿叉壮漢」	96農夫		759	4·008-6[M5:C675]	農夫図	塗り直しか. 図像は暗い.		
138	中室北壁5層左	雲気紋		97雲気							
	中室北壁5層右	なし									
139	後室北壁1層左端	奩盒		98絵奩盒****		761	4·009-1[M5:C593]	奩盒図	塗り直しか.		

140	後室北壁1層中央	奩盒		99絵奩盒				(奩盒図)			
141	後室北壁1層右端					762	4·009-2[M5:0596]	装飾図案	塗り直しか.		
142	後室北壁2層左	書籍简牘		100絵奩盒		763	4·009-3[M5:0595]	简牘図	塗り直しか.		
143	後室北壁2層右	箱柜		101絵奩盒							
144	後室北壁3層左端	箱柜		102絵奩盒							
145	後室北壁3層中央	箱柜		103絵奩盒							
146	後室北壁3層右端	箱柜		104絵奩盒							
147	後室北壁4層左端	箱柜		105絵奩盒							
148	後室北壁4層中央	箱柜		106絵奩盒							
149	後室北壁4層右端	箱柜		107絵奩盒							

＊ 中室北壁3層には塼画がないので，4層を繰り上げて3層とすべきだが，層位の数え方は「西溝村魏晋墓発掘報告」や『甘粛出土魏晋唐墓壁画』下冊に従った．

＊＊ 素面磚や磚雕斗拱の正確な点数は不明である．

＊＊＊ 『岩画及墓葬壁画』は，3と5を「幾何紋」とするが，『甘粛出土魏晋唐墓壁画』下冊の写真(691頁)からは，該当する紋様塼を確認できない．「斗拱」と対応させたのは暫定的な措置である．

＊＊＊＊ 『岩画及墓葬壁画』は，98～107について，「絵奩盒：絲束・布帛・衣箱・円圏」と記す．

墓内位置ほかの欄は，『甘粛出土魏晋唐墓壁画』下冊の各塼画の説明部分をベースにして，各壁面の写真によりこれを確認し，さらに「西溝村魏晋墓発掘報告」の本文を参照した．

ただし門楼については，『甘粛出土魏晋唐墓壁画』下冊の「(酒泉西溝魏晋墓・五号墓)綜述」と，「西溝村魏晋墓発掘報告」の本文に依拠した(前者は後者をほぼ全面的に踏襲する)．

「西溝村魏晋墓発掘報告」(「甘粛酒泉西溝村魏晋墓発掘報告」)の左欄は，説明文を編者が要約したタイトルを掲げた．

「西溝村魏晋墓発掘報告」の右欄は，写真の掲載頁と図版番号．カッコ内にタイトルを示した．

『岩画及墓葬壁画』の左欄は，80頁以下の「西溝5号晋墓画磚」表の「磚画内容」欄の番号とタイトルを示した．

『岩画及墓葬壁画』の右欄は，写真の図版番号とタイトル．

『甘粛出土魏晋唐墓壁画』下冊の左欄は，写真の掲載頁．

『甘粛出土魏晋唐墓壁画』下冊の中欄は，磚壁画収蔵(管理)単位・磚壁画次序号．カッコ内は，原始編号(発掘編号または収蔵者の整理編号)を示す．冒頭の出土地と墓の編号JGM4は省略した．なお4は，酒泉市博物館(当時)を示す．

『甘粛出土魏晋唐墓壁画』下冊の右欄は，タイトル．ただし写真が掲載されていない門楼については，同書の「(酒泉西溝魏晋墓・五号墓)綜述」による．

備考欄には，『甘粛出土魏晋唐墓壁画』下冊の写真から読み取れる問題点・疑問点などを記した．

『酒泉文物精萃』の欄は，写真の掲載頁とタイトル．

『西溝魏晋墓彩絵磚』(『甘粛酒泉西溝魏晋墓彩絵磚』)の欄は，写真の掲載頁とタイトル．

39. 酒泉果園西溝墓群, **1993**年発掘六号墓(**93JXM6**)

1) 所　在:酒泉市果園郷西溝村六組南(上閘地墓群).
「甘粛酒泉西溝村魏晋墓発掘報告」, **4**頁図一.
2) 構　造:前室(東)・後室(西)の双室墓. 前室には右(北)耳室あり.
平面図と断面図は,「甘粛酒泉西溝村魏晋墓発掘報告」, **12**頁図一六.
3) 墓　主:張氏(出土鎮墓瓶(**93JXM6:1**)の銘文から).
4) 年　代:不明.

酒泉果園西溝墓群, **1993**年発掘六号墓出土塼画

No.	墓内位置	「西溝村魏晋墓発掘報告」	
	M6門楼		13図一七「照墻局部」
	同描き起こし図		12図一六
1	門楼1層左端	力士	
2	門楼1層中央	斗栱	
3	門楼1層右端	力士	
4	門楼2層左端	斗栱	
5	門楼2層中央	力士	
6	門楼2層右端	斗栱	
7	門楼3層左端	力士	
8	門楼3層中央	斗栱	
9	門楼3層右端	力士	
10	門楼4層左端	磚雕龍首	
11	門楼4層中央	双手托腮力士	
12	門楼4層右端	磚雕龍首	
13	門楼5層左端	力士	
14	門楼5層中央	斗栱	
15	門楼5層右端	力士	
16	門楼6層左端	磚雕斗栱	
17	門楼6層中央	双手扶頷力士	
18	門楼6層右端	磚雕斗栱	
19	門楼7層左端	手托腮力士	
20	門楼7層中央	斗栱	
21	門楼7層右端	手托腮力士	
22	門楼8層左端	斗栱	

23	門楼8層中央	力士	
24	門楼8層右端	斗栱	
25	門楼9層左端	磚雕力士	
26	門楼9層中央	龕(縦置き2点)	
27	門楼9層右端	磚雕力士	
28	鎮墓瓶(M6:1)	釈文(20頁)	17図三七「陶鎮墓瓶」
	同模本		16図三二「陶鎮墓瓶」

墓内位置の欄は,「西溝村魏晋墓発掘報告」(「甘粛酒泉西溝村魏晋墓発掘報告」)による.

「西溝村魏晋墓発掘報告」の左欄は, 本文の説明(12頁以下)による.

「西溝村魏晋墓発掘報告」の右欄は, 写真などの掲載頁・図版番号. カッコ内にタイトルを示した.

40. 酒泉果園西溝墓群, 1993年発掘七号墓(93JXM7)

1) 所　在:酒泉市果園郷西溝村六組南(上閘地墓群).
「甘粛酒泉西溝村魏晋墓発掘報告」, **4**頁図一.
2) 構　造:前室(南)・後室(北)の双室墓. 前室には右(東)耳室あり.
平面図と断面図は,「甘粛酒泉西溝村魏晋墓発掘報告」, **11**頁図一五.
3) 墓　主:不明.
4) 年　代:不明.

酒泉果園西溝墓群, 1993年発掘七号墓出土塼画

No.	墓内位置	「西溝村魏晋墓発掘報告」		『岩画及墓葬壁画』		『酒泉文物精萃』	『酒泉宝鑒』	『粛州文物図録』可移動文物巻	『西溝魏晋墓彩絵磚』
	門楼描き起こし図		10図一四1「照壁」						
	後室前壁描き起こし図		10図一四3「後室前壁」						
	後室後壁		35図九二「貯蔵絲帛的箱柜」						
	後室後壁描き起こし図		10図一四2「後室後壁」						
1	門楼現存1層左端	磚雕斗栱							
2	門楼現存1層中央	力士							
3	門楼現存1層右端	磚雕斗栱							
	門楼現存2層左端	素面磚							
4	門楼現存2層中央	磚雕托梁力士							
	門楼現存2層右端	素面磚							
	門楼現存3層左端	(素面磚)							
5	門楼現存3層中央	龕白虎(縦置き2点)							
	門楼現存3層右端	(素面磚)							
6	門楼現存4層左端	彩絵磚							
7	門楼現存4層中央	彩絵磚							
8	門楼現存4層右端	彩絵磚							
9	前室東壁1層	樹林与飛鳥		1林鳥					
10	前室東壁1層	樹林与飛鳥		2林鳥					
11	前室東壁1層3	樹旁的房舎	29図七四「樹旁房舎」	3房舎					
12	前室東壁1層	樹林与飛鳥	29図七三「樹林・林鳥」	4林鳥					
13	前室東壁1層	樹林与飛鳥		5林鳥					
14	前室東壁2層1	演唱・伴奏	彩色挿頁壱1「弾唱女子」	6楽伎		76弾唱彩絵磚画	177奏楽画像磚	203奏楽壁画磚	41奏楽

15	前室東壁2層2	舞女		7舞踏					
16	前室東壁2層3	舞女		8舞踏		77議事彩絵磚画			42楽伎
17	前室東壁2層4	婢女		9侍主		73奉膳彩絵磚画(2人)		213奉食壁画磚	**2,3侍女人物(2)**
18	前室東壁2層5	婢女		10侍主					
19	前室東壁2層6	厨娘	29図七五「厨娘」	11炊厨		84炊厨彩絵磚画(左右逆)			45煎餅(左右逆)
20	前室東壁3層1	揉麺・烙烤食品	30図七六「炊厨」	12炊厨	彩図9「炊厨」	77炊厨彩絵磚画		212炊厨壁画磚	
21	前室東壁3層2	焼煮食物		13炊厨					
22	前室東壁3層3	僕人	30図七七「抬水」	14抬水		82抬水彩絵磚画			49抬水
23	前室東壁4層1	二女子	30図七八「談話女子」	15楽伎	彩図12「楽伎」				4婦人侃談
24	前室東壁4層2	和弦	30図七九「和弦」	16楽伎		82和弦彩絵磚画			40合奏
25	前室東壁4層3	墓主人対面	彩色挿頁壱2「議事人物」	17墓主人	9図10「拝謁」*	83墓主休閑彩絵磚画			**5,6議事**
26	前室東壁5層1	厨娘	彩色挿頁壱3「焼飯女子」	18炊厨		85炊厨彩絵磚画			48焼灶
27	前室東壁5層2	屠宰		19宰牛					22宰羊(1)
28	前室東壁5層3	宰殺		20屠猪				210殺猪壁画磚	30殺猪
29	前室東壁5層4	殺牛	31図八〇「椎牛」	21椎牛				209椎牛壁画磚	31椎牛
30	前室東壁5層5	婢女清浄・揉麺	31図八一「厨事」	22炊厨					32燙鶏(左右逆)
31	前室東壁耳室	羊群	32図八二「狩獵」	23牧羊					
32	前室南壁1層	樹林与飛鳥		24林鳥					
33	前室南壁1層	樹林与飛鳥		25林鳥					
34	前室南壁1層	樹林与飛鳥		26林鳥					
35	前室南壁1層	樹林与飛鳥		27林鳥					
36	前室南壁2層1	牛車		28牛車					
37	前室南壁2層2	穹廬	32図八三「穹廬」	29穹廬帳					
38	前室南壁3層1	汲水	彩色挿頁弐1「汲水女子」	30汲水		70汲水彩絵磚画	178汲水画像磚	208汲水壁画磚	**36,37汲水**
39	前室南壁3層2	農夫	32図八四「扛鍬農夫」	31農夫		150出工彩絵磚画			60携鍤
40	前室南壁4層1	牛車		32牛車					
41	前室南壁4層2	披髪少女・穹廬	彩色挿頁弐2「穹廬・女子」	33羌女	10図11「羌戎少女」*	149羌女彩絵磚画			50回帳舎
42	前室南壁5層1	殺鶏退毛・揉麺		34炊厨	彩図8「燙鶏」	73燙鶏彩絵磚画		210燙鶏壁画磚	
43	前室南壁5層2	耱地		35耱地					
44	前室西壁1層	樹林与飛鳥		36林鳥					
45	前室西壁1層	樹林与飛鳥		37林鳥					
46	前室西壁1層	樹林与飛鳥		38林鳥					
47	前室西壁1層	樹林与飛鳥		39林鳥					
48	前室西壁1層	樹林与飛鳥		40林鳥					
49	前室西壁1層	樹林与飛鳥		41林鳥					
50	前室西壁2層1	穹廬		42穹廬帳					

51	前室西壁2層2	牛車・農夫		43牛車		79田車彩絵磚画		214趕車壁画磚	8趕車
52	前室西壁2層3	車旁歇息	彩色挿頁弐3「臥牛・牛車」	44休憩					11牛与車
53	前室西壁2層4	牛車		45牛車					
54	前室西壁2層5	塢舎	33図八五「塢舎・人物」	46塢舎		83塢舎彩絵磚画			61塢舎
55	前室西壁2層6	農人・農婦問好	33図八六「牛車・人物」	47運輸		151運輸彩絵磚画			7農人与農婦
56	前室西壁3層1	農人揚晒粮食		48揚場					
57	前室西壁3層2	農人揚晒粮食		49揚場					
58	前室西壁3層3	農人揚晒粮食	33図八七「揚場」	50揚場					**58,59**揚場
59	前室西壁3層4	牛車		51牛車					
60	前室西壁3層5	牛車		52牛車					
61	前室西壁4層1	男子・女子	封参1「騎馬人物」	53騎士	彩図7「騎士」	71出行彩絵磚画	179騎兵画像磚		**12,13**騎導**(1)**
62	前室西壁4層2	騎卒他	封面「騎卒・鼓吏」	54騎士	9図9「鼓史」*	81出行彩絵磚画			**17,18,19**鼓吏
63	前室西壁4層3	二人	34図八八「童史・都伯呉才」	55騎士		81出行彩絵磚画			**20,21**騎史
64	前室西壁4層4	二騎卒		56騎士		72出行彩絵磚画	176騎導画像磚		
65	前室西壁4層5	二騎卒		57騎士		72出行彩絵磚画	173題字画像磚	208“兵魯清”“兵王昭”壁画磚	
66	前室西壁5層1	耱地		58耱地					51耱地
67	前室西壁5層2	耙地		59耙地					
68	前室西壁5層3	双牛犂地		60犂地					
69	前室西壁5層4	単牛犂地		61犂地					
70	前室西壁5層5	耙地	封参2「趕牛耙地」	62耙地					**52,53**牛耙**(1)**
71	前室北壁1層	樹林与飛鳥		63林鳥					
72	前室北壁1層	樹林与飛鳥		64林鳥					
73	前室北壁1層	樹林与飛鳥		65林鳥					
74	前室北壁1層	樹林与飛鳥		66林鳥					
75	前室北壁2層1＝西側	騎吏・姑娘	封参3「騎吏和背水女子」	67惜別	彩図6「惜別」	74-75惜別彩絵磚画	175羌女送行画像磚	202羌女送行壁画磚	**38,39**羌女送行
76	前室北壁2層2＝東側	女子・羊	34図八九「趕羊」	68牽羊	彩図10「牽羊」	76牽羊彩絵磚画	174牽羊画像磚	219牽羊壁画磚	**28,29**牽羊
77	前室北壁3層1＝西側	牛車		69運輸					
78	前室北壁3層2＝東側	濾醋	34図九〇「濾醋」	70濾醋		80濾醋彩絵磚画		211濾醋壁画磚	10濾醋
79	前室北壁4層1＝西側	三牛		71牛群	彩図11「牛群」			220牛群壁画磚	
80	前室北壁5層1	耕地	35図九一「牛耕」	---		84耕犂彩絵磚画			56耕作(1)
81	前室北壁5層2	濾醋		72濾醋					
82	後室北壁1層	簡牘書籍		73衣箱					
83	後室北壁1層	簡牘書籍		74衣箱					
84	後室北壁1層	簡牘書籍		75衣箱					
85	後室北壁2層	奩盒		76奩盒					
86	後室北壁2層	奩盒		77奩盒					

87	後室北壁2層	奩盒		78奩盒					
88	後室北壁2層	奩盒		79奩盒					
89	後室北壁3層	貯蔵絲帛的箱柜		80絲束					
90	後室北壁3層	貯蔵絲帛的箱柜		81絲束					
91	後室北壁3層	貯蔵絲帛的箱柜		82絲束					
	----	貯蔵絲帛的箱柜		83絲束					
92	後室北壁4層	貯蔵絲帛的箱柜		84円圏					
93	後室北壁4層	貯蔵絲帛的箱柜		85円圏					
94	後室北壁4層	貯蔵絲帛的箱柜		86円圏					
95	後室北壁4層	貯蔵絲帛的箱柜		87円圏					
96	位置不明(前室)					70牛車彩絵磚画			10廂車
97	位置不明(前室)					71帰巣彩絵磚画			
98	位置不明(前室)					78揚場彩絵磚画		201揚場壁画磚	
99	位置不明(前室)					78＝車彩絵磚画		215牛車壁画磚	
100	位置不明(前室)					79軽車彩絵磚画(黒牛)			9牛拉車
101	位置不明(後室)					80絲束彩絵磚画			
102	位置不明(前室)							211焼火壁画磚	
103	位置不明(前室)							214牛車壁画磚	
104	位置不明(前室)							215牛車壁画磚	
105	位置不明(前室)							218林鳥壁画磚	
106	位置不明(前室)							221侍主壁画磚	

＊ 写真が反転しているもの.

墓内位置の欄は,「西溝村魏晋墓発掘報告」(「甘粛酒泉西溝村魏晋墓発掘報告」)によった. ただし『岩画及墓葬壁画』の編号との一致を確認できないものについては, 層位までにとどめた.

「西溝村魏晋墓発掘報告」の左欄は, 本文の説明文を要約したタイトル.

「西溝村魏晋墓発掘報告」の右欄は, 写真の掲載頁・図版番号とタイトル.

『岩画及墓葬壁画』の左欄は, 76頁以下の「西溝7号墓画磚」表の「編号」(1～87)と「磚画内容」のタイトル.

『岩画及墓葬壁画』の右欄は, 写真の掲載頁・図版番号とタイトル.

『酒泉文物精萃』の欄は, 写真の掲載頁とタイトル.

『酒泉宝鑒』の欄は, 写真の掲載頁とタイトル.

『粛州文物図録』可移動文物巻の欄は, 写真の掲載頁とタイトル.

『西溝魏晋墓彩絵磚』(『甘粛酒泉西溝魏晋墓彩絵磚』)の欄は, 写真の掲載頁とタイトル. 太字は拡大写真があることを示す.

41. 酒泉果園丁家閘墓群, **1977**年発掘五号墓

1) 所　在:酒泉市果園郷丁家閘村二組東, 東経**98**度**26**分**2**秒, 北緯**39**度**46**分**22**秒.
『酒泉十六国墓壁画』, **1**頁図一／「酒泉・嘉峪関晋墓的発掘」, **1**頁図一.
2) 構　造:前室(東)・後室(西)からなる双室墓.
平面図と断面図は,『酒泉十六国墓壁画』, **3**頁図七.
3) 墓　主:不明.
4) 年　代:〈五胡〉時代.

酒泉果園丁家閘墓群, **1977**年発掘五号墓出土壁画*

No.	『酒泉十六国墓壁画』		「酒泉・嘉峪関晋墓的発掘」	『甘粛出土魏晋唐墓壁画』下冊			『酒泉文物精萃』	『嘉峪関酒泉魏晋十六国墓壁画』	『丁家閘十六国墓壁画』
	門楼描き起こし図	2図三							
	前室頂部		8図一〇「前室頂部複瓣蓮花」	771	4・001[M5:0415]	前室頂部全図			
	前室東壁描き起こし図	12図十七							
	前室南壁描き起こし図	13図十八							
	前室西壁								1墓室正壁
	前室西壁描き起こし図	14図十九							
	前室北壁描き起こし図	15図二十							
	後室西壁描き起こし図	16図二十一							
	鋪地塼	2図四(拓片)					141雲気穿壁紋鋪地方磚		
	藻井	藻井		772	4・001-1[M5:0412]	藻井図			
1	前室第一層			773	4・001-2[M5:0417]	前室第一層		328(17)東王公	14東王公
2	前室東頂	東頂壁画		774	4・002[M5:0377]	前室東壁第二層全図			
3		東頂中部壁画							
4		東王公		775	4・002-1[M5:0378]	東王公			
5				776	4・002-2[M5:0379]	金烏図			
6				777	4・002-3[M5:0380]	倒懸飛龍図			
7	前室西頂	西頂壁画		815	4・011[M5:0336]	前室西壁第二層全図		327(16)西王母	2西王母
8		慶雲							
9		西頂中部壁画	図版弐1「西王母・三足烏・九尾狐」						
10		西王母		816	4・011-1[M5:0339]	西王母図			3西王母
11				817	4・011-2[M5:0340]	蟾蜍図			
12		三足烏		820	4・011-5[M5:0343]	三足烏図			
13		九尾狐		818	4・011-3[M5:0341]	九尾狐図			
14		山巒・青鳥							
15		神馬		821	4・011-6[M5:0344]	神馬図	105神馬図		
16				819	4・011-4[M5:0342]	倒懸咬龍図			
17	前室北頂	北頂壁画		800	4・008[M5:0389]	前室北壁第二層全図		329(18)神馬	15神馬

18		神馬	図版弐2「神馬」	801	4·008-1[M5:0390]	神馬図		331(20)神馬	16神馬
19				802	4·008-2[M3:0391]	倒懸先龍図			
20	前室南頂	南頂壁画		785	4·005[M5:0362]	前室南壁第二層全図	101白鹿羽人図	330(19)白鹿·羽人和捕鳥	11羽人·白鹿
21		白鹿		788	4·005-3[M5:0366]	白鹿図			13白鹿
22		羽人	図版参1「羽人」	786	4·005-1[M5:0364]	羽人図		332(21)羽人	12羽人
23		捕鳥	15図二四「商湯縦鳥聖賢故事」	789	4·005-4[M5:0374]	湯王縦鳥図			10湯王縦鳥
24				790	4·005-4-1[M5:0376]	湯王縦鳥図			
25				791	4·005-4-2[M5:0375]	湯王縦鳥図			
26		大角羊							
27				787	4·005-2[M5:0365]	倒懸飛龍図			
28	前室西壁	西壁壁画					102-103燕居行楽図	312西壁	
29	西壁上層			822	4·012[M5:0346]	前室西壁第三層全図 (宴居行楽図)			
30		墓主人		825	4·012-3[M5:0350]	墓主人図		316(02)墓主人	4燕居行楽図
31		侍者						316(02)墓主人	
32		男侍						317(03)男侍	
33		方案		823	4·012-1[M5:0345]	曲足案図			
34				824	4·012-2[M5:0349]	温酒図			
35				827	4·012-5[M5:0353]	舞伎図			
36		男楽伎						317(04)男楽伎	
37		燕居							
38		舞楽							
39		女舞伎	図版壱上「墓主人燕居行楽図」					318(05)女舞伎	6歌舞
40		女舞伎							
41		楽伎	図版壱下「墓主人燕居行楽図」	826	4·012-4[M5:0351]	楽伎図		319(06)楽伎与百戯	7雑技
42		男楽伎							
43		女楽伎							
44		百戯		828	4·012-6[M5:0357]	百戯図	104百戯図	319(06)楽伎与百戯	7雑技
45				829	4·012-6-1[M5:0354]	百戯図			
46				830	4·012-6-2[M5:0355]	百戯図			
47	西壁下層	運輸		831	4·013[M5:0359]	前室西壁第四層南側全図		320(07)運輸	
48		出游		832	4·013[M5:0361]	前室西壁第四層北側全図		315(01)墓主人出游	5眷属出行図
49		独輪車							
50		駕牛輜軿車							
51	前室南壁	南壁壁画						314南壁	
52	南壁上層			792	4·006[M5:0367]	前室南壁第三層全図			
53				793	4·006-1[M5:0368]	塢壁図			
54		揚場		794	4·006-2[M5:0369]	揚場図			
55		耙地	16図二七「耙地」	796	4·006-4[M5:0372]	耙地図	106耕耙図		

56		耕地	16図二六「牛耕」	795	4·006-3[M5:0370]	犂地図	106耕耙図	324(13)犂地	9耕作図
57	南壁下層			797	4·007[M5:0367]	前室南壁第四層全図			
58		大樹		799	4·007-2[M5:0367]	果樹図		325(14)大樹	
59		怪獣·裸女							8神猿裸女
60				798	4·007-1[M5:0373]	揚場図	107揚場図		
61	前室北壁	北壁壁画						313北壁	
62	北壁上層			803	4·009[M5:0392]	前室北壁第三層全図			
63		通幰車	15図二五「墓主人乗坐的通幰車」	804	4·009-1[M5:0396]	通幰車図	108通幰車図	320(08)通幰車	
64		農作		805	4·009-2[M5:0398]	農作図		321(09)犂地·耙地·揚場	
65				806	4·009-3[M5:0394]	犂地図			
66				807	4·009-4[M5:0405]	引鳥図			
67				808	4·009-5[M5:0393]	塢壁図			
68				809	4·009-6[M5:0397]	揚場図			
69	北壁下層			810	4·010[M5:0392]	前室北壁第四層全図			
70		二馬食槽	図版参2「両馬食槽」					322(10)両馬槽食	
71		塢壁						323(11)塢壁	
72		採桑		811	4·010-1[M5:0403]	採桑図		324(12)採桑女	
73		厨炊		812	4·010-2[M5:0400]	椎牛図			
74				813	4·010-3[M5:0401]	食物架図			
75				814	4·010-4[M5:0402]	食物架図			
76	前室東壁	東壁壁画						311東壁	
77	東壁上層			778	4·003[M5:0382]	前室東壁第三層北側全図			
78				779	4·003-1[M5:0381]	塢壁図			
79				780	4·003-2[M5:0387]	耕地図			
80				781	4·003[M5:0383]	前室東壁第三層南側仝図			
81				782	4·003-1[M5:0384]	羊群·鶏群図			
82	東壁下層	厨炊		783	4·004[M5:0382]	前室東壁第四層北側仝図		326(15)炊具·厨炊	
83		牧牛		784	4·004[M5:0385]	前室東壁第四層南側仝図			
84	後室西壁	西壁壁画(部分)	9図一一「後室後壁壁画」	833	4·014[M5:0408]	後室西壁全図			
85				834	4·014-1[M5:0406]	慶雲図			
86				835	4·014-2[M5:0409]	彩絵奩盒図			
87				836	4·014-3[M5:0410]	彩絵奩盒図			
88				837	4·014-4[M5:0411]	彩絵奩盒図			

＊ 一塼一画を基本とする塼画ではなく，壁面全体を使った壁画であるため，各写真が完全に重なるというわけではなく，おおよその対応関係が認められるものを横軸に並べた.

『酒泉十六国墓壁画』の左欄に掲げた墓内位置は，本文や図版ごとに附された説明に依拠した. ただし墓室の壁面を上層と下層に区分したのは編者である. なお同書の図版部分には，頁と図版番号がないので，掲載順に表示した.

『酒泉十六国墓壁画』の右欄は，各図版に附されたタイトル.「×壁壁画」とあるのは，各壁面の墓頂を除いた壁面全体の写真なので，まとめて表示すべきところだが，頁が入っていないため，掲載順に従った.

「酒泉·嘉峪関晋墓的発掘」の欄は，写真の掲載頁·図版番号とタイトル.

『甘粛出土魏晋唐墓壁画』下冊の左欄は，写真の掲載頁．

『甘粛出土魏晋唐墓壁画』下冊の中欄は，磚壁画収蔵(管理)単位・磚壁画次序号．カッコ内は，原始編号(発掘編号または収蔵者の整理編号)を示す．冒頭の出土地と墓の編号JDM5は省略した．なお4は，酒泉市博物館(当時)を示す．

『甘粛出土魏晋唐墓壁画』下冊の右欄は，タイトル．

『酒泉文物精萃』の欄は，写真の掲載頁とタイトル．

『嘉峪関酒泉魏晋十六国墓壁画』の欄は，写真の掲載頁とタイトル．なおカッコ内の数字は，各画材ごとに附された番号．

『甘粛丁家閘十六国壁画』の欄は，写真の掲載頁とタイトル．

42. 酒泉果園丁家閘村，2001年発掘小土山墓

1）所　在：酒泉市果園郷丁家閘村一組南．
「酒泉小土山墓葬清理簡報」，**17**頁図**1**．
2）構　造：前室（東）・後室（西）からなる双室墓で，前室の南北両壁に耳室，甬洞外右側に車馬室，左側に貯蔵室．
3）墓　主：李暠**?**
4）年　代：〈五胡〉時代．

酒泉果園丁家閘村，2001年発掘小土山墓出土塼画

No.	墓内位置	「酒泉小土山墓葬清理簡報」	
	門楼		18照2「照墻」
1	門楼上層	方形磚雕力士(全8点)	18照6「力士」
2			18照7「力士」
3			18照8「力士」
4			19照9「力士」
5	門楼下層	青龍	18照3「青龍」
6		白虎	18照4「白虎」
7		朱雀	18照5「朱雀」
8		玄武	
9		白鹿	
10	車馬室口左	人物画	
	車馬室口右	[脱落]	
	貯蔵室門左	[不清]	
	貯蔵室門右	[不清]	
	貯蔵室門上	[不清]	
11	石門	侍臣	19照10「侍臣」

墓内位置の欄は，「酒泉小土山墓葬清理簡報」の本文からの読み取り．
「酒泉小土山墓葬清理簡報」の左欄は，本文に記されたタイトル．
「酒泉小土山墓葬清理簡報」の右欄は，写真の掲載頁・図版番号とタイトル．

43. 酒泉果園高閘溝村, 1993年発掘墓

1) 所　在:酒泉市果園郷高閘溝村(東経98度30分54秒, 北緯39度46分8秒)六組東.
2) 構　造:前室(東)・中室・後室(西)の三室墓. 前室北壁と中室南壁に耳室, 前室東壁に龕あり.
(馬軍強「酒泉高閘溝磚廠墓出土壁画磚及墓葬時代浅析」)
3) 墓　主:不明.
4) 年　代:不明.

酒泉果園高閘溝村, 1993年発掘墓出土塼画

No.	『岩画及墓葬壁画』		「酒泉高閘溝磚廠墓出土壁画磚」	『酒泉文物精萃』	『酒泉宝鑒』	『粛州文物図録』可移動文物巻	『西溝魏晋墓彩絵磚』
1			龍首磚雕画像磚(4点)	148獣面磚雕(墓壁四隅)			
2			牛馬磚雕画像磚(15点)	148馬首人身磚雕(右向)			
3				148馬首人身磚雕(左向)			
4	1聴訟		稟報磚	56聴訟彩絵磚画(断案一)		205聴訟壁画磚	**33,34**三男人物
5	2復述		審訊磚	56復議彩絵磚画(断案二)		205議事壁画磚	
6	3捕拿		抓捕磚	57捕快彩絵磚画(断案三)		206衙役壁画磚	
7	4申辯		申辯磚	57申辯彩絵磚画(断案四)		206申辯壁画磚	
8	5行刑	58図39「行刑」	用刑磚	58行刑彩絵磚画(断案五)		207行刑壁画磚	35行刑
9	6結案		結案磚	58結案彩絵磚画(断案六)		207結案壁画磚	
10	7春巡			64出巡彩絵磚画(一)			
11	8春巡			66出巡彩絵磚画(五)	171出巡画像磚		**14,15,16騎導(2)**
12	9春巡			65出巡彩絵磚画(二)			
13	10春巡			66出巡彩絵磚画(四)			
14	11春巡			65出巡彩絵磚画(三)		203出巡壁画磚	
15	12出行						
16	13出行						
17	14出行						
18	15出行						
19	16宴飲		宴飲磚	59対飲彩絵磚画	172宴飲画像磚	213宴飲壁画磚	46進食
20	17侍主		侍主壁画磚一				
21	18侍主		侍主壁画磚二				1侍女人物(1)
22	19侍主		侍主壁画磚三				
23	20侍主		侍主壁画磚四				
24	21侍主		侍主壁画磚六				
25	22炊厨		庖厨磚				

26	23炊厨		烤肉磚				
27	24宰羊		宰羊磚	60宰羊彩絵磚画	170屠宰画像磚	209宰羊壁画磚	**23,24**宰羊**(2)**
28	25炊厨		挂鈎磚				
29	26濾錯		濾錯磚	59陶罐彩絵磚画(7個陶罐)			
30	27濾錯		濾錯磚				
31	28耕犂		犂耙耱地壁画磚一	63耕犂彩絵磚画		199耕犂壁画磚	
32	29撒種		撒種磚	62撒種彩絵磚画		199撒種壁画磚	
33	30耱地		犂耙耱地壁画磚三	63耙＝彩絵磚画		200耙地壁画磚	
34	31粮倉		粮倉磚	62粮堆彩絵磚画		201"大倉"壁画磚	
35	32覓食		鶏群磚	61覓食彩絵磚画		218覓食壁画磚	
36	33労作		人物磚				
37	34牛車		牛車磚				
38	35飲羊		飲羊磚	61飲羊彩絵磚画		217飲羊壁画磚	
39	36羊群	58図38「牧羊」	牧羊磚	64牧羊彩絵磚画	170牧羊画像磚	217牧羊壁画磚	**26,27**牧羊
40	37羊群		牛羊驢駝壁画磚一				
41	38牛群		牛羊驢駝壁画磚二				
42	39駱駝		牛羊驢駝壁画磚三	60驢・駝彩絵磚画			
43	40林木		果樹壁画磚				
44	41林木		果樹壁画磚				
45			侍主壁画磚五				
46			炊厨磚				
47			犂耙耱地壁画磚二				**54,55**牛耙**(2)**

『岩画及墓葬壁画』の左欄は，73頁以下の「高閘溝晋墓画磚」表の「編号」(1～41)と「磚画内容」のタイトル．

『岩画及墓葬壁画』の右欄は，写真の掲載頁・図版番号とタイトル．

「酒泉高閘溝磚廠墓出土壁画磚」(「酒泉高閘溝磚廠墓出土壁画磚及墓葬時代浅析」)の欄は，説明文に示されたタイトル．

『酒泉文物精萃』の欄は，写真の掲載頁とタイトル．

『酒泉宝鑒』の欄は，写真の掲載頁とタイトル．

『粛州文物図録』可移動文物巻の欄は，写真の掲載頁とタイトル．

『西溝魏晋墓彩絵磚』(『甘粛酒泉西溝魏晋墓彩絵磚』)の欄は，写真の掲載頁とタイトル．太字は拡大写真があることを示す．

44. 酒泉総寨鎮崔家南湾墓群, 1973年発掘一号墓

1) 所　在:酒泉市総寨鎮西店村三組西・三奇堡村南.
2) 構　造:前室・中室・後室の三室墓.
3) 墓　主:不明.
4) 年　代:不明.

酒泉総寨鎮崔家南湾墓群, 1973年発掘一号墓出土塼画

No.	墓内位置	「河西出土的漢晋絵画簡述」		『酒泉文物精萃』	『粛州文物図録』可移動文物巻
1	閣門上	白虎	71図二五「対虎図」(右虎)	69翼虎彩絵磚画	222青龍壁画磚
2	同	白虎		69翼虎彩絵磚画	222青龍壁画磚
3	墓門照墻上	鳳鳥		67朱雀彩絵磚画	
4	同	鳳鳥			
5	同	飛廉		67飛廉彩絵磚画	
6	同	守門吏		68守門吏彩絵磚画	198守門吏壁画磚
7	同	守門卒	71図二六「守門卒図」	68守門吏彩絵磚画	
8	同			145守門卒磚雕	
9	鋪地塼			136四神紋鋪地方磚*	
10	同			140雲気穿壁紋鋪地方磚*	

＊ 鋪地塼については,「1973年崔家南湾晋墓出土」とあるだけなので, 1973年発掘二号墓のものである可能性も排除できない(とくに「四神紋鋪地方磚」).

墓内位置の欄は, 鋪地塼を除き,「河西出土的漢晋絵画簡述」による.
「河西出土的漢晋絵画簡述」の左欄は, 本文の説明による.
「河西出土的漢晋絵画簡述」の右欄は, 写真の掲載頁・図版番号とタイトル.
『酒泉文物精萃』の欄は, 写真の掲載頁とタイトル.
『粛州文物図録』可移動文物巻の欄は, 写真の掲載頁とタイトル.

【その他の関連文献】

岳邦湖他『岩画及墓葬壁画』:52頁. 各塼の大きさについてふれる.

45. 酒泉上壩鎮石廟子(灘)墓群, 1974年発掘墓

1) 所　在:酒泉市上壩鎮営爾村東.
2) 構　造:不明(双室墓か).
3) 墓　主:不明.
4) 年　代:不明(魏晋:「河西出土的漢晋絵画簡述」・『粛州文物図録』可移動文物巻／後漢:『酒泉文物精萃』・『粛州文物図録』不可移動文物巻).

酒泉上壩鎮石廟子(灘)墓群, 1974年発掘墓出土塼画

No.	墓内位置	「河西出土的漢晋絵画簡述」*		『酒泉文物精萃』	『粛州文物図録』可移動文物巻
1	前室東壁	墓主宴享			
2		出行			
3		狩猟			
4		粮堆			
5		庖厨		44煮肉彩絵磚画	212煮肉壁画磚
6	前室西壁	耕犂			
7		播種			
8		耙耱	70図二〇「耕耱図」	43耙耱彩絵磚画	200耙地壁画磚
9		畜牧			221牛棚壁画磚
10		畜群			

＊　一部の塼に「酒轡」・「麦千石」・「粟千石」などの題記があるとする.

墓内位置の欄は, 「河西出土的漢晋絵画簡述」による.
「河西出土的漢晋絵画簡述」の左欄は, 塼画のタイトル. ただしおおよその内容を示したものである.
「河西出土的漢晋絵画簡述」の右欄は, 写真の掲載頁・図版番号とタイトル.
『酒泉文物精萃』の欄は, 写真の掲載頁とタイトル.
『粛州文物図録』可移動文物巻の欄は, 写真の掲載頁とタイトル.

46. 酒泉下河清郷下河清(農場)墓群, 1956年発掘一号墓

1) 所　在:酒泉市下河清郷五壩村(東経**98**度**57**分**27**秒, 北緯**39**度**33**分**8**秒)十組西.
「甘粛酒泉県下河清漢墓清理簡報」, **55**頁図**1**.
2) 構　造:前室(東)・中室・後室(西)の三室構造.
平面図・断面図は,「酒泉下河清第**1**号墓和第**18**号墓発掘簡報」, **71**頁図**1**.
3) 墓　主:男女合葬墓.
4) 年　代:不明(魏晋:「河西出土的漢晋絵画簡述」/後漢:「酒泉下河清第**1**号墓和第**18**号墓発掘簡報」・『粛州文物図録』不可移動文物巻).

酒泉下河清郷下河清(農場)墓群, **1959**年発掘一号墓出土塼画

No.	墓 内 位 置	「酒泉下河清第1号墓和第18号墓発掘簡報」		「河西出土的漢晋絵画簡述」
	門楼		72図2	
	門楼描き起こし図		72図3	
1	門楼1層左端	(斗栱)*		
2	門楼1層中央	(斗栱)*		
3	門楼1層右端	(斗栱)*		
4	門楼2層左端	馳牛	73図6「馳牛」(模本)	
5	門楼2層中央左	(斗栱)*		
6	門楼2層中央	舞人		
7	門楼2層中央右	(斗栱)*		
8	門楼2層右端	羽人	73図5「跣足羽人」(模本)	
9	門楼3層左端	翼龍		
10	門楼3層中央	(斗栱)*		
11	門楼3層右端	行虎		
12	前室南壁2層1号	農人		
13	前室南壁2層3号	飛鳥		
14	前室南壁2層4号	大象	封三上「大象」(模本)	
15	前室南壁3層3号	携灯人?	74図7「携灯人」?(模本)	71図二二「採桑図」
16	前室南壁5層1号	農人	封三中「農人」(模本)	
17	前室南壁5層3号	捕禽人	封三下「捕禽人」(模本)	
18	前室南壁6層1号	農人	74図8「農人」(模本)	
19	前室北壁2層1号	野獣		
20	前室北壁2層2号	猟人	74図9「猟人」(模本)	
21	前室北壁3層4号	携灯人?	封四上「携灯人」?(模本)	
22	前室北壁5層4号	挽弓人	封四中「挽弓人」(模本)	

23	前室北壁6層1号	做飯人	封四下「做飯人」(模本)	
24	前室西壁上層1号	麒麟		
25	前室西壁2層1号	猟人		
26	鋪地塼		77図8「花紋磚」	

＊ 斗栱の下端に,「雕刻磚的馬頭花紋」(72頁図4)が接続していることが明らかなことを示す.

墓内位置の欄は,「酒泉下河清第1号墓和第18号墓発掘簡報」による. ただし各層の号数と左右の関係は不詳である.

「酒泉下河清第1号墓和第18号墓発掘簡報」の左欄は, タイトルを示す.

「酒泉下河清第1号墓和第18号墓発掘簡報」の右欄は, 写真の掲載頁・図版番号とタイトル.

「河西出土的漢晋絵画簡述」の欄は, 写真の掲載頁・図版番号とタイトル.

47. 酒泉下河清郷五壩河墓群, **1971**年発掘墓

1) 所　在:酒泉市下河清郷(五壩村)下河清農場場部東北.
2) 構　造:不明.
3) 墓　主:不明.
4) 年　代:不明(魏晋:「河西出土的漢晋絵画簡述」／後漢:『酒泉文物精萃』・『粛州文物図録』可移動文物巻).

酒泉下河清郷五壩河墓群, **1971**年発掘墓出土塼画

No.	「河西出土的漢晋絵画簡述」		『酒泉文物精萃』	『粛州文物図録』可移動文物巻
1	三女	61図二「三女図」(描き起こし図)		
2	四羊	61図三「羊群図」		
3			43仕子彩絵磚画(72五壩河漢墓)	195人物壁画磚(72四壩河墓群)
4	操練習武	71図二三「習武図」	44操射彩絵磚画(72五壩河漢墓)	
5	一女(残)	71図二四「婦女図」		

「河西出土的漢晋絵画簡述」の左欄は，本文を要約したタイトル.
「河西出土的漢晋絵画簡述」の右欄は，写真の掲載頁・図版番号とタイトル.
『酒泉文物精萃』の欄は，写真の掲載頁とタイトル．カッコ内は併記された出土年と出土地.
『粛州文物図録』可移動文物巻の欄は，写真の掲載頁とタイトル．カッコ内は併記された出土年と出土地.

48. 酒泉下河清郷四壩河墓群, **1999**年発掘墓

1) 所　在:酒泉市下河清郷五壩村九組西.
2) 構　造:不明.
3) 墓　主:不明.
4) 年　代:不明(晋:『粛州文物図録』不可移動文物巻／漢:『粛州文物図録』可移動文物巻).

酒泉下河清郷四壩河墓群, **1999**年発掘墓出土塼画

No.	『粛州文物図録』可移動文物巻
1	196牛壁画磚
2	196鶏壁画磚

『粛州文物図録』可移動文物巻の欄は, 写真の掲載頁とタイトルを示す.

49. 酒泉屯升郷石疙瘩孔墓群, **2001**年発掘墓

1) 所　在:酒泉市屯升郷馬営村八組北.
2) 構　造:不明.
3) 墓　主:不明.
4) 年　代:魏晋.

酒泉屯升郷石疙瘩孔墓群, **2001**年発掘墓出土塼画

No.	『粛州文物図録』可移動文物巻
1	204人物壁画磚
2	219牽牛壁画磚
3	220松・鹿壁画磚
4	223門闕壁画磚(縦置き)
5	223影壁壁画磚

『粛州文物図録』可移動文物巻の欄は, 写真の掲載頁とタイトルを示す.

50.『酒泉文物精萃』・『酒泉宝鑒』・『粛州文物図録』可移動文物巻所収，酒泉市（粛州区）域出土，出土墓未詳塼画

『酒泉文物精萃』・『酒泉宝鑒』・『粛州文物図録』可移動文物巻所収，酒泉市（粛州区）域出土塼画

No.	『酒泉文物精萃』	『酒泉宝鑒』	『粛州文物図録』可移動文物巻
1			180魏晋　雲気穿璧紋鋪地方磚／'77果園墓群
2			192魏晋　磚雕彩絵守門卒／'99果園墓群
3			192魏晋　磚雕守門卒／'99果園墓群
4	142晋　雲気穿璧紋鋪地方磚／'77(果園)丁家閘墓		
5	143晋　雲気穿璧紋鋪地方磚／'77(果園)丁家閘墓		
6	99魏晋　復瓣蓮花藻井方磚／'77(果園丁家閘)七疙瘩石灘墓		
7	135漢　回紋鋪地方磚／'59(泉湖郷東関村)東関外漢墓群		
8	98魏晋　炊厨彩絵磚画／'93(泉湖郷東関村)東関外漢墓		195漢　炊厨壁画磚／'93種子公司院内
9			178漢　菱格紋鋪地方磚／'07西峰郷三百戸墓群
10	138晋　雉紋鋪地方磚／'81(総寨鎮)崔家南湾墓		
11			197漢　独輪車壁画磚／'90総寨鎮崽家崖湾墓群
12	137晋　回紋鋪地方磚／'92(総寨鎮)崽家崖湾墓群		
13			179魏晋　回紋鋪地方磚／'90総寨鎮三奇堡
14			179魏晋　火焔紋鋪地方磚／'13総寨鎮南石灘墓群
15			181魏晋　神獣紋鋪地方磚／'13総寨鎮沙格楞七組南石灘墓群
16			194魏晋　斗栱磚／'113総寨鎮沙格楞七組南石灘墓群
17		169魏晋　牛車画像磚／'92上壩鎮	216魏晋　牛車壁画磚／'92上壩鎮小溝墓群
18	134後漢　狩猟紋鋪地方磚／'75(下河清郷)小淌溝墓群		178漢　狩猟紋鋪地方磚／'70下河清郷皇城村淌溝漢墓
19	146魏晋　鶏首人身磚雕／'88(清水鎮)単墩子灘墓		193魏晋　鶏首人身磚雕／'88清水鎮単墩子灘墓群
20	147魏晋　牛首人身磚雕／'88(清水鎮)単墩子灘墓		193魏晋　牛首人身磚雕／'88清水鎮単墩子灘墓群
21			180魏晋　獣形火焔穿璧紋鋪地方磚／'01清水鎮単墩子灘墓群
22	144晋　連続穿璧紋鋪地方磚／'77蒲莱溝墓		
23	139晋　穿璧紋鋪地方磚／'79蒲莱溝北・討来河南崖墓		
24			181魏晋　四神紋鋪地方磚／'92収集

掲載順(No.)は，解説篇の郷・鎮の順，同じ郷・鎮では言及した順にしたがい，同じ墓群では出土年次によった．なお出土墓が所在する郷・鎮が不明の2例(No.22,23)はその後方に配し，収集品(No.24)は最後においた．

『酒泉文物精萃』の欄は，写真の掲載頁・年代・タイトルを掲げ，スラッシュの後方に，出土年と出土墓(群)を示した．

『酒泉宝鑒』の欄は，写真の掲載頁・年代・タイトルを掲げ，スラッシュの後方に，出土年と出土地を示した．

『粛州出土文物』可移動文物巻の欄は，写真の掲載頁・年代・タイトルを掲げ，スラッシュの後方に，出土年と出土墓(群)を示した．

51. 玉門金鶏梁墓群, **2009**年発掘墓

1) 所　在:玉門市清泉郷金鶏梁.
「甘粛玉門金鶏梁十六国墓葬発掘簡報」, **26**頁図一, **27**頁図二.
2) 構　造:不明.
3) 墓　主:不明.
4) 年　代:〈五胡〉時代.

玉門金鶏梁墓群, **2009**年発掘墓出土塼画

No.	2018年8月, 玉門市博物館展示中	『玉門文物』	「甘粛玉門金鶏梁十六国墓群発掘簡報」	備　考
1	彩絵雕刻力士磚4点／魏晋　清泉郷出土	147彩絵雕刻力士磚／'03金鶏梁魏晋墓(4点の一)		
2	彩絵磚2点／魏晋　清泉郷出土	148彩絵磚／'03金鶏梁魏晋墓(2点の一)		斗栱
3	龍頭凹紋彩絵磚2点／魏晋　清泉郷出土			
4	人面雕刻彩絵磚8点／前涼中晩期	147彩絵雕刻力士磚／'03金鶏梁魏晋墓(8点の一)		1と同類
5	地獄造型彩絵磚1点／前涼中晩期			斗栱, 2と同類
6	鴟吻雕刻彩絵磚1点／前涼中晩期			3と同類
7	鴞形雕刻線3点／前涼中晩期			
8	舗地凸紋方磚1点／前涼中晩期	148凸紋方磚／'03金鶏梁魏晋墓		
9	五字磚1点／前涼中晩期			
10			封面　彩絵刻画磚／十六国	

2018年8月玉門市博物館展示中の欄は, 説明プレートのタイトルと点数, スラッシュの後方は, 説明プレートにあった年代と出土地. なおNo.1～3は主室, 4～9は別室に展示中だった.

『玉門文物』の欄は, 写真の掲載頁とタイトル, スラッシュの後方は, 出土年次と出土墓.

「甘粛玉門金鶏梁十六国墓群発掘簡報」の欄は, 写真の掲載頁とタイトル, スラッシュの後方は年代.

備考欄には, 主室と別室の塼のグルーピングを試みた.

52. 玉門市博物館所蔵塼画

玉門市博物館所蔵塼画（**2018**年**8**月，展示中）

No.	墓内位置	タイトル(仮称)
1	西壁一層	馬
2		馬2
3		狩猟
4		動物
5		雲気紋
6	西壁二層	動物・紋様
7		人物像・帷帳
8		羽人
9		人物像・帷帳2
10		懸肉・屠畜
11	西壁三層	動物(神獣)
12		動物(神獣)
13		鳥二羽
14		蛇身
15		花型紋様
16	東壁一層	紋様
17		紋様
18		紋様
19		紋様
20		紋様
21	東壁二層	紋様
22		紋様
23		紋様
24		紋様
25		日・月
26	東壁三層	紋様
27		台座・帷帳
28		紋様
29		紋様
30		台座・帷帳・器物＊

＊ 「西室北壁」という説明プレートもあり.

墓内位置の欄は，説明プレートによる.

タイトル(仮称)の欄は，内田宏美氏の検討結果を参考にしながら，編者が附したが，暫定的なものである.

53. 瓜州踏実墓群, **1997**年発掘二号墓

1) 所　在:瓜州県鎖陽城鎮農豊村(東経**96**度**58**秒, 北緯**40**度**14**分**58**秒).
2) 構　造:前室・後室の双室墓.
3) 墓　主:夫婦合葬墓.
4) 年　代:不明(『酒泉宝鑒』は魏晋とする).

瓜州踏実墓群, **1997**年発掘二号墓出土塼画

No.	『酒泉宝鑒』	「瓜州県博物館館蔵画像磚内容及特色分析」	
1	182彩絵兔画像磚	彩絵兔画像磚	31図1
2	183彩絵羊画像磚		
3	184彩絵鴨画像磚		
4		彩絵人御牛車画像磚	32図2

『酒泉宝鑒』の欄は, 写真の掲載頁とタイトル.
「瓜州県博物館館蔵画像磚内容及特色分析」の左欄は, タイトル.
「瓜州県博物館館蔵画像磚内容及特色分析」の右欄は, 写真の掲載頁と図版番号.

【その他の関連文献】

李春元『**瓜州文物考古総録**』:踏実墓群の項(190頁以下)に, 出土塼画の概要について述べる.
李春元「**安西踏実墓群一号大墓発掘簡報**」:M9大墓出土の塼画の概要について述べる(内容は『瓜州文物考古総録』に同じ).

54. 敦煌新店台墓群, **1982**年発掘三号墓

1) 所　在:敦煌市莫高鎮新店台村(東経**94**度**51**分**7**秒, 北緯**40**度**12**分**12**秒)南.
2) 構　造:土洞墓.
3) 墓　主:不明.
4) 年　代:西晋.

敦煌新店台墓群, **1982**年発掘三号墓出土塼画

No.	『敦煌文物』	
1	54	青龍雕磚／82/4辛店台墓群
2	55	白虎雕磚／82/4辛店台墓群

『敦煌文物』の左欄は, 写真の掲載頁.
『敦煌文物』の右欄は, タイトル. スラッシュの後方は出土情報(出土年月と出土地). 年代は西晋とする

【その他の関連文献】

栄恩奇「敦煌西晋画像磚墓」:門楼の「雕磚」は全て「墨線描絵」だが, 2点以外は内容不明とする(85頁).

敦煌県博物館考古組他「記敦煌発現的西晋・十六国墓葬」:三号墓(M3)は土洞墓で, 二号墓(M2)に「門楼式照墻」があるとする(637頁).

55. 敦煌新店台墓群, 1987年発掘一三三号墓(87DFM133)

1) 所　在:敦煌市莫高鎮新店台村南(敦煌機場内).
『敦煌仏爺廟湾西晋画像磚墓』, **6**頁以下図二.
2) 構　造:前室(西側)・後室(東側)からなる双室墓. 前室に北耳室・(北)壁龕・南壁龕.
平面図は,『敦煌仏爺廟湾西晋画像磚墓』, **33**頁図二〇.
断面図は,『敦煌仏爺廟湾西晋画像磚墓』, **34**頁図二一.
3) 墓　主:不明(男女合葬墓).
4) 年　代:西晋.

敦煌新店台墓群, **1987**年発掘一三三号墓出土塼画

No.	墓内位置ほか		『敦煌仏爺廟湾西晋画像磚墓』			2018年8月, 敦煌市博物館展示中	『甘粛出土魏晋唐墓壁画』中冊			『館蔵珍貴文物図録』
	門楼			図版一四「照墻」						
	門楼上部			図版一五1「照墻倣木闕門」						
	門楼中部			図版二二「照墻局部画像磚」						
	門楼下部			図版一五2「照墻倣木斗栱」						
	前室天井			図版一一「覆斗頂・藻井蓮花」						
	前室西壁			図版一三「西壁北側結構・画像磚」						
	前室北壁龕			図版一二「墓室北側壁龕・彩絵帷帳」						
1	M133:左闕柱	門楼上部左闕柱	執勺女婢	図版六五2「持勺女婢」	91図九八1	持勺女僕/95機場墓群出土	530	DH5・040[2246]	持勺女婢図/墓葬照墻上部天門的闕身上	
2		門楼上部左門扉左	倣木連柱斗栱・雲気紋							
3		門楼上部左門扉上	獣面							
4	M133:倣木門一左	門楼上部左門扉	虎	図版六二「餔門虎」	88図九二1					
5	M133:倣木門楣一左	門楼上部左右門扉上横置塼左端	牛首人身	図版三四「倣木門楣」	74図六二1	タイトル不詳/00機場墓群出土	536	DH5・046[2254]	鶏首・牛首人身神像図/墓葬照墻上部	21菱形網格画像磚
6	M133:倣木門楣一中央	門楼上部左右門扉上横置塼中央	菱形窓櫺	図版三四「倣木門楣」	74図六二1	タイトル不詳/00機場墓群出土	536	DH5・046[2254]	鶏首・牛首人身神像図/墓葬照墻上部	21菱形網格画像磚
7	M133:倣木門楣一右	門楼上部左右門扉上横置塼右端	鶏首人身	図版三四「倣木門楣」	74図六二1	タイトル不詳/00機場墓群出土	536	DH5・046[2254]	鶏首・牛首人身神像図/墓葬照墻上部	21菱形網格画像磚
8	M133:倣木門一右	門楼上部右門扉	虎	図版六二「餔門虎」	88図九二2	餔門虎/87機場墓群出土	532	DH5・042[2248-1]	白虎図/墓葬照墻上部天門的門扉上	20倣門対虎画像磚
9		門楼上部右門扉右	倣木連柱斗栱・雲気紋							
10		門楼上部右門扉上	獣面							
11	M133:右闕柱	門楼上部右闕柱	執帚男僕	図版六五1「持帚男僕」	91図九八2	持帚男僕/95機場墓群出土	531	DH5・041[2247]	持帚男僕図/墓葬照墻上部天門的闕身上	20門吏画像磚(持帚)
12	M133:1-1	1層左端	帯翼神馬		73図六一2					
13	M133:1-2	1層中央左	着冠力士	図版六八3「力士」**	93図一〇二2					
14	M133:1-3	1層中央右	羽人	図版六六2「羽人」**	92図一〇〇1					
15	M133:1-4	1層右端	帯翼神馬	図版三三「帯翼神馬」	73図六一1	データ不詳	533	DH5・043[2249]	神馬図/墓葬照墻上部	21神馬画像磚
16	M133:2-1	2層左端	洛書	図版二三1「洛書」**	65図四七1					

17	M133:2-2	2層中央左	帯翼神羊	図版三九2「帯翼神羊」**	76図六七2					
18	M133:2-3	2層中央右	帯翼神羊	図版三九1「帯翼神羊」**	76図六七1		534	DH5・044[2252]	神羊図／墓葬照墻	
19	M133:2-4	2層右端	河図	図版二二(前出)	65図四六2					
20	M133:3-1	3層左端	帯翼神兔	図版四二2「帯翼神兔」**						
21	M133:3-2	3層中央左	朱雀	図版二〇2「朱雀」**	63図四三2		535	DH5・045[2253]	朱雀図／墓葬照墻	
22	M133:3-3	3層中央右	玄武	図版二一3「玄武」**	64図四五2					
23	M133:3-4	3層右端	帯翼神兔	図版四二3「帯翼神兔」**	77図七〇1					
24	M133:4-1	4層左端	玄鳥	図版三〇3「玄鳥」**	71図五八2					
25	M133:4-2	4層中央左	鳳	図版三一1「鳳」**	71図五九1					
26	M133:4-3	4層中央右	仁鹿	図版二六2「天鹿」**	68図五三2					
27	M133:4-4	4層右端	神雀	図版三五1「神雀」**	74図六二2					
28	M133:5-1	5層左端	天鹿	図版二五3「天鹿」**	68図五二1					
29	M133:5-2	5層中央左	方相	図版六七1「方相」**						
30	M133:5-3	5層中央右	方相	図版六七2「方相」**						
31	M133:5-4	5層右端	天鹿		68図五二2					
32	M133:6-1	6層左端	四耳神獣	図版三二2「四耳神獣」**						
33	M133:6-2	6層中央左	赤鳥搏兔	図版三七2「赤鳥搏兔」**	75図六五2					
34	M133:6-3	6層中央右	策杖人物	図版六六1「策杖人物」**	91図九九					
35	M133:6-4	6層右端	五耳六足神獣	図版三二3「五耳六足神獣」**						
36	M133:7-1	7層左端	双首朱雀	図版三一3「双首朱雀」**	73図六〇1					
37	M133:7-2	7層中央左	双首翼獣	図版三八2「双首翼獣」**	76図六六2					
38	M133:7-3	7層中央右	双頭魚	図版三八1「双頭魚」**	76図六六1					
39	M133:7-4	7層右端	大角神鹿	図版四一1「大角神鹿」**	76図六八2					
40	M133:8-1	8層左端	飛魚	図版三二1「飛魚」**	73図六〇2					
41	M133:8-2	8層中央左	仁鹿	図版二六1「仁鹿」**	68図五三1					
42	M133:8-3	8層中央右	白象	図版四三1「白象」**						
43	M133:8-4	8層右端	大鯢	図版三一2「大鯢」**	71図五九2					
44	M133:9-1	9層左端	辟邪	図版二四3「辟邪」	67図五〇1					
45	M133:9-2	9層中央左	麒麟		65図四七2					
46	M133:9-3	9層中央右	受福	図版二八「受福」	70図五六2					
47	M133:9-4	9層右端	辟邪		67図五〇2					
48		10層上左端	大斗造型磚雕							
49		10層上中央	大斗造型磚雕							
50		10層上右端	大斗造型磚雕							
51	M133:10-1	10層右端	赤鳥	図版三六2「赤鳥」**	75図六四2					
52	M133:10-2	10層中央左	李広馳馬返身湾弓	図版四八「李広騎射」**	80図七七1					
53	M133:10-3	10層中央右	中矢山虎	図版四九「中矢山虎」**	80図七七2					
54	M133:10-4	10層右端	赤鳥	図版三七1「赤鳥」**	75図六五1					
55	M133:11-1	11層左端	鸚鵡	図版六三1「鸚鵡」**	90図九三1					

56		11層中央左	倣木斗栱							
57	M133:11-2	11層中央	托山力士		92図一〇一2					
58		11層中央右	倣木斗栱							
59	M133:11-3	11層右端	鸚鵡		90図九三2					
60	M133:12-1	12層左端	伯牙撫琴	図版五三1「伯牙撫琴」**	82図八〇1					
61	M133:倣木斗拱一左	12層中央左	倣木斗栱(上端獣面塼)		94図一〇七2(獣面塼のみ)					
62		12層中央	(大斗造型磚雕(上端勝))							
63	(M133:倣木斗拱一右)	12層中央右	倣木斗栱(上端獣面塼)							
64	M133:12-2	12層右端	子期聴琴	図版五三2「子期聴琴」**	82図八〇2					
65	M133:13-1	13層左端	白虎	図版一九1「白虎」**	62図四一2					
66		13層中央左	倣木斗栱(下端承柱贔屓?)							
67	M133:13一倣木柱間	13層中央	熊面力士磚雕(上端獣面塼)	図版七〇3「熊面力士」**	95図一〇九1					
68		13層中央右	倣木斗栱(下端承柱贔屓?)							
69	M133:13-3	13層右端	青龍	図版一八1「青龍」**	62図四〇1					
70		門楼下部左端	獣面							
71		門楼下部中央左	獣面							
72		門楼下部中央右	獣面							
73		門楼下部右端	獣面							
74		前室天井	蓮花方磚*	図版一一(前出)	79図七四***	タイトル不詳／00/08機場墓群出土				20蓮花藻井彩絵磚
75	(M133:西一左)	前室西壁南側上段	楼閣・穀倉							
76	M133:西一左	前室西壁南側下段	覩粮	図版五七1「覩粮」**	85図八四1					
77	(M133:西一右)	前室西壁北側上段	楼閣・穀倉	図版一三(前出)						
78	M133:西一右	前室西壁北側下段	撮粮	図版五七2「撮粮」**	85図八四2					
79	M133:墓(前)室西北角一上		獣面灯台	図版一三(前出)	94図一〇七4					
80	(M133:前室東北角)		獣面灯台							
81	(M133:前室東南角)		獣面灯台							
82	(M133:前室西北角)		獣面灯台							
83	(M133:前室北壁龕後壁)		帷帳・鸚鵡・亀	図版一二(前出)						

＊『敦煌文物』, 74頁に「彩絵蓮花藻井磚」(西晋, 95/08機場墓群出土),『酒泉宝鑑』, 194頁に「蓮花藻井彩絵磚」(00機場墓群出土)として写真あり. ただし出土年(月)については, いずれも誤り.

＊＊ 模本塼の写真を掲げる.

＊＊＊ 線模本でなく, 模本であることを示す.

墓内位置ほかの左欄は, 主として『敦煌仏爺廟湾西晋画像磚墓』に掲載されている写真や模本などに附された番号を示した. カッコを附したのは編者の推定にによるもの.

墓内位置ほかの右欄は,『敦煌仏爺廟湾西晋画像磚墓』, 37頁図二三や31頁以下の説明文などから読み取った具体的な位置を示す.

『敦煌仏爺廟湾西晋画像磚墓』の左欄は, 説明文にあるタイトル. カッコを附したのは編者の推定によるもの.

『敦煌仏爺廟湾西晋画像磚墓』の中欄は, 写真の図版番号とタイトル.

『敦煌仏爺廟湾西晋画像磚墓』の右欄は, 線模本の掲載頁と図版番号.

2018年8月，敦煌市博物館展示中の欄は，説明プレートに記されたタイトル．スラッシュの後方は，出土年(月)と出土地．
『甘粛出土魏晋唐墓壁画』中冊の左欄は，写真の掲載頁．
『甘粛出土魏晋唐墓壁画』中冊の中欄は，磚画収蔵(管理)単位・磚画次序号．カッコ内は原始編号．収蔵単位のDH5は，敦煌市博物館を示す．
『甘粛出土魏晋唐墓壁画』中冊の右欄は，タイトル．スラッシュの後方は墓内位置．いずれも年代については西晋，出土情報については，1987年，「仏爺廟湾墓群M133」出土とする．
『館蔵珍貴文物図録』(『敦煌市博物館館蔵珍貴文物図録』)の欄は，写真の掲載頁とタイトル．いずれも年代については西晋，出土情報については，2000年8月，「機場墓群」出土とするが，出土年月は明らかに誤り．

【その他の関連文献】

栄恩奇「敦煌西晋画像磚墓」：「彩絵画像磚」70点，「彩絵雕磚」3点，合計73点が出土したとする(85頁)．

56. 敦煌新店台墓群, 1995年発掘三七号墓(95DFM37)

1) 所　在:敦煌市莫高鎮新店台村南(敦煌機場内).
『敦煌仏爺廟湾西晋画像磚墓』, **6**頁以下図二(三九号墓と同じ塋域の北端).
2) 構　造:単室墓. 墓室(後壁は東側)に北耳室・南壁龕.
平面図は,『敦煌仏爺廟湾西晋画像磚墓』, **12**頁図三, **13**頁図四.
断面図は,『敦煌仏爺廟湾西晋画像磚墓』, **14**頁図五, **16**頁図六, **17**頁図七.
3) 墓　主:不明(男女合葬墓).
4) 年　代:西晋.

敦煌新店台墓群, **1995**年発掘三七号墓出土塼画

No.	墓内位置ほか		『敦煌仏爺廟湾西晋画像磚墓』			『甘粛出土魏晋唐墓壁画』中冊			『仏爺廟湾彩絵磚』	『館蔵珍貴文物図録』
	門楼上部			図版四2「照墻画像磚分布」						
	門楼下部			図版四1「照墻倣木結構」						
	門楼描き起こし図			18図八「照墻正視図」						
	門楼塼描き起こし図			19図九「倣木斗栱磚雕及画像磚分布」						
	墓室西壁北側			図版二「西壁北側画像磚分布」						
	墓室西壁南側			図版三「西壁南側画像磚分布」						
1	M37:1-1	1層左端	玄鳥	図版三〇1「玄鳥」		564	DH6・008[M37:1-1]	燕子図		
2	M37:1-2	1層中央左	神雀	図版三五2「神雀」	74図六三1	565	DH6・009[M37:1-2]	神雀図		
3	M37:1-3	1層中央右	神雀	図版三五3「神雀」	74図六三2					
4	M37:1-4	1層右端	玄鳥	図版三〇2「玄鳥」	71図五八1	566	DH6・010[M37:1-4]	燕子図		
5	(M37:2-1)	2層左端	受福		70図五七1					
6	M37:2-2	2層中央左	麒麟	図版二三2「麒麟」	66図四八1	567	DH6・011[M37:2-2]	舎利図		
7	M37:2-3	2層中央右	麒麟	図版二四1「麒麟」	66図四八2	568	DH6・012[M37:2-3]	舎利図	20麒麟	
8	(M37:2-4)	2層右端	受福							
9	M37:3-1	3層左端	騎手(李広)	図版五二1「騎射」	81図七九1	569	DH6・013[M37:3-1]	李広騎射図		
10	M37:3-2	3層中央左	奔羊	図版五二2「中矢羊」	81図七九2					
11	M37:3-3	3層中央右	騎手(李広)	図版五〇「騎射」	81図七八1	570	DH6・014[M37:3-3]	李広騎射図	3猟射	
12	M37:3-4	3層右端	野牛	図版五一「中矢牛」	81図七八2	571	DH6・015[M37:3-4]	中矢牛図	14中箭的犛牛	
13	M37:4-1	4層左端	玄武	図版二一1「玄武」	64図四四2	572	DH6・016[M37:4-1]	玄武図	23玄武(1)	
14	M37:4-2	4層中央左	朱雀	図版一九2「朱雀」	63図四二1	573	DH6・017[M37:4-2]	朱雀図		
15	M37:4-3	4層中央右	朱雀	図版一九3「朱雀」	63図四二2	574	DH6・018[M37:4-3]	朱雀図	24朱雀	
16	M37:4-4	4層右端	玄武	図版二一2「玄武」	64図四五1	575	DH6・019[M37:4-4]	玄武図	23玄武(2)	

17	M37:5-1	5層左端	伯牙撫琴	図版五四「伯牙撫琴」	82図八一1	576	DH6・020[M37:5-1]	伯牙弾琴図	6伯牙撫琴(1)	
18	M37:5-2	5層中央左	天鹿	図版二五1「天鹿」	67図五一1	577	DH6・021[M37:5-2]	天鹿図		
19	M37:5-3	5層中央右	天鹿	図版二五2「天鹿」	67図五一2	578	DH6・022[M37:5-3]	天鹿図		
20	M37:5-4	5層右端	子期聴琴	図版五五「子期聴琴」	82図八一2	579	DH6・023[M37:5-4]	子期聴琴図	8子期聴琴	
21	M37:6-1	6層左端	鸚鵡	図版六三2「鸚鵡」	90図九四1	580	DH6・024[M37:6-1]	鸚鵡図		
22	M37:6-2	6層中央左	白象	図版四四1「白象」		581	DH6・025[M37:6-2]	大象図	18神象(2)	22白象図画像磚
23	M37:6-3	6層中央右	白象	図版四四2「白象」	77図七〇2	582	DH6・026[M37:6-3]	大象図	18神象(1)	
24	M37:6-4	6層右端	鸚鵡	図版六三3「鸚鵡」	90図九四2	583	DH6・027[M37:6-4]	鸚鵡図		
25	M37:7-1	7層左端	白虎	図版一八3「白虎」	62図四一1	584	DH6・028[M37:7-1]	白虎図	22白虎	
26	M37:7-2	7層中央左	大角神鹿	図版四〇1「大角神鹿」		585	DH6・029[M37:7-2]	鹿図		
27	M37:7-3	7層中央右	大角神鹿	図版四〇2「大角神鹿」	76図六八1	586	DH6・030[M37:7-3]	鹿図	19神鹿	
28	M37:7-4	7層右端	青龍	図版一八2「青龍」	62図四〇2	587	DH6・031[M37:7-4]	青龍図	21青龍	
29		8層左端	斗栱							
30	M37:8-1	8層中央左	獣面		94図一〇六4					
31		8層中央	斗栱							
32	M37:8-2	8層中央右	獣面	図版六九3「獣面」	94図版一〇六3	588	DH6・032[M37:8-2]	獣面図		
33		8層右端	斗栱							
34	M37:9-1	9層左端	李広騎射	図版四六「李広騎射」	79図七五1	589	DH6・033[M37:9-1]	李広射虎図		
35	(M37:9-2)	9層中央左	獣面							
36	(M37:9-3)	9層中央右	獣面		94図一〇四2					
37	M37:9-4	9層右端	李広騎射2	図版四七「中矢山虎」	79図七五2	590	DH6・034[M37:9-4]	中矢虎図		
38	(M37:10-1)	10層左端	飛鳥							
39		10層中央左	二重斗栱							
40	M37:10-2	10層中央	托山力士	図版六八2「托山力士」	93図版一〇二1	563	DH6・007[M37:10-2]	托山力士図	13托山力士	
41		10層中央右	二重斗栱							
42	(M37:10-3)	10層右端	飛鳥							
43	(M37:11-1)	11層左端	飛鳥							
44		11層中央左	二重斗栱(・勝)							
45		11層中央	(紋様塼)							
46		11層中央右	二重斗栱(・勝)							
47	(M37:11-2)	11層右端	飛鳥							
48	M37:12	12層中央左	倣木柱・承柱贔屓		96図一一〇1					
49	M37:12	12層中央	熊面力士雕磚		95図一〇八2					
50	(M37:12)	12層中央右	倣木柱・承柱贔屓							
51		12層下方左端	(獣面)							
52		12層下方中央左	(獣面)							

53		12層下方中央	(獣面)							
54		12層下方中央右	(獣面)							
55		12層下方右端	(獣面)							
56		墓室天井	彩絵蓮花紋方磚	図版四五2「藻井蓮花紋」	78図七三*	562	DH6·006[M37]	蓮花図		
57	M37：西壁	上部中央	臥羊		87図八九1					
58	M37：西1-1		閣楼式倉廩	図版五九3「閣楼式倉廩」		592	DH6·036[M37：西壁1-1]	倉房図		
59	M37：西1-2		(閣楼式倉廩)			593	DH6·037[M37：西壁1-2]	倉房図		
60	M37：西1-3		(閣楼式倉廩)							
61	M37：西1-4		閣楼式倉廩	図版五九2「閣楼式倉廩」		594	DH6·038[M37：西壁1-4]	倉房図		
62	M37：西2-1		耙粮		85図八五2					
63	M37：西2-2		休閑納涼	図版五六2「休閑納涼」	84図八三2	595	DH6·039[M37：西壁2-2]	納涼図		
64	M37：西2-3		進食	図版五六3「進食」	84図八三1					
65	M37：西2-4		牛・車	図版五八2「牛・車」	86図八六2	596	DH6·040[M37：西壁2-4]	牛車図	9牛車	
66	M37：北壁	上部中央		図版六〇2(臥羊)	87図八八1	591	DH6·035[M37：北壁]	臥羊図	16臥羊(2)	
67	M37：東壁	上部中央			87図八八2					
68		中央	彩絵帷幔・垂幛	図版五「墓室結構」						
69	M37：南壁	上部中央			87図八九2					
70	M37：墓室西南角	上部	(獣面)							
71		下部	(獣面)							
72	M37：墓室西北角	上部	(獣面)							
73		下部	獣面	図版七〇1「獣面」	94図一〇七1					
74	M37：墓室東北角	上部	獣面	図版七〇1「獣面」	94図一〇七3					
75		下部	(獣面)							
76	M37：墓室東南角	上部	(獣面)							
77		下部	(獣面)							
78	南側棺板上帛画		銘旌残片							

＊ 線模本ではなく，模本であることを示す.

墓内位置ほかの左欄は，主として『敦煌仏爺廟湾西晋画像磚墓』に掲載されている写真や模本などに附された番号を示した. カッコを附したのは編者の推定によるもの.

墓内位置ほかの右欄は，『敦煌仏爺廟湾西晋画像磚墓』，19頁図九や11頁以下の説明文などから読み取った具体的な位置を示す.

『敦煌仏爺廟湾西晋画像磚墓』の左欄は，説明文にあるタイトル. カッコを附したのは編者の推定によるもの.

『敦煌仏爺廟湾西晋画像磚墓』の中欄は，写真の図版番号とタイトル.

『敦煌仏爺廟湾西晋画像磚墓』の右欄は，線模本の掲載頁と図版番号.

『甘粛出土魏晋唐墓壁画』中冊の左欄は，写真の掲載頁.

『甘粛出土魏晋唐墓壁画』中冊の中欄は，磚画収蔵(管理)単位・磚画次序号. カッコ内は原始編号. 収蔵単位のDH6は，甘粛省文物考古研究所を示す.

『甘粛出土魏晋唐墓壁画』中冊の右欄は，タイトル．いずれも年代については西晋，出土情報については，1995年，「敦煌仏爺廟湾墓群M37」出土と記す．

『仏爺廟湾彩絵磚』(『甘粛敦煌仏爺廟湾魏晋墓彩絵磚』)の欄は，写真の掲載頁とタイトル．

『館蔵珍貴文物図録』(『敦煌市博物館館蔵文物図録』)の欄は，写真の掲載頁とタイトル．年代については魏晋，出土情報については，「1995年仏爺廟墓群」とする．

【その他の関連文献】

栄恩奇「**敦煌西晋画像磚墓**」:「彩絵画像磚」65点，「彩絵雕磚」3点，合計68点が出土したとする(86頁)．

57. 敦煌新店台墓群，1995年発掘三九号墓(95DFM39)

1) 所　在:敦煌市莫高鎮新店台村南(敦煌機場内).
『敦煌仏爺廟湾西晋画像磚墓』，**6**頁以下図二(三七号墓と同じ塋域，南側).
2) 構　造:単室墓．墓室(後壁は東側)に北耳室・南耳室.
平面図は，『敦煌仏爺廟湾西晋画像磚墓』，**23**頁図一一.
断面図は，『敦煌仏爺廟湾西晋画像磚墓』，**24**頁図一二，**25**頁図一三.
3) 墓　主:不明(三人合葬墓).
4) 年　代:西晋.

敦煌新店台墓群，**1995**年発掘三九号墓出土塼画

No.	墓内位置ほか		『敦煌仏爺廟湾西晋画像磚墓』			『甘粛出土魏晋唐墓壁画』中冊			『仏爺廟湾彩絵磚』	『敦煌文物』	『館蔵珍貴文物図録』
	門楼描き起こし図			26図一四「照墻正視図」							
	門楼塼描き起こし図			27図一五「照墻倣木斗栱及画像磚分布図」							
	墓室西壁南側			図版八「西壁南側画像磚分布」							
	墓室西壁北側			図版九「西壁北側画像磚分布」							
1	M39:1-1	1層左端	麒麟		66図四九2						
2	M39:1-2	1層中央左	受福	図版二九1「受福」**	70図五七2						
3	M39:1-3	1層中央右	受福	図版二九2「受福」**							
4	M39:1-4	1層右端	麒麟	図版二四2「麒麟」**	66図四九1						
5	(M39:2-1)	2層左端	白虎								
6	M39:2-2	2層中央左	白象	図版四三2「白象」**							
7	M39:2-3	2層中央右	白象		77図七一1						
8	(M39:2-4)	2層右端	青龍								
9	M39:3-1	3層左端	玄武		65図四六1						
10	(M39:3-2)	3層中央左	大角神鹿								
11	M39:3-3	3層中央右	大角神鹿	図版四一2「大角神鹿」**	76図六九1						
12	M39:3-4	3層右端	朱雀	図版二〇1「朱雀」**	63図四三1						
13	M39:4-1	4層左端	伯牙撫琴*		83図八二1	505	DH5·015[2032]	伯牙弾琴図***			
14	(M39:4-2)	4層中央左	団点雲気紋								
15	(M39:4-3)	4層中央右	団点雲気紋								
16	M39:4-4	4層右端	子期聴琴*		83図八二2						
17		5層左端	大斗造型磚雕								
18	M39:5-1	5層中央左	獣面		93図一〇三2						
19		5層中央	大斗造型磚雕								
20	M39:5-2	5層中央右	獣面		93図一〇三3						
21		5層右端	大斗造型磚雕								
22	M39:6-1	6層左端	獣面		94図一〇四1						

23	M39:6-2	6層中央左	李広縦馬返身張弓		80図七六						
24	(M39:6-3)	6層中央右	中矢山虎								
25	M39:6-4	6層右端	獣面	図版六九獣面	93図一〇三1						
26	(M39:7-1)	7層左端	飛鳥								
27		7層中央左	(倣木斗栱)								
28	M39:7-2	7層中央	托山力士*		92図一〇〇2					87托山力士磚	
29		7層中央右	(倣木斗栱)								
30	(M39:7-3)	7層右端	飛鳥								
31	M39:8-1	8層左端	飛鳥	図版六四3飛鳥	91図九七1						
32		8層中央左	(倣木斗栱・勝)								
33		8層中央右	(倣木斗栱・勝)								
34	M39:8-2	8層右端	飛鳥		91図九七1						
35	M39:9	9層左	倣木柱・承柱贔屓		96図一一〇2						
36	M39:9	9層中央	雕絵熊面力士		95図一〇八1						
37	(M39:9)	9層右	倣木柱・承柱贔屓								
38		9層下方左端	獣面								
39		9層下方中央左	獣面								
40		9層下方中央	獣面								
41		9層下方中央右	獣面								
42		9層下方右端	獣面								
43		墓室天井		図版四五1「藻井蓮花紋」／78図七二**		597	DH6·046[M39:西壁]	藻井蓮花図			22蓮花図画像磚
44	M39:西壁	上部中央	(臥羊)	図版六〇「臥羊」		602	DH6·046[M39:西壁]	臥羊図	15臥羊(1)		21神羊図画像磚
45	(M39:西1-1)		(閣楼式倉廩)								
46	M39:西1-2		閣楼式倉廩	図版五九1「閣楼式倉廩」							
47	(M39:西1-3)		(閣楼式倉廩)								
48	M39:西1-4		閣楼式倉廩		86図八七1						
49	M39:西2-1		撮粮	図版五六3「撮粮」	85図八五1	598	DH6·042[M39:西壁2-1]	収糧図	**10撮粮**		
50	M39:西2-2		母童嬉戯	図版五八1「母童嬉戯」	86図八六1	599	DH6·043[M39:西壁2-2]	騎竹馬図	**4母子嬉楽**		
51	M39:西2-3		牛・車			600	DH6·044[M39:西壁2-3]	収租図	1進食		
52	M39:西2-4		双鶏	図版六〇1「双鶏」	86図八七2	601	DH6·045[M39:西壁2-4]	鶏群図	17鶏趣		22双鶏画像磚
53	M39:北壁	上部中央	臥羊								
54	M39:東壁	上部中央	臥羊								
55	M39:南壁	上部中央	臥羊		87図九〇1						
56	M39:西南角	上部	(獣面)								
57		下部	(獣面)								
58	M39:西北角	上部	(獣面)								
59		下部	(獣面)?								
60	M39:東北角	上部	(獣面)								
61		下部	(獣面)								

62	M39:東南角	上部	(獣面)								
63		下部	(獣面)								

＊　2018年8月,「1995年新店台墓群出土」として, 敦煌市博物館展示中.

＊＊　模本の写真であることを示す.

＊＊＊　出土情報について, 仏爺廟湾墓群としつつも,「具体位置及出土時間不詳」とする.

墓内位置ほかの左欄は, 主として『敦煌仏爺廟湾西晋画像磚墓』に掲載されている写真や線模本などに附された番号を示した. カッコを附したのは編者の推定によるもの.

墓内位置ほかの右欄は,『敦煌仏爺廟湾西晋画像磚墓』, 27頁図一五や22頁以下の説明文などから読み取った具体的な位置を示す.

『敦煌仏爺廟湾西晋画像磚墓』の左欄は, 説明文にあるタイトル. カッコを附したのは編者の推定によるもの.

『敦煌仏爺廟湾西晋画像磚墓』の中欄は, 写真の掲載頁・図版番号とタイトル.

『敦煌仏爺廟湾西晋画像磚墓』の右欄は, 線模本の掲載頁と図版番号.

『甘粛出土魏晋唐墓壁画』中冊の左欄は, 写真の掲載頁.

『甘粛出土魏晋唐墓壁画』中冊の中欄は, 磚画収蔵(管理)単位・磚画次序号. カッコ内は原始番号. 収蔵単位のDH5は敦煌市博物館を, DH6は甘粛省文物考古研究所を, それぞれ示す.

『甘粛出土魏晋唐墓壁画』中冊の右欄は, タイトル. いずれも年代については西晋, 出土情報については, 1995年,「敦煌仏爺廟湾墓群M39」出土と記す.

『仏爺廟湾彩絵磚』(『甘粛敦煌仏爺廟湾魏晋墓彩絵磚』)の欄は, 写真の掲載頁とタイトル. 太字は, 拡大写真が附載されていることを示す.

『敦煌文物』の欄は, 写真の掲載頁とタイトル. 出土年月については, 2000年8月とするが, 明らかに誤り. なお敦煌市博物館の説明プレートには「1999年仏爺廟墓群出土」とあるが, これも誤り.

『館蔵珍貴文物図録』(『敦煌市博物館館蔵珍貴文物図録』)の欄は, 写真の掲載頁とタイトル. いずれも, 年代については魏晋, 出土情報については,「1995年仏爺廟墓群」とする.

【その他の関連文献】

栄恩奇「**敦煌西晋画像磚墓**」:「彩絵画像磚」51点,「彩絵雕磚」3点, 合計54点が出土したとする(86頁).

江　介也「**河西地区魏晋墓の墓門上装飾塼壁(照墻)と墳墓観・他界観**」: 門楼の塼の計測値を掲げる(852頁表1, 853頁表2).

58. 敦煌新店台墓群，1995年発掘九一号墓（95DFM91）

1）所　在：敦煌市莫高鎮新店台村南（敦煌機場内）．
『敦煌仏爺廟湾西晋画像磚墓』，6頁以下図二．
2）構　造：土洞墓．墓道は西側，墓室後壁は東側．
3）墓　主：不明．
4）年　代：西晋．

敦煌新店台墓群，1995年発掘九一号墓出土塼画

No.	整理番号	『敦煌仏爺廟湾西晋画像磚墓』			『甘粛出土魏晋唐墓壁画』中冊			『仏爺廟湾彩絵磚』	『館蔵珍貴文物図録』
1	M91:1	右向白虎	図版七一1「白虎」	97図一一二1	603	DH6·047[M91:1]	白虎図		
2	M91:2	赤雀朝鳳	図版七二「赤雀朝鳳」	97図一一三1					
3	M91:3	左向九尾狐	図版七五1「九尾狐」	98図一一五1	604	DH6·048[M91:3]	九尾狐図		28九尾狐図画像磚
4	M91:4	人面龍身怪獣	図版七五2「人面龍身怪獣」	98図一一五2					28人面龍身獣図画像磚
5	M91:5	左向奔羊	図版七六2「奔羊」	99図一一六2	605	DH6·049[M91:5]	奔羊図		
6	M91:6	右向奔羊	図版七六1「奔羊」	99図一一六1					
7	M91:7	少女搏虎	図版七八「少女搏虎」	99図一一七2	606	DH6·050[M91:7]	少女刺虎図	12少女搏虎	

整理番号の欄は，『敦煌仏爺廟湾西晋画像磚墓』，40頁，および96頁以下の説明文による．
『敦煌仏爺廟湾西晋画像磚墓』の左欄は，40頁の説明文にあるタイトル．
『敦煌仏爺廟湾西晋画像磚墓』の中欄は，写真の図版番号とタイトル．
『敦煌仏爺廟湾西晋画像磚墓』の右欄は，線模本の掲載頁と図版番号．
『甘粛出土魏晋唐墓壁画』中冊の左欄は，写真の掲載頁．
『甘粛出土魏晋唐墓壁画』中冊の中欄は，磚画収蔵(管理)単位・磚画次序号．カッコ内は原始編号．収蔵単位のDH6は，甘粛省文物考古研究所を示す．
『甘粛出土魏晋唐墓壁画』中冊の右欄は，タイトル．いずれも年代については西晋，出土情報については，1995年，「敦煌仏爺廟湾墓群M91」出土と記す．
『仏爺廟湾彩絵磚』(『甘粛敦煌仏爺廟湾魏晋墓彩絵磚』)の欄は，写真の掲載頁とタイトル．
『館蔵珍貴文物図録』(『敦煌市博物館蔵珍貴文物図録』)の欄は，写真の掲載頁とタイトル．いずれも，年代については魏晋，出土情報については，「1999年仏爺廟墓群出土」とするが，出土年次は明らかに誤り．

【その他の関連文献】
栄恩奇「**敦煌西晋画像磚墓**」：「墨色描絵」の「画像磚」が7点出土したとする(86頁)．

59. 敦煌新店台墓群, **1995**年発掘一一八号墓(**DFM118**)

1) 所　在:敦煌市莫高鎮新店台村南(敦煌機場内).
『敦煌仏爺廟湾西晋画像磚墓』, **6**頁以下図二.
2) 構　造:前室(西側)・後室(東側)からなる双室土洞墓. 前室に南壁龕.
平面図は,『敦煌仏爺廟湾西晋画像磚墓』, **28**頁図一六.
断面図は,『敦煌仏爺廟湾西晋画像磚墓』, **30**頁図一七.
3) 墓　主:不明(合葬墓).
4) 年　代:西晋.

敦煌新店台墓群, **1995**年発掘一一八号墓出土塼画

No.	墓内位置ほか		『敦煌仏爺廟湾西晋画像磚墓』			『甘粛出土魏晋唐墓壁画』中冊			『敦煌文物』	『館蔵珍貴文物図録』
	門楼上部			図版一〇1「照墻画像磚」						
	門楼下部			図版一〇2「照墻倣木斗栱及画像磚」						
	門楼描き起こし図			31図一八「照墻正視図」						
	門楼塼描き起こし図			32図一九「照墻倣木斗栱及画像磚分布図」						
1	M118:1-1	第1層左端	魚	図版四二2「魚」						
2	M118:1-2	第1層中央	大角神鹿		76図六九2					
3	(M118:1-3)	第1層右端	魚							
4	(M118:2-1)	第2層左端	白象							
5	M118:2-2	第2層中央	黿鼉	図版二七1「黿鼉」	69図五四1	514	DH5·024[2089]	元鼉図/仏爺廟湾墓群(具体位置・出土時間不詳)		
6	M118:2-3	第2層右端	白象		77図七一2	503	DH5·013[2029]	大象図/仏爺廟湾墓群(具体位置・出土時間不詳)		
7	M118:3-1	第3層左端	朱雀*	図版二〇3「朱雀」	64図四四1					
8	M118:3-2	第3層中央左	獣面		94図一〇五1					
9	M118:3-3?	第3層中央	左向臥羊		87図九〇2					
10	(M118:3-4?)	第3層中央右	獣面							
11	(M118:3-5?)	第3層右端	朱雀							
12	M118:4-1	第4層左端	黿鼉	図版二七3「黿鼉」	69図五五2					
13	M118:4-2	第4層中央	托山力士	図版六八1「托山力士」	92図一〇一1	501	DH5·011[2026]	托山力士図/仏爺廟湾墓群M118照墻·95出土		16力士画像磚
14	M118:4-3	第4層右端	黿鼉*		70図五六1					
15		第5層左端	大斗造型磚雕							
16	M118:5-1	第5層中央左	臥兔	図版六四1「白兔」	90図九六1					
17		第5層中央	大斗造型磚雕							
18	M118:5-2	第5層中央右	臥兔*	図版六四2「白兔」	90図九六2	508	DH5·018[2057]	白兔図/仏爺廟湾墓群(具体位置・出土時間不詳)		19白兔画像磚
19		第5層右端	大斗造型磚雕							
20	M118:6-1	第6層左端	獣面	図版六九2「獣面」	94図一〇五2					
21	M118:6-2	第6層中央左	黿鼉	図版二六3「黿鼉」	69図五四2	500	DH5·010[2025]	元鼉図/仏爺廟湾墓群M118照墻·95出土	66黿鼉磚**	15黿鼉画像磚
22	M118:6-3	第6層中央右	黿鼉	図版二七2「黿鼉」	69図五五1					
23	(M118:6-4)	第6層右端	獣面							

24	M118:7-1	第7層左端	獣面		94図一〇六2					
25		第7層中央左	倣木斗栱							
26	M118:7-2	第7層中央	赤雀	図版三六1「赤雀」	75図六四1	502	DH5·012[2028]	鳳図／仏爺廟湾墓群M118照墻·95出土		16朱雀画像磚
27		第7層中央右	倣木斗栱							
28	M118:7-3	第7層右端	獣面		94図一〇六1					
29	M118:8-1	第8層左端	鸚鵡		90図九五1					
30		第8層中央左	倣木斗栱							
31		第8層中央	(勝)							
32		第8層中央右	倣木斗栱							
33	M118:8-2	第8層右端	鸚鵡*		90図九五2	504	DH5·014[2031]	鸚鵡図／仏爺廟湾墓群(具体位置·出土時間不詳)		
34	M118:9-1	第9層左端	奔虎	図版六一1「奔虎」	88図九一1					
35	M118:9—倣木柱上—左	第9層左端右上部	熊面(人身)力士		95図一〇九3					
36		第9層左端右	倣木斗栱柱							
37	M118:9—倣木柱下—左	第9層左端右下部	承柱贔屓		96図一一一					
38	M118:9-2	第9層中央左	獣面		94図一〇四3	499	DH5·009[2023]	獣面図／仏爺廟湾墓群(墓葬位置不詳)·95出土		15虎頭斗栱画像磚
39	M118:9—倣木柱間	第9層中央	熊面(人身)力士		95図一〇九2					
40	M118:9-3	第9層中央右	獣面		94図一〇五3	498	DH5·003[2022]	獣面図／仏爺廟湾墓群(墓葬位置不詳)·95出土	70虎頭斗栱磚	
41	(M118:9—倣木柱上—右)	第9層右端左上部	熊面(人身)力士							
42		第9層右端左	倣木斗栱柱							
43	(M118:9—倣木柱下—右)	第9層右端左下部	承柱贔屓							
44	M118:9-4	第9層右端	奔虎	図版六一2「奔虎」	88図九一2	515	DH5·025[2090]	猛虎図／仏爺廟湾墓群(具体位置·出土時間不詳)		

＊ 2018年8月，敦煌市博物館展示中．ただし竜鼉については「1999年仏爺廟M1出土」，臥兔については「1995年機場墓群出土」，鸚鵡については「1997年新店台出土」とあり．臥兔以外は誤りを含む．
また朱雀については，「鳳画像磚」というタイトルで展示中(出土情報を欠く)．

＊＊ 榜題ありとするが，実際には榜題はない．

墓内位置ほかの左欄は，主として『敦煌仏爺廟湾西晋画像磚墓』に掲載されている写真や線模本などに附された番号を示した．カッコを附したのは編者の推定によるもの．
墓内位置ほかの右欄は，『敦煌仏爺廟湾西晋画像磚墓』，32頁図一九や29頁以下の説明文などから読み取った具体的な位置を示す．
『敦煌仏爺廟湾西晋画像磚墓』の左欄は，説明文にあるタイトル．カッコを附したのは編者の推定によるもの．
『敦煌仏爺廟湾西晋画像磚墓』の中欄は，写真の掲載頁・図版番号とタイトル．なお塼画の写真は全て模本である．
『敦煌仏爺廟湾西晋画像磚墓』の右欄は，線模本の掲載頁と図版番号．
『甘粛出土魏晋唐墓壁画』中冊の左欄は，写真の掲載頁．
『甘粛出土魏晋唐墓壁画』中冊の中欄は，磚画収蔵(管理)単位・磚画次序号．カッコ内は原始編号．収蔵単位のDH5は，敦煌市博物館を示す．
『甘粛出土魏晋唐墓壁画』中冊の右欄は，タイトル．いずれも年代については西晋と記すが，スラッシュの後方に記したように，出土情報については混乱が目立つ．
『敦煌文物』の欄は，写真の掲載頁とタイトル．いずれも年代については西晋，出土情報については，1995年8月，「仏爺廟墓群」出土とする．
『館蔵珍貴文物図録』(『敦煌市博物館館蔵珍貴文物図録』)の欄は，写真の掲載頁とタイトル．いずれも年代については西晋，出土情報については，1995年8月，「敦煌機場墓群」出土とする．

【その他の関連文献】

栄恩奇「敦煌西晋画像磚墓」：双室の土洞墓とし，「彩絵画像磚」29点，「彩絵雕磚」5点の計34点が出土したという(86頁)．

江　介也「**河西地区魏晋墓の墓門上装飾塼壁(照墻)と墳墓観・他界観**」：後室を後壁龕と解釈し，実質は単室墓とする．

60. 敦煌新店台墓群, 1995年発掘一六七号墓(95DFM167)

1) 所　在:敦煌市莫高鎮新店台村南(敦煌機場内).
　『敦煌仏爺廟湾西晋画像磚墓』, 6頁以下図二.
2) 構　造:土洞墓. 墓道は西側, 墓室後壁は東側.
3) 墓　主:不明.
4) 年　代:西晋.

敦煌新店台墓群, 1995年発掘一六七号墓出土塼画

No.	整理番号	『敦煌仏爺廟湾西晋画像磚墓』			『甘粛出土魏晋唐墓壁画』中冊			『仏爺廟湾彩絵磚』	『館蔵珍貴文物図録』
1	M167:1	右向鳳	図版七三「鳳」	99図一一七2	557	DH6・001[M167:1]	朱雀図		26朱雀画像磚
2	M167:2	左向伯牙撫琴	図版七七「伯牙撫琴」	99図一一七1	558	DH6・002[M167:2]	伯牙撫琴図	7伯牙撫琴(2)	
3	M167:3	左向舎利	図版七四2「舎利」	98図一一四2	559	DH6・003[M167:3]	舎利図		
4	M167:4	右向受福	図版七四1「受福」	98図一一四1	560	DH6・004[M167:4]	受福図	14受福	
5	M167:5	右向赤鳥	図版七一2「赤鳥」	97図一一二2	561	DH6・005[M167:5]	朱鳥図		

整理番号の欄は,『敦煌仏爺廟湾西晋画像磚墓』, 39頁以下, および96頁以下の説明文による.

『敦煌仏爺廟湾西晋画像磚墓』の左欄は, 39頁以下の説明文にあるタイトル.

『敦煌仏爺廟湾西晋画像磚墓』の中欄は, 写真の図版番号とタイトル.

『敦煌仏爺廟湾西晋画像磚墓』の右欄は, 線模本の掲載頁と図版番号.

『甘粛出土魏晋唐墓壁画』中冊の左欄は, 写真の掲載頁.

『甘粛出土魏晋唐墓壁画』中冊の中欄は, 磚画収蔵(管理)単位・磚画次序号. カッコ内は原始編号. 収蔵単位のDH6は, 甘粛省文物考古研究所を示す.

『甘粛出土魏晋唐墓壁画』中冊の右欄は, タイトル. いずれも年代については西晋, 出土情報については, 1995年,「敦煌仏爺廟湾墓群M167」出土と記す.

『仏爺廟湾彩絵磚』(『甘粛敦煌仏爺廟湾魏晋墓彩絵磚』)の欄は, 写真の掲載頁とタイトル.

『館蔵珍貴文物図録』(『敦煌市博物館館蔵珍貴文物図録』)の欄は, 写真の掲載頁とタイトル. 年代については魏晋, 出土情報については,「1999年仏爺廟墓群出土」とするが, 出土年次は明らかに誤り.

【その他の関連文献】

栄恩奇「**敦煌西晋画像磚墓**」:「墨色描絵」の「画像磚」が5点出土したとする(86頁).

61. 敦煌新店台墓群, 2000年8月発掘墓

1) 所 在:敦煌市莫高鎮新店台村南
2) 構 造:不明.
3) 墓 主:不明.
4) 年 代:西晋.

敦煌新店台墓群, 2000年8月発掘墓出土塼画*

No.	『甘粛出土魏晋唐墓壁画』中冊			『敦煌文物』	『館蔵珍貴文物図録』	『酒泉宝鑑』
1	518	DH5·028[2218]	三人首獣図	86三頭人面獣磚	30三頭獣雕刻彩絵磚	
2	519	DH5·029[2219]	大象図	70大象磚	30宝象雕刻彩絵磚	186宝象雕刻彩絵磚
3	521	DH5·031[2221]	鳳図			
4	522	DH5·032[2222]	舎利図	73舎利磚	31猞猁雕刻彩絵磚	187舎利雕刻彩絵磚
5	523	DH5·033[2223]	受福図		32受福雕刻彩絵磚	188辟邪雕刻彩絵磚
6	524	DH5·034[2224]	翼馬図	71神馬磚	32神馬雕刻彩絵磚	189神馬雕刻彩絵磚
7	525	DH5·035[2226]	青龍図	71青龍磚	33青龍雕刻彩絵磚	190青龍雕刻彩絵磚
8	526	DH5·036[2227]	白虎図	72白虎磚	33白虎雕刻彩絵磚	191白虎雕刻彩絵磚
9				72仁鹿磚		
10				73朱雀磚	31朱雀雕刻彩絵磚	185朱雀雕刻彩絵磚
11					34磚雕彩絵力士**	

＊ 李永寧「敦煌仏爺廟湾晋・唐墓」,「敦煌仏爺廟湾魏晋至唐代墓群」にしたがい, 該当墓の所属を仏爺廟(湾)墓群ではなく, 新店台墓群と判断した.

＊＊ 『館蔵珍貴文物図録』では, 他の塼と同じように,「2001年5月仏爺廟墓群出土」とあるので採ったが, あるいは正真正銘2001年5月出土の可能性がある.

『甘粛出土魏晋唐墓壁画』中冊の左欄は, 写真の掲載頁.

『甘粛出土魏晋唐墓壁画』中冊の中欄は, 磚画収蔵(管理)単位・磚画次序号. カッコ内は原始編号. DH5は, 敦煌市博物館.

『甘粛出土魏晋唐墓壁画』中冊の右欄は, タイトル. いずれも年代については西晋, 出土情報については, 2000年8月,「敦煌仏爺廟湾墓群」出土で,「墓葬位置不詳」と記す.

『敦煌文物』の欄は, 写真の掲載頁とタイトル. いずれも年代については西晋, 出土情報については2000年8月,「仏爺廟墓群」出土と記す.

『館蔵珍貴文物図録』(『敦煌市博物館館蔵珍貴文物図録』)の欄は, 写真の掲載頁とタイトル. いずれも年代については西晋, 出土情報については「2001年5月仏爺廟墓群出土」とするが, 出土年月は明らかに誤り.

『酒泉宝鑑』の欄は, 写真の掲載頁とタイトル. いずれも年代については西晋, 出土情報については「敦煌市仏爺廟墓群」出土と記す.

【その他の関連文献】

栄恩奇「**敦煌西晋画像磚墓**」:「彩絵雕磚」が16点出土したという(86頁).

62. 敦煌仏爺廟墓群，1944年発掘一〇〇一号墓（44FYM1001）

1）所　在：敦煌市楊家橋郷鳴山村東，仏爺廟東**2km**の古墓群．
2）構　造：単室墓．東南角に耳室，西南角に龕あり．
3）墓　主：合葬墓で，男性墓主は翟宗盈（鎮墓瓶の銘文から）．
4）年　代：西晋（**3**世紀末以前）．

敦煌仏爺廟墓群，**1944**年発掘一〇〇一号墓出土塼画

No.	墓内位置	「敦煌翟宗盈画像磚墓について」		「敦煌・嘉峪関魏晋墓に関する新収穫」		「敦煌考古漫記」一	「河西考古簡報」上
	門楼描き起こし図				20図2		
	門楼上部*		口絵5／81図3			図版壱3	
	門楼下部下端		口絵6／83図6				
1	第1層左端	飛雀		[不明]			
	第1層左端右			[闕]			
2	第1層中央左	牛頭人身像		(欠)			
3	第1層中央右	鳥頭人身像		(欠)			
	第1層右端左			[闕]			
4	第1層右端	飛雀		鳥			
5	第2層左端	獣面		獣面			
	第2層左端右			[闕]			
6	第2層中央左	箒を持つ人物		(欠)		彩版(模本)	118挿図二(線模本)
7	第2層中央右	箒を持つ人物		(欠)			118挿図二(線模本)
	第2層右端左			[闕]			
8	第2層右端	獣面		獣面			
9	第3層左端	飛雀		鳥			
10	第3層中央左	朱雀		鳳凰			
11	第3層中央右	朱雀		鳳凰			
12	第3層右端	飛雀		鳥			
13	第4層左端	右向き九尾狐		[不明]			
14	第4層中央左	右向き立雀		嘴の長い鳥			
15	第4層中央右	左向き双首朱雀		嘴の長い鳥			
	第4層右端	[欠損]		[不明]			
16	第5層左端	右向き兕魚		兕魚?			
	第5中央左	[不明]		[不明]			
17	第5層中央右	左向き奔獣		左向きの動物			

18	第5層右端	左向き赤雀		嘴に何かくわえた鳥			
19	第6層左端	鼉鼉?		動物			
20	第6層中央左	斜格子文		斜め格子紋	20図2(描き起こし図)		
21	第6層中央右	斜格子文		斜め格子紋	20図2(描き起こし図)		
22	第6層右端	鼉鼉?		動物			
23	第7層左端	右向き虎		戯豹に似た動物			
	第7層中央左	[不明]		[不明]			
24	第7層中央右	四耳神獣		戯豹?			
25	第7層右端	左向き虎		戯豹に似た動物			
	第8層左端	[不明]		[不明]			
	第8層中央左	[欠失]		[欠]			
	第8層中央右	[不明]		[不明]			
26	第8層右端	戯豹		戯豹に似た動物			
27	第9層左端	兒魚		右向き兒魚?			
28	第9層中央左	十字穿璧文		十字穿璧文	20図2(描き起こし図)		
29	第9層中央			獣面			
	第9層中央右	[不明]		[不明]			
30	第9層右端	兒魚		左向き兒魚?			
31	第10層左端	右向き鳳		[不明]			
	第10層中央左	[不明]		[不明]			
32	第10層中央右	動物前足?		足先のみ確認			
33	第10層右端	左向きの鳳		鳥			
	第11層左端	[欠失]		[欠]			
34	第11層中央左	右向き白虎		右向き動物			
35	第11層中央右	李広		[欠]			
36	第11層右端	左向き奔兎		左向きの動物			
37	第12層左端	鼉鼉	87図7(描き起こし図)	動物			
	第12層中央左	[不明]		[不明]			
	第12層中央右	[不明]		[不明]			
38	第12層右端	鼉鼉		動物			
	第13層左端	[不明]		[不明]			
39	第13層中央左	右向き赤鳥		赤鳥?			
40	第13層中央右	[不明]		万鱸?			
41	第13層右端	左向き赤鳥	87図8	赤鳥?			
42	第14層左端	仁鹿	88図9-1,9-2(描き起こし図)	[不明]			
43	第14層中央左	玄武	口絵7／89図10	右向き玄武			

44	第14層中央			獣面				
45	第14層中央右	玄武		左向き玄武				
46	第14層右端	仁鹿		左向き動物				
47	第15層左端	鸚鵡	89図11-1	鳥				
48	第15層中央左	斗栱		斗栱				
49	第15層中央右	斗栱		斗栱				
50	第15層右端	鸚鵡	89図11-2(描き起こし図)	鳥				
51	第16層左端	玄鳥		[不明]				
52	第16層左端右	斗栱		肘木				
	第16層中央左			(不明)				
53	第16層中央			勝				
	第16層中央右			(不明)				
54	第16層右端左	斗栱		肘木				
55	第16層右端	玄鳥		兒魚或いは万鱧?				
	第17層左端	[不明]		[不明]				
56	第17層左端右			(倣木柱・承柱贔屓?)				
57	第17層中央左	獣面		獣面				
58	第17層中央			(力士?)				
59	第17層中央右	獣面		獣面				
60	第17層右端左			(倣木柱・承柱贔屓?)				
61	第17層右端	獣面		獣面				

＊ 口絵5によると，門楼上部(第1層～第7層)は，塼表面に描かれた塼画と塼画の間に，塼の短側面を二つ並べ，そこに獣面が描かれていたようだが，表示は省略した．このような獣面は，口絵6によるかぎり，門楼下部の下端には描かれていない．

墓内位置の欄は，門楼の写真や描き起こし図などから読み取った具体的な位置を示す．

「敦煌翟宗盈画像磚墓について」(「西北科学考察団発掘の敦煌翟宗盈画像磚墓について」)の左欄は，説明文にあるタイトル．角カッコを附したのは，原文による．

「敦煌翟宗盈画像磚墓について」(「西北科学考察団発掘の敦煌翟宗盈画像磚墓について」)の右欄は，写真や描き起こし図の掲載頁と図版番号．

「敦煌・嘉峪関魏晋墓に関する新収穫」の左欄は，説明文にあるタイトル．角カッコを附したのは，原文によっており，丸カッコを附したのは，編者の推定によるもの．

「敦煌・嘉峪関魏晋墓に関する新収穫」の右欄は，描き起こし図の掲載頁と図版番号．

「敦煌考古漫記」一の欄は，写真(模本を含む)の図版番号．このほか，図版弐には2点の塼画の模本を掲げるが，門楼上における層位は不詳．なお出土塼画の総数を559点とするが，一座からの出土点数としては膨大にすぎる．

「河西考古簡報」上の欄は，線模本の掲載頁と図版番号．

【その他の関連文献】

郭永利他「敦煌翟宗盈墓及其年代」：年代については，この論文による．

63. 敦煌仏爺廟墓群, 1991年発掘一号墓(91DFM1)

1) 所　在:敦煌市楊家湾郷鳴山村(東経**94**度**41**分**29**秒, 北緯**40**度**6**分**17**秒)東.
「墨書題記画像磚をめぐる考察」, **46**頁図**1**.
2) 構　造:単室墓(後壁は東). 北耳室と南壁龕が附属.
平面図は,「墨書題記画像磚をめぐる考察」, **47**頁図**2-1**.
3) 墓　主:不明(男女合葬墓).
4) 年　代:西晋(**3**世紀末以前).

敦煌仏爺廟墓群, 1991年発掘一号墓出土塼画

No.	墓内位置	「墨書題記画像磚をめぐる考察」		2018年8月, 敦煌市博物館展示中	『甘粛出土魏晋唐墓壁画』中冊			『敦煌文物』	『館蔵珍貴文物図録』	『酒泉宝鑑』
	門楼		48図3							
	外甬道門楼*		53図7							
	内甬道門楼*		29図2(一部)**							
1	外甬道第1層左端	女媧	口絵3／54図8					65女媧磚(臨模)		
2	第1層中央	東王父	口絵2／64図18					76東王公磚(臨模)		
3	第1層右端	伏羲	口絵3／54図8	伏羲／'01仏爺廟M1出土				64伏羲磚	12伏羲画像磚／魏晋	195伏羲画像磚
4	第2層左端	尚陽(・熊面力士)								
5	第2層中央左	麒麟		麒麟／91仏爺廟墓群出土	509	DH5･019[2058]	麒麟図／91仏爺廟湾墓群M1, 墓葬照墻	60麒麟磚	17麒麟画像磚／西晋	
6	第2層中央	(熊面力士)	62図17							
7	第2層中央右	鳳			507	DH5･017[2056]	鳳図／91仏爺廟湾墓群, M1照墻上	63鳳磚	16鳳画像磚／西晋	
8	第2層右端	尚陽(・熊面力士)	口絵5							
9	第3層左端	倣木斗栱磚								
10	第3層中央左	洛書		洛書／91仏爺廟墓群出土	491	DH5･001[1843]	洛書図／91仏爺廟湾墓群, 墓葬位置不詳	67洛書磚****	12洛書画像磚／西晋	
11	第3層中央右	河図		河図／91仏爺廟墓群出土	510	DH5･020[2060]	河図／91仏爺廟湾墓群M1, 墓葬照墻	67河図磚	17河図画像磚／西晋	
12	第3層右端	倣木斗栱磚								
13	第4層左端	赤雀(・熊面力士)			512	DH5･022[2067]	赤雀図／91仏爺廟湾墓群M1, 墓葬照墻	58赤雀磚		
14	第4層中央左	(托山)力士								
15	第4層中央右	(托山)力士	56図10							
16	第4層右端	赤雀(・熊面力士)	56図9	赤雀／91仏爺廟墓群出土	511	DH5･021[2066]	赤雀図／91仏爺廟湾墓群M1, 墓葬照墻		17赤雀画像磚／西晋	
17	第5層左端	倣木磚								
18	第5層中央左	倣木斗栱磚								
19	第5層中央	(熊面力士)								
20	第5層中央右	倣木斗栱磚								
21	第5層右端	倣木磚								
22	第6層左端	倣木磚								
23	第6層中央左	倣木斗栱磚								
24	第6層中央右	倣木斗栱磚								

25	第6層右端	倣木磚								
26	第7層左端	受福						59受福磚(臨模)		
	第7層中央左	欠損								
	第7層中央右	欠損								
27	第7層右端	舎利			506	DH5･016[2055]	舎利図／敦煌仏爺廟湾墓群，具体位置･出土時間不詳			
28	第8層左端	白兔								
29	第8層中央左	鹿	57図11		495	DH5･005[1848]	鹿図／91仏爺廟湾墓群，墓葬位置不詳	62鹿磚	14鹿画像磚／魏晋	180鹿画像磚
30	第8層中央右	鹿[残欠]								
31	第8層右端	白兔								
32	内甬道第1層左	万鱣		飛魚(原名万鱣)／99仏爺廟M1出土						
33	第1層右	万鱣	58図12		493	DH5･003[1845]	万鱣図／91仏爺廟湾墓群，墓葬位置不詳	62万鱣磚	13万鱣画像磚／魏晋	
34	第2層左端	兒魚	58図13		492	DH5･002[1844]	兒魚図／91仏爺廟湾墓群，墓葬位置不詳	61鯢魚磚	12兒魚画像磚／魏晋	
35	第2層中央左	欠損								
36	第2層中央右	欠損								
37	第2層右端	兒魚								
38	第3層左端	千秋								
39	第3層中央左	李広射虎図	59図14					66李広磚	13李広狩猟画像磚／魏晋	179李広画像磚
40	第3層中央右	山中虎								
41	第3層右端	千秋								
42	第4層左端	倣木磚								
43	第4層中央左	倣木斗栱磚								
44	第4層中央右	倣木斗栱磚								
45	第4層右端	倣木磚								
46	第5層左端	倣木斗栱磚								
	第5層中央部分	門闕[欠損]								
47	第5層右端	倣木斗栱磚								
48	第6層左端	白虎		白虎／91仏爺廟墓群出土	496	DH5･007[2006]	白虎図／91仏爺廟湾墓群，墓葬位置不詳	63白虎磚	14白虎画像磚／魏晋	
49	第6層中間部分	門闕[欠損]								
50	第6層右端	青龍	口絵7	青龍／データなし	497	DH5･007[2006]	青龍図／91仏爺廟湾墓群，墓葬位置不詳	60青龍磚	14青龍画像磚／魏晋	
51	第7層左端	倣木雕刻磚								
52	第7層左端右	赤鳥						61赤鳥磚	19赤鳥画像磚*****／西晋	
53	第7層中央左	大斗形磚								
54	第7層中央	勝**								
55	第7層中央右	大斗形磚								
56	第7層右端左	赤鳥								
57	第7層右端	倣木雕刻磚								
58	第8層左端	黿鼉								
59	第8層中央左	戯豹	口絵6							
60	第8層中央	方相氏	61図16							

61	第8層中央右	戯豹								
62	第8層右端	黿鼉	60図15							
63	墓室東壁(後壁)	墓主人宴飲図	口絵4							
64	墓室供台前	鸚鵡			494	DH5·004[1847]	鸚鵡図／85仏爺廟湾墓群，墓葬位置不詳***	87鸚鵡磚***	13鸚鵡画像磚／魏晋	
65		河図		亀／データなし						

＊　写真によると，門楼には，塼表面に描かれた塼画と塼画の間に，塼の短側面を二つ並べ，そこに獣面が描かれていたようだが，表示は省略した.

＊＊　「敦煌仏爺廟湾西晋画像磚墓および敦煌莫高窟における漢代の伝統的なモチーフについて」による.

＊＊＊　『甘粛出土魏晋唐墓壁画』中冊は出土年(月)を1985年，『敦煌文物』は1985年8月とするが，これが誤りであることは，「敦煌・嘉峪関魏晋墓に関する新収穫」によって知りえた.

＊＊＊＊　「1995年8月」出土とするのは明らかに誤り.

＊＊＊＊＊　「1998年6月」出土とするのは明らかに誤り.

墓内位置の欄は，「墨書題記画像磚をめぐる考察」(「敦煌西晋墓出土の墨書題記画像磚をめぐる考察」)の説明文や写真などから読み取った具体的な位置を示した.

「墨書題記画像磚をめぐる考察」の左欄は，説明文にあるタイトル．カッコを附したのは編者の推定によるもの.

「墨書題記画像磚をめぐる考察」の右欄は，写真の掲載頁と図版番号.

2018年8月，敦煌市博物館展示中の欄は，説明プレートのタイトル．スラッシュの後方は出土年次と出土墓.

『甘粛出土魏晋唐墓壁画』中冊の左欄は，写真の掲載頁.

『甘粛出土魏晋唐墓壁画』中冊の中欄は，磚画収蔵(管理)単位・磚画次序号．カッコ内は原始編号．DH5は，敦煌市博物館を示す.

『甘粛出土魏晋唐墓壁画』中冊の右欄は，タイトル．スラッシュの後方は併記された出土情報.

『敦煌文物』の欄は，写真の掲載頁とタイトル．年代についてはいずれも西晋，出土情報については，2点を除き，1991年12月，「仏爺廟墓群」出土とする.

『館蔵珍貴文物図録』(『敦煌市博物館館蔵珍貴文物図録』)の欄は，写真の掲載頁とタイトル．スラッシュの後方は併記された年代．一点以外は，1991年12月「仏爺廟墓群」出土とする.

『酒泉宝鑑』の欄は，写真の掲載頁とタイトル．いずれも年代については魏晋，出土情報については，「仏爺廟墓群」出土とする.

64. 敦煌仏爺廟墓群，1999年5月発掘墓

1) 所　在：敦煌市楊家橋郷鳴山村東.
2) 構　造：土洞墓.
3) 墓　主：不明.
4) 年　代：西晋.

敦煌仏爺廟墓群，1999年5月発掘墓出土塼画*

No.	2018年8月，敦煌市博物館展示中	『甘粛出土魏晋唐墓壁画』中冊			『敦煌文物』	『館蔵珍貴文物図録』	『酒泉宝鑑』
1		537	DH5・047[2256]	元鼉図／95仏爺廟湾墓群**			
2		538	DH5・048[2257-1]	魚図／仏爺廟湾墓群			
3		539	DH5・049[2257-2]	万鱣図／仏爺廟湾墓群		24万鱔墨絵磚	
4		540	DH5・050[2258]	三足烏図／99/05仏爺廟湾墓群	69三足烏墨絵磚	27三足烏墨絵磚	
5		541	DH5・051[2259]	鸚鵡図／仏爺廟湾墓群			
6		542	DH5・052[2260]	托山力士図／仏爺廟湾墓群			
7		543	DH5・053[2261]	二足烏図／99/05仏爺廟湾墓群	69双足烏墨絵磚	27双足烏墨絵磚	
8	烏鴉墨絵磚／出土情報なし	544	DH5・054[2262]	飛烏図／99/05仏爺廟湾墓群	68飛烏墨絵磚		
9	奔虎／99仏爺廟墓群出土	545	DH5・055[2263]	猛虎図／仏爺廟湾墓群			
10		546	DH5・056[2264]	牛図／仏爺廟湾墓群			
11		547	DH5・057[2265]	青龍図／仏爺廟湾墓群			
12		548	DH5・058[2266]	鹿図／仏爺廟湾墓群			
13		549	DH5・059[2267]	白虎図／仏爺廟湾墓群		25白虎墨絵磚	192白虎墨絵磚
14		550	DH5・060[2268]	舎利図／仏爺廟湾墓群		27猞＝墨絵磚	
15		551	DH5・061[2269]	朱鳥図／仏爺廟湾墓群			
16		552	DH5・062[2270]	元鼉図／仏爺廟湾墓群			
17		553	DH5・063[2272]	李廣射虎図／仏爺廟湾墓群		25李広狩猟墨絵磚	181李広墨絵磚
18		554	DH5・064[2276-1]	西王母図／99/05仏爺廟湾墓群	75西王母墨絵磚	26西王母墨絵磚	
19		555	DH5・065[2276-2]	東王公図／99/05仏爺廟湾墓群	75東王公墨絵磚		
20		556	DH5・066[2278]	力士図／95/08仏爺廟湾墓群**	74力士墨絵磚**		
21						24戯狩墨絵磚	
22						26仁鹿墨絵磚	

* 1999年ないしは1999年5月仏爺廟(湾)出土とされている，塼の四辺を墨線で囲んだ墨色塼画を基本とし，出土地や出土年次が不明なものも合わせて表示する.

** 1995年，1995年8月などとされる出土年(月)は誤りと思われる.

2018年8月，敦煌市博物館展示中の欄は，説明プレートに記されたタイトルと出土年次・出土地.

『甘粛出土魏晋唐墓壁画』中冊の左欄は，写真の掲載頁.

『甘粛出土魏晋唐墓壁画』中冊の中欄は，磚画収蔵(管理)単位・磚画次序号. カッコ内は原始編号. DH5は，敦煌市博物館.

『甘粛出土魏晋唐墓壁画』中冊の右欄は，タイトル. スラッシュの後方は併記された出土年月(一部のみ)・出土地(ただしいずれも「墓葬位置不詳」とする). 年代については西晋とする.

『敦煌文物』の欄は，写真の掲載頁とタイトル. いずれも年代については西晋，出土情報については1999年5月，「仏爺廟墓群」出土と記す.

『館蔵珍貴文物図録』(『敦煌市博物館館蔵文物図録』)の欄は，写真の掲載頁とタイトル. いずれも年代については西晋，出土情報については「1999年5月仏爺廟湾墓群」出土と記す.

『酒泉宝鑑』の欄は，写真の掲載頁とタイトル. いずれも年代については西晋，出土情報については「敦煌市仏爺廟墓群」出土とする.

【その他の関連文献】

栄恩奇「敦煌西晋画像磚墓」：土洞墓で，「墨色描絵」の「画像磚」が32点出土したという(86頁).

65. 敦煌仏爺廟墓群, **2001**年**5**月発掘墓

1) 所　在:敦煌市楊家湾郷鳴山村東.
2) 構　造:不明.
3) 墓　主:不明.
4) 年　代:西晋.

敦煌仏爺廟墓群, **2001**年**5**月発掘墓出土塼画

No.	**2018**年**8**月, 敦煌市博物館展示中	『甘粛出土魏晋唐墓壁画』中冊			『敦煌文物』	『館蔵珍貴文物図録』	『酒泉宝鑑』
1	門吏(捧剣)／99仏爺廟M1出土	516	DH5・026[2216]	門亭長図／'01仏爺廟湾墓群	56門吏捧剣磚	18門吏画像磚(捧剣)	
2		517	DH5・027[2217]	持帚人物図／'01仏爺廟湾墓群	57門吏持箒磚	18門吏画像磚(持箒)	
3		520	DH5・030[2220]	狩猟図／'01/05仏爺廟湾墓群			
4		527	DH5・037[2228]	牛耕図／'01/05仏爺廟湾墓群	54犂地磚	19犂地画像磚	
5	牛・車／'01仏爺廟M1	528	DH5・038[2230]	牛車図／'01/05仏爺廟湾墓群	55牛車磚	19牛車画像磚	
6	耙地／'01仏爺廟M1				58耙地磚		180犂地画像磚
7					59家犬磚		
8		529	DH5・039[2241]	力士磚雕／'00/05仏爺廟湾墓群	86力士磚	34磚雕彩絵力士	

2018年8月, 敦煌市博物館展示中の欄は, 説明プレートに記されたタイトル. スラッシュの後方は出土年次と出土地.

『甘粛出土魏晋唐墓壁画』中冊の左欄は, 写真の掲載頁.

『甘粛出土魏晋唐墓壁画』中冊の中欄は, 磚画収蔵(管理)単位・磚画次序号. カッコ内は原始編号. DH5は, 敦煌市博物館.

『甘粛出土魏晋唐墓壁画』中冊の右欄は, タイトル. スラッシュの後方は併記された出土年(月)・出土地(ただしいずれも「墓葬位置不詳」とする). 年代については西晋と記す.

『敦煌文物』の欄は, 写真の掲載頁とタイトル. いずれも年代については西晋, 出土情報については2001年5月, 「仏爺廟墓群」出土と記す(ただし, No.8は2000年5月).

『館蔵珍貴文物図録』(『敦煌市博物館蔵文物図録』)の欄は, 写真の掲載頁とタイトル. いずれも年代については西晋, 出土情報については「2001年5月仏爺廟湾墓群」出土と記す.

『酒泉宝鑑』の欄は, 写真の掲載頁とタイトル. 年代については西晋, 出土情報については, 「敦煌市仏爺廟湾墓群」出土と記す.

【その他の関連文献】

栄恩奇「**敦煌西晋画像磚墓**」:「彩絵画像磚」が12点出土したという(86頁).

66. 敦煌祁家湾墓群出土塼画

1）所　在：敦煌市七里鎮新区西.

敦煌祁家湾墓群出土塼画

No.	出土墓	出土墓概要	出土塼画概要	写真など
1	76DQM3*	磚室単室墓・北耳室・南壁龕(「記敦煌発現的西晋・十六国墓葬」, 640頁図一)	「照墻式門楼」に,「磚雕」の動物,「倣木構」の門闕・斗拱など.	
2	85DQM301**	土洞単室・合葬墓, 壁龕	番号不詳, 墓室後壁に立てかけ.	
3	85DQM310**	土洞単室・合葬墓(『敦煌祁家湾』, 45頁図三一)	85DQM310:17, 墓室後壁に立てかけ. 墓主図	『敦煌祁家湾』, 図版四一
4	85DQM369**	土洞単室・合葬墓, 壁龕	85DQM369:12, 墓室後壁に立てかけ. 墓主夫妻図	『敦煌祁家湾』, 表紙／『甘粛文物華』, 209図225
5	2013年発掘墓***	詳細不明	墓室後壁に立てかけ(不詳)／木棺側面に立てかけ. 墓主図	

＊ 「記敦煌発現的西晋・十六国墓葬」の編年によると, 第二期(4世紀初～330年代)に属する.

＊＊ 『敦煌祁家湾』の編年によると, 第二期第五段(4世紀末～西涼時期)に属する.

＊＊＊ No.5については, 張俊民「敦煌市祁家湾晋十六国時期墓群」による. 西晋・十六国時代だが, 詳しい年代は不詳.

あとがき

本書の目録篇に収録したような図像資料を，歴史研究に史料として利活用することの難しさについては，「はしがき」でもふれたが，もっとも本源的な問題は，史料批判の方法が確立している文字資料とは異なり，図像資料独自の史料批判の方法が確立していないことであろう．ようするに史料批判の方法を模索しながら，それと史料の解釈を同時に進行させていかなければならないということである．

これがもっとも本源的な問題であるとすれば，本書が対象とした河西地域の魏晋・〈五胡〉墓出土の塼画・壁画にまつわるもっとも個別具体的な問題は，悉皆的な資料集はおろか目録すら見あたらないことではないだろうか．俄軍他主編『甘粛出土魏晋唐墓壁画』のような大型図録本も刊行されはしたが，写真が不明瞭なだけではなく，編集方針（取捨選択の原則）が明示されておらず，資料集としてはとても評価できるものではない．

不明瞭な写真が多いのは，塼画にせよ壁画にせよ，出土後の管理が行き届かず，画像が褪色や脱落してしまったことが最大の要因であろう．ある特定の塼画について，もっとも鮮明な写真はどの写真集（図録本）に収録されているのか，という問いはもちろんだが，そもそもその塼画は，どの写真集に収録されているのか，という問いに立ち向かう覚悟がなければ，研究は進められない．加えて褪色や脱落のために，出土後に描線が引き直されたり，着色が施されたりした塼画も数多い．元の画像の上に，全くべつの画像が描かれた塼さえ一点や二点にとどまらない．ここまでくると，史料的な価値がそもそもあるのかさえ疑わしくなるのだが，それでも一つの史料群として見れば，やはり史料的な価値の大きさはいちがいに否定できるものではないというのが，私の考えである．このような目録を編んだのもそれゆえであるが，利活用されなければ本書刊行の意義はない．「隗より始めよ」という古諺通り，自著でも本目録を最大限利活用するつもりだが，図像資料や河西地域に関心を抱いている，一人でも多くの方に工具書として利活用していただければと切望してやまない．

内容には完璧を期したつもりだが，甘粛省博物館が編集・発行している『隴右文博』の確認作業が十分ではないなど，不備があることも事実である．利活用していただいた上で，不具合な点をご指摘いただければ幸いである．

およそ営業利益には貢献しそうもない本書の企画に理解を示し，刊行を引き受けてくださった汲古書院の三井久人社長と，編集担当の小林詔子さんには御礼のことばが見つからない．また美術史研究者の立場で有益な教示を惜しまれなかった北村永さんにも感謝の意を表したい．

皆さん，ありがとうございました．

2019年8月　　関尾史郎

編者紹介
関尾　史郎（せきお　しろう）
1950 年　神奈川県横須賀市に生まれる
1974 年　上智大学文学部史学科卒業
1980 年　上智大学大学院博士課程単位取得退学
東京大学事務補佐員、新潟大学人文学部教授などを経て
現在　新潟大学人文社会科学系フェロー・東洋文庫客員研究員

主要編著書
『西域文書からみた中国史』（山川出版社、1998 年）
『もうひとつの敦煌――鎮墓瓶と画像磚の世界――』（高志書院、2011 年）
『三国志の考古学　出土資料からみた三国志と三国時代』（東方書店、2019 年）
『環東アジア地域の歴史と「情報」』（知泉書館、2014 年、編著）
『湖南出土簡牘とその社会』（汲古書院、2015 年、共編著）
『簡牘が描く中国古代の政治と社会』（汲古書院、2017 年、共編著）
『塼画・壁画からみた魏晋時代の河西』（汲古書院、2019 年、共編著）

河西魏晋・〈五胡〉墓出土図像資料（塼画・壁画）目録

2019 年 11 月 13 日　発行

編　者　関　尾　史　郎
発 行 者　三　井　久　人
整版・印刷　富 士 リ プ ロ ㈱

発 行 所　汲　古　書　院
〒102-0072　東京都千代田区飯田橋 2-5-4
電　話　03(3265)9764
F A X　03(3222)1845

ISBN978-4-7629-1228-3　C3022